QUIÉRETE A TI MISMA

Barbara Berckhan

QUIÉRETE A TI MISMA

Curso de autoestima para mujeres que desean triunfar

Quiérete a ti misma

Título original: *Die etwas gelassenere Art, sich durchzusetzen*
Autora: Barbara Berckhan
Traducción: Irina Núñez Glahn
Diseño de cubierta: Opalworks
Fotografía de cubierta: Photodisc
Composición: David Anglès

© del texto, Kösel-Verlag GmbH & Co., München, 1995
© de la versión española: 2007, RBA Libros S.A.
Pérez Galdós, 36 – 08012 Barcelona
www.rbalibros.com / rba-libros@rba.es

Primera edición de bolsillo: enero 2007

Ref.: OBOL057
ISBN: 84-7871-868-0
ISBN-13: 978-84-7871-868-9
Dep. Legal: B-54.055-2006
Impreso por Cayfosa-Quebecor (Barcelona)

ÍNDICE

INTRODUCCIÓN

«En realidad, lo que me falta es autoestima», me dijo la mujer. Me acababa de explicar lo difícil que le resultaba poner límites a los demás, tanto en casa como en el trabajo, y decir alguna vez que no. Estaba claro que formaba parte de la legión de mujeres que con demasiada frecuencia se sienten responsables de los problemas de los demás, muestran una enorme receptividad a la hora de hacerse cargo de las tareas pendientes o de las dificultades que hay que resolver, y no dudan en aceptar esas cargas. La mujer de la que hablo, al igual que muchas otras mujeres, era perfectamente consciente de sus necesidades. «¿Cómo puedo aumentar la confianza en mí misma y aprender a imponerme?», me preguntaba. En los seminarios y en las sesiones de entrenamiento que suelo organizar, oigo con frecuencia preguntas parecidas. Por esta razón, hace varios años inicié unos cursos especiales de entrenamiento para las mujeres que desean reforzar su autoestima. En estos seminarios trato de fortalecer la confianza de las mujeres en sí mismas y de enseñarles a expresar esa misma autoestima frente a otras personas, con la mayor serenidad posible y sin provocar tensiones.

Las páginas que tienes ante tus ojos se han publicado,

en gran medida, a petición de muchas de las mujeres que han participado en mis cursos. Estas mujeres deseaban repasar en casa el temario, los ejercicios y las estrategias, y transmitir esos contenidos a otras personas. He incluido el historial y los problemas de algunas mujeres que he conocido en el transcurso de los seminarios y a lo largo de algunas conversaciones personales. Asimismo, he echado mano de ciertas experiencias que anoté al realizar otros seminarios mixtos, como, por ejemplo, los de entrenamiento para saber comunicarse, o los dirigidos a directivos que desempeñan funciones de jefes de personal en una empresa.

Al comienzo de cada curso de entrenamiento de la autoestima, suele plantearse la pregunta de por qué hay que reforzar la autoestima de las mujeres: «¿Acaso los hombres no sufren inseguridad?». He aquí mi respuesta: «Claro que hay hombres inseguros. Los hombres y las mujeres no se diferencian en cuanto a su inseguridad. Sin embargo, sí se diferencian con frecuencia en cuanto a la forma de vivir y tratar esa inseguridad».

La experiencia me dice que los hombres sufren una presión enorme que les obliga a tener éxito en la vida. Esta presión se expresa más o menos así: «Un hombre de verdad siempre sabe lo que tiene que hacer. No debe mostrarse inseguro o asustado». El papel masculino tradicional le exige demostrar que es «dueño de la situación»: ha de poner manos a la obra y no dejarse influir por los sentimientos o las tensiones que puedan flotar en el ambiente. Es posible que esto te parezca un tanto exagerado. Quizá pienses que en los últimos años han cambiado bastante los papeles tradicionales asignados al hombre y a la mujer. Por suerte, eso es cierto y cada vez hay más hombres que cuestionan el rol tradicional y anticuado que se les exigía antes, y que desean desempeñar su papel de hombres de una manera nueva y moderna. Por desgracia, también he comprobado que el antiguo modelo masculino sigue teniendo gran influencia y que los hombres que pretenden romper ese molde se exponen con frecuencia a la burla y a la agresividad de quienes les rodean. Por tanto, en este momento coexisten dos modelos masculinos. El modelo antiguo es cuestionado por más personas, pero en la mente de muchas de ellas sigue funcionando el ideal masculino de hombre duro que no tiene miedo, que no llora nunca y que jamás se muestra inseguro. Un hombre puede sentirse inseguro en su interior, pero muestra mayor tendencia que la mujer a ocultar y reprimir su inseguridad y sus sentimientos de inferioridad.

Las mujeres suelen tener menos dificultades para exteriorizar su inseguridad. Muchas veces incluso muestran una inseguridad que no sienten, sólo para que los demás no las califiquen de mujeres duras o dominantes. Este hecho se observa con frecuencia en las reuniones de debate. Muchas mujeres exponen su opinión empezando con las palabras: «Yo diría que...», o bien: «¿No podría ser que...?», o también: «Tal vez lo más inteligente sea...». Este tipo de comienzo hace que su punto de vista parezca un tanto vago e impreciso. En los hombres suele observarse exactamente lo contrario: eliminan de su discurso cualquier indicio de inseguridad. Sus exposiciones empiezan con frecuencia así: «Es un hecho indiscutible que...», o bien: «Nadie puede negar hoy en día que...», o también: «Estarán ustedes de acuerdo conmigo en que...», y enseguida se instala la certeza de que ese hombre está hablando de hechos incontrovertibles y de cosas serias, mientras que la mujer no ofrece más que sus creencias, sus incertidumbres y sus eventualidades. El hombre muestra a los demás una imagen decidida y segura, mientras que la mujer causa una impresión vacilante e insegura.

Está claro que cualquier mujer podría hablar como suele hacerlo el hombre, y al revés. Algunas mujeres ya lo hacen. No he elegido este ejemplo para enseñar cómo debe defender una mujer sus opiniones en un futuro debate, sino que he intentado demostrar que los antiguos papeles tradicionales asignados al hombre y a la mujer siguen reflejándose todavía en el comportamiento cotidiano, muchas veces sin que nos demos cuenta de ello. El hecho de que el hombre siga interiorizando su papel de persona segura y lo exprese así hacia el exterior, no significa que realmente se sienta seguro de sí mismo.

Este libro trata específicamente de los problemas de autoestima de las mujeres, pero sin dejar de lado algunos temas que afectan a todas las personas, tanto a los hombres como a las mujeres. Pienso, por ejemplo, en el tema sobre «el crítico interior y el jefe interior», o en el de «mostrar una presencia segura». Todas las personas están expuestas a padecer una excesiva tensión interna y a quemarse en el intento de superarla, del mismo modo que a todas les afecta el tema de cómo responder a las críticas. La experiencia me dice que, en este aspecto, las personas de ambos sexos suelen tener exactamente los mismos problemas. Tanto a las mujeres como a los hombres les resulta difícil sostener una conversación centrada en una crítica, o responder con suficiente seguridad interior a las críticas que les dirigen otras personas. En otros temas, como por ejemplo el de la descripción de uno mismo de un modo positivo, sé muy bien que la mujer reacciona de manera diferente a como lo haría un hombre. A la mayoría de las mujeres les cuesta elogiarse a sí mismas, resaltar los logros propios alcanzados y decir algo bueno sobre su persona. Además, suelen tener muchas más dudas que los hombres acerca de la posible aceptación de semejante autoelogio.

Otro aspecto crítico que suele surgir en los debates de

entrenamiento es el término «autoafirmación» o «autoestima». Algunas participantes se muestran escépticas: no saben si es adecuado para ellas asistir a un curso de entrenamiento para reforzar su autoestima. Si hay suerte, esas participantes manifiestan sus dudas al comienzo del seminario, pero muchas no hablan de sus reservas hasta el final. Estas dudas o reservas suelen adoptar más o menos el siguiente cariz: «¿Sabes? Yo albergaba el temor de que pretendieras convertirnos en feministas emancipadas y agresivas. Eso es algo que no quisiera ser por nada del mundo». Al llegar a este punto, suele observarse un gesto de asentimiento generalizado por parte del resto de las asistentes. No es raro que las mujeres (y los hombres) equiparen el término de «autoestima» con un comportamiento agresivo. Algunas personas creen incluso que autoestima significa repartir codazos y dar puñetazos en la mesa. De hecho, estas actitudes pueden formar parte de la autoestima, puesto que constituyen una de las facetas que ofrece el comportamiento revelador de un individuo seguro de sí mismo. La autoestima o autoafirmación, sin embargo, no se limita a mostrar una actitud dominante y hablar en voz alta. La autoestima se expresa también en saber ceder y escuchar al otro; en la capacidad de expresar una broma o de decir que sí; en saber reír, llorar y renunciar o retirarse. En el caso de las mujeres que en su quehacer cotidiano deben manifestar su fortaleza de carácter y sus dotes de mando, tener autoestima significa con frecuencia la posibilidad de mostrarse también débiles y no verse forzadas a esconder sus debilidades. Una mujer «fuerte» necesita en ocasiones una gran dosis de autoestima para mostrar ante los demás que se siente ofendida, o que está estresada o triste.

Por lo demás, la autoestima está profundamente relacionada con la serenidad. Para mí, la serenidad es una especie de libertad interior que impide sentirse amordazada mentalmente. Muchas veces nos encadenamos nosotras mismas y ejercemos una presión mental por medio de una presunta obligación, de algo que «debemos» hacer o pensar. El antiguo papel tradicional de la mujer implicaba muchas obligaciones y deberes coercitivos de este tipo, que adoptaban, por ejemplo, una fórmula como la siguiente: «Debo mostrarme siempre amable y dispuesta a ayudar a los demás», o bien: «Tengo que ser humilde y recatada, y no presumir de nada». Sin embargo, los mismos deberes y obligaciones pueden presentarse con un ropaje de mujer moderna y emancipada, que afirma, por ejemplo: «Tengo que imponerme a la fuerza», o bien: «Debo mostrarme segura de mí misma y no permitir que me avasallen». La realidad es que cualquier precepto interior –tanto las normas antiguas y tradicionales como las nuevas y aparentemente emancipadoras– provoca en nuestra mente presión, temor y estrés. Si me bloquean el temor, la presión y el estrés, me resultará muy difícil mantener una actitud de seguridad en mí misma y mostrarme flexible y creativa. La verdadera autoestima empieza por aflojar ese corsé de normas interiorizadas y permitirnos algo más. Lo contrario de una actitud constreñida por esas normas rígidas e interiorizadas es la serenidad, la libertad interior que nos permite dar los pasos necesarios para perseguir un objetivo y exigir lo justo sin forzar a los demás ni reprimirnos a nosotras mismas. En el primer capítulo de este libro explico precisamente por qué ejercemos presión por medio de unas normas y cómo podemos desarrollar más confianza en nosotras mismas.

Este aspecto de la autoestima me parece muy importante. No todo consiste en relajarse un poco y cambiar de actitud. Este tema afecta más que ningún otro a nuestra personalidad y muy especialmente a nuestra autoestima, a cómo nos valoramos nosotras mismas. Si intentas poner en práctica las estrategias de autoafirmación que propongo en esta obra, es posible que las normas que tienes interiorizadas resulten afectadas y se tambaleen. Por ejemplo, si has de acudir a una entrevista para un puesto de trabajo y necesitas aplicar la estrategia de efectuar una descripción positiva de tu persona, es posible que lo más importante para ti sea desmontar antes el prejuicio que te prohíbe elogiarte a ti misma o que te asegura que mencionar tus aptitudes es señal de arrogancia.

Otro aspecto de suma importancia cuando se trata de entrenarse para reforzar la autoestima es la capacidad de mantener un buen intercambio social. Las situaciones más frecuentes en que se pone a prueba la autoestima en la vida diaria no suelen relacionarse con los extraños, sino con las personas con las que convivimos o trabajamos. Si alguien se muestra agresivo e impone sus ambiciones sin miramientos, es posible que salga ganando, pero corre el riesgo de romper una relación. Por eso, es importante que al afirmar nuestra personalidad tengamos también en cuenta a la persona con la que nos relacionamos. Esto no significa que siempre hayan de reinar la armonía y la paz con los demás. Sería poco realista esperar que quienes nos rodean se limiten a aplaudir y manifestar su alegría cuando ven que avanzamos en nuestra autoafirmación y sabemos imponernos. Se trata, por un lado, de mostrarnos flexibles y sociables, y, por otro, de resistir bien en una situación de mal ambiente y de tensión.

En este libro he intentado no sólo tratar el tema de la autoestima desde el punto de vista teórico –es decir, la valoración y afirmación positiva de la propia persona–, sino describir estrategias concretas que permitan a las mujeres sacar a flote su criterio, mostrando una actitud basada en la serenidad. Muchas mujeres temen que si en la vida cotidiana aplican de repente su estrategia de autoafirmación, quizá su comportamiento parezca forzado, poco espontáneo. Yo también observo este problema, sobre todo si la estrategia aplicada no cuadra con tu personalidad o con la situación concreta. Las estrategias que describo no son más que patrones básicos, y tu tarea consiste en adaptar este patrón a tu situación y a tu caso específico, en ajustarlo a las situaciones en las que quieres imponer tu criterio y a las personas con las que más te relacionas cotidianamente.

Las estrategias de autoestima podrían compararse con una buena crema facial. Mientras está en el recipiente, tiene una consistencia y un color determinados. Pero una vez aplicada, si es buena, penetra en la piel, es absorbida por ésta y ya no se reconoce como tal crema. Una estrategia de autoestima –que en este libro se describe como una estrategia pura–, una vez aplicada a tu caso individual, no debe identificarse como tal desde fuera. La estrategia de autoestima debe fundirse con tu estilo personal. Para conseguirlo, has de esforzarte en aplicarla a tu vida. Las participantes en mis cursos de entrenamiento para reforzar la autoestima suelen apropiarse de estas estrategias durante los seminarios. En el espacio protegido de un entrenamiento de este tipo es muy fácil atreverse a intentar una nueva actitud, porque los posibles errores no suelen tener consecuencias graves. En cambio para ti, estimada lectora, es posible que el primer campo de entrenamiento sea tu vida cotidiana. Al principio, es mejor escoger situaciones inofensivas para ejercitarse en dichas estrategias. Antes de proceder a su aplicación en conversaciones o negociaciones vitales, debes elegir alguna que no ponga en peligro nada importante para ti. Es fundamental que te tomes el tiempo necesario y, sobre todo, que estés decidida a ser cariñosa contigo misma.

QUÉ SIGNIFICA LA AUTOESTIMA

Este capítulo está dedicado a la seguridad y la serenidad interiores, actitudes que nacen y se arraigan en nuestra personalidad más íntima. Abordo los cimientos psíquicos de nuestra autoestima y las formas que existen de socavarla. Tendremos mucho ganado si reconocemos y frenamos estos procesos generadores de inseguridad. En este tema tiene gran importancia el entorno social, sobre todo lo que yo llamo «cultura femenina» y «cultura masculina». Las reglas de juego y los modelos de comportamiento de estas dos culturas contribuyen a que la mujer se sienta acobardada. En el segundo apartado de este capítulo te sugiero lo que puedes hacer para fomentar y reforzar tu serenidad interior y tu firmeza personal.

Causas de la inseguridad

Nadie nos obliga a ser inseguras. Sin embargo, muchas mujeres dan a entender que alguien externo es el culpable de que se sientan inseguras. Por ejemplo, se las oye decir: «Mi jefe me hace sentirme insegura. Cada vez que me habla, me siento atrapada y se me suben los colores a la cara». O también: «El novio de mi amiga es tan arrogante que me vuelvo tímida y me siento cohibida en su presencia». Otra muestra: «Cuando veo, aunque sea de lejos, a un tipo así, con traje y corbata, mi autoestima se funde como la cera». En un primer momento, parece que otras personas son las responsables de nuestra falta de autoestima. Sin embargo, la realidad es que los sentimientos y las sensaciones que nos invaden frente a determinadas personas o en determinadas situaciones nacen en nuestro interior.

Para explicar con mayor exactitud lo que sucede cuando nos sentimos inseguras, hay que comentar el modelo compartimentado de nuestra psique. Coincidiendo con muchos psicólogos y pedagogos, hombres y mujeres, parto de la idea de que nuestra personalidad no está formada por una sola pieza.* Se trata más bien de un sistema que se compone de diferentes aspectos parciales, facetas o subpersonalidades, como prefieras llamarlos. No poseemos una personalidad unitaria, sino que albergamos varias subpersonalidades, que experimentamos en forma de diferentes voces internas o de energías de distinto signo. Si tenemos presente este modelo de nuestra psique, nos será más fácil entender y describir los procesos psíquicos que sufrimos.

El ejemplo de un conflicto interno nos permitirá describir correctamente el carácter parcial de nuestra psique. Seguro que has vivido un conflicto interno de este tipo entre las diferentes partes de tu personalidad cuando has intentado poner en práctica un buen propósito y no lo has conse-

* La interpretación de que nuestra psique se compone de varios «yoes» o subpersonalidades es defendida por los psicoterapeutas Virginia Satir, y Hal y Sidra Stone; por el experto en investigación del cerebro Robert Ornstein y por el grupo de trabajo de la Universidad de Bochum (Alemania), formado por Baecker, Borg-Laufs, Duda y Matthies, que se dedican al estudio del constructivismo social.

guido. Supongamos que has decidido firmemente hacer algo por tu salud. Te propones correr un rato todos los domingos antes de desayunar. Llega el domingo, pero en la cama se está demasiado bien y te sientes cobijada por su confortable calorcito. El tiempo tampoco acompaña: la verdad es que no parece demasiado bueno. Así pues, te das media vuelta, dormitas un poco más y después desayunas con toda tranquilidad. Has suprimido el ejercicio, aunque tu propósito de correr era muy sólido. Tal vez te disguste pensar que no has tenido la suficiente fuerza de voluntad para hacer realidad ese buen propósito. El modelo parcializado de la psique nos permite explicar lo sucedido de la siguiente manera: la parte de ti que exige un reposo suficiente, un relajamiento apetecible y una comodidad placentera ha triunfado sobre la parte que te empuja en tu interior a hacer algo por tu salud, de modo que el buen propósito sólo representa la decisión de una parte de tu psique; por tanto, es una decisión parcial. Al menos otra parte no está de acuerdo y ha saboteado ese propósito tan deportivo y saludable. Y la parte encargada de la crítica interior acaba criticándote por no haber sido capaz de apoyar esa decisión y practicar un poco de deporte. De este modo, las diferentes partes de nuestra personalidad son capaces de pelear entre sí y de reprimirse unas a otras.

Algunas de estas subpersonalidades tienen un interés especial en relación con el tema de la autoestima. El que te sientas insegura o segura de ti misma depende de cuál es la subpersonalidad que domina a las demás y se convierte en la responsable de que reine en tu interior un buen o un mal «ambiente de trabajo». En la mayoría de las personas, ya sean mujeres u hombres, el crítico y el jefe interiores determinan el «ambiente laboral» que reina en tu mente. Me propongo presentarte ahora a estos dos sujetos. Más adelante conocerás a otros, por ejemplo a la criatura (niño/niña) interior, la faceta cariñosa y protectora de tu psique, y a la persona objetiva que albergas en tu fuero interno. Estas que acabo de mencionar tampoco son, ni mucho menos, todas las subpersonalidades que forman la psique: se trata tan sólo de las que son directamente responsables de tu autoestima. De ahí que me limite aquí a estos aspectos de tu persona.

Antes de empezar a hablar del crítico y el jefe que llevamos dentro, quiero dedicar unas palabras a la forma de expresarme, a mi estilo. Podría decir que hay una faceta de nuestra psique que ejerce la crítica y que puede tener una voz femenina y una voz masculina, pero he renunciado a pensar en categorías o aspectos duplicados –femeninos y masculinos– de la psique. He decidido llamar crítico interior a la parte de nuestra personalidad que ejerce la crítica, y jefe interior a la parte que nos empuja a emprender algo.

La tiranía del crítico interior

Reconocerás fácilmente al crítico interior si prestas atención a lo que te dices a ti misma cuando te encuentras en una situación difícil, o a lo que te pasa por la cabeza en esos instantes. Imagínate que te vas a comprar un biquini o un traje de baño nuevo. Te ves frente al gran espejo que ocupa el lado frontal del probador. Independientemente de que esa nueva prenda te siente bien o mal, quizá padezcas en ese momento, como muchas otras mujeres, el acoso de tu crítico interior, esa voz que denigra tu aspecto, tu figura, el peso, las caderas, las piernas y el pecho, y te hace preguntarte si puedes presentarte ante los demás con semejante aspecto. Al instante acude casi siempre el aliado más estrecho del crítico, que es el jefe interior. Rápidamente, este jefe configura un programa mediante el cual ese cuerpo podría salvarse, programa que la mayoría de las veces implica una mayor disciplina a la hora de comer, más deporte, más cosméticos e incluso una operación de cirugía estética. Por tanto, el jefe interior actúa como ayudante al pretender poner remedio a los insolentes reparos formulados por el crítico.

Por regla general, el crítico interior interviene también cuando cometemos un error, nos equivocamos o nos sucede cualquier contratiempo. Incluso suele añadir a los reparos internos algún que otro insulto o epíteto humillante. Muchas mujeres se califican en su fuero interno de estúpidas; se increpan: «¡Tonta de mí!»; se dicen: «Debo de estar chalada» o afirman: «Siempre meto la pata». Es bastante habitual que se traten a sí mismas con mayor insolencia y de manera más humillante de lo que jamás haría otra persona, haciendo verdad el dicho que asegura que quien posee un buen crítico interior ya no necesita enemigos exteriores. Nadie es capaz de aniquilarte con tanta ferocidad como tú misma.

Otra de las actitudes preferidas por el crítico interior es la comparación con los demás. Siempre escogerá, para compararla contigo, a una persona que te aventaja en algo, pues sólo así consigue que te sientas rebajada e insignificante. También es el crítico interior quien rebaja el valor de nuestros sentimientos. Por ejemplo, si te sientes herida o celosa, si experimentas temor o estás furiosa, te dirá muchas veces: «No te pongas así», «No seas tan quisquillosa», «Siempre has sido una cobarde» o «No está bien ponerse tan furiosa». Con frecuencia, la parte crítica de nuestra psique pretende rebajar o poner en ridículo la faceta delicada y sensible de nuestra personalidad. Algunas mujeres se insultan a sí mismas, afirmando que son lloronas o quejicas cuando tienen ganas de llorar. El mensaje del crítico interior, en este caso, será: «Tus sentimientos son ridículos y tontos. A ver si eres capaz de comportarte como es debido».

Si no te pones contenta cuando tienes éxito o has conseguido algún logro y crees que los buenos resultados que

21

obtienes son fruto de la casualidad, puedes estar segura de que está ganando terreno tu crítico interior, que siempre encontrará defectos a los resultados de tu trabajo y que es capaz de encontrar un pelo en el guiso más sabroso. Es posible que seas una buena trabajadora, que los demás aplaudan tus éxitos, pero una voz interior te hace sentirte insegura. Esa voz te susurra que no hay por qué sentirse eufórica y que los demás no tardarán en darse cuenta de que no es para tanto. Ese crítico interior te quiere hacer creer que, en el fondo, eres algo así como una estafadora.

Ese crítico interior puede crecer y transformarse en un perfeccionista insoportable, al que no hay éxito que le parezca óptimo y le deje completamente satisfecho. En lugar de facilitarte que te pongas contenta con lo que te ha salido bien, hincha cualquier fallo hasta el punto de que el más pequeño defecto parezca un fracaso importante. Con la inestimable ayuda del jefe interior, procurará que no descanses hasta haber borrado ese fallo o remediado ese fracaso.

En los momentos en que más necesitamos tener confianza en nosotras mismas –por ejemplo, cuando aspiramos a un puesto de trabajo y mantenemos una entrevista encaminada a evaluar nuestras aptitudes, o cuando tenemos que hablar en público–, el crítico interior nos recordará preferentemente todo aquello que no somos capaces de hacer y en lo que hemos fracasado siempre.

Aunque nunca hayas vivido una situación como aquella en la que te encuentras en ese instante, o jamás hayas tenido un fallo en una situación similar, es capaz de pintar ante tu ojo interno, con los colores más atrevidos, todo lo que puede hacerte tropezar: podrías empezar a tartamudear y a decir tonterías, te ruborizarás, perderás el hilo de tu discurso y fracasarás lamentablemente por alguna de estas causas. Estas imágenes internas provocan el miedo en nosotras y este miedo nos lleva a sentirnos agobiadas, con lo que se reduce nuestra capacidad de respuesta. Si en ese momento nos ocurre realmente alguna desgracia, el crítico interior triunfará. ¿Acaso no nos advirtió desde el principio de que lo nuestro acabaría mal?

Ese crítico posee una memoria inagotable cuando se trata de recordar experiencias penosas, fracasos y otras situaciones en que lo pasaste fatal. Te hará revivir todas las ocasiones en que has metido la pata, tanto si se trata de la última invitación, cuando te echaste la salsa encima de la blusa, como de tu primera cita, cuando reventó la cremallera de la minifalda tan estrecha que te habías puesto. El crítico interior conseguirá que te ruborices de nuevo cada vez que recuerdes alguna de esas meteduras de pata del pasado.

Además, el crítico interior socava tu autoestima comparándote con otras personas. Se empeña en presentarte a otros seres que, al parecer, son mejores o más perfectos que tú. Ahí está tu vieja amiga de la escuela, que ha hecho carrera y, además, ha criado a cuatro hijos y su matrimonio sigue funcionando maravillosamente. Y esa colega, mucho más delgada que tú, o la vecina, que también trabaja fuera de casa pero que siempre tiene las ventanas de su casa muy limpias.

La tarea principal del crítico interior consiste en imponernos directrices o mandamientos. Se trata de esos pensamientos que nos asaltan, y que suenan a órdenes y a instrucciones: «Debo esforzarme más», «En este proyecto no puedo fallar» o «Todo debe salirme a la primera».

Estos mandamientos internos se reconocen muy bien porque en ellos suelen figurar las palabras «tengo que», «debo» o «no debo». A veces también nos imponemos unos mandamientos abreviados que nos sirven de correctivo interno, como «¡A levantarse tocan!» o «¡Haz un esfuerzo!», o también «¡Justamente ahora es cuando no debes aflojar!».

Muchas mujeres se imponen correctivos de este tipo y bloquean así sus esfuerzos de autoafirmación. Esto suele expresarse en frases como las siguientes:

- «Tengo que mostrarme siempre amable. Sólo me encuentro bien si los demás me consideran simpática y agradable.»
- «No debo negar nada a los demás, sobre todo si se trata de personas cercanas a mí. Nunca diré que no.»
- «No debo elogiarme a mí misma. Debo ser humilde, recatada y sencilla.»
- «Debo ayudar a los demás. No debo mostrarme indiferente con respecto a los problemas de los demás.»
- «No debo decir directamente lo que quiero. No debo ser exigente.»
- «Debo intentar mejorar constantemente y ser cada día más perfecta.»

Lo peor de estos mandamientos internos es el efecto oculto que provocan. Ni siquiera somos conscientes de la mayoría de estas normas internas. Habitualmente intentamos esquivar las situaciones en las que nuestras normas internas podrían verse puestas en entredicho; por eso, no nos damos cuenta de hasta qué punto estamos atrapadas por ellas. Una mujer que tiene interiorizada la norma de «mostrarse siempre amable y simpática» evitará enfrentarse a los demás; por ejemplo, evitará quejarse o no insistirá en su propia opinión. Pero supongamos por un instante que no le queda más remedio que reivindicar algo. ¿Qué pasará en este caso? Si contraviene su obligación de ser siempre amable, lo más probable es que le invada el miedo. Ese miedo aparece porque sus mandamientos internos van ligados a la idea de que podría suceder algo malo, o incluso horrible, si no obedece una de sus normas. Uno de los fundamentos en que se basan estos principios o mandamientos internos es que detrás de ellos se ocultan fantasías de carácter catastrofista, imágenes horripilantes como la de ser expulsada del círculo de personas que la aprecian, y verse sola y despreciada. Todo esto se comprenderá mejor si pensamos en cómo hemos interiorizado los mandamientos internos.

Al principio, eran nuestros padres quienes nos imponían las normas de comportamiento y nos regañaban, a veces para protegernos. Por ejemplo, nos pueden haber dicho: «Si quieres cruzar la calle, debes detenerte primero en el borde de la acera y mirar a derecha e izquierda para ver si viene algún coche». Ahora bien, los niños no siempre son obedientes y, si alguna vez hemos cruzado la calle sin mirar, es posible que un adulto nos haya sujetado y amenazado con expresión de enfado: «¡Alto! Si vuelves a hacerlo, te atropellará un coche. Puedes quedar malherido y te llevarán al hospital. ¡Tienes que mirar a derecha e izquierda antes de cruzar la calle!». El modo en que nuestros padres nos hablaban y las horribles consecuencias con que hemos sido amenazados nos han hecho sentir miedo. Deseamos que nuestros padres sean amables con nosotros, pero en modo alguno queremos que nos atropellen. Por tanto, hemos interiorizado esta norma y hemos convertido la voz paterna en un crítico interior que pide automáticamente la palabra cuando llegamos al borde de la acera y nos dice: «¡Ojo! Hay que mirar a derecha e izquierda antes de cruzar, por si viene un coche». A partir de ese momento, nos hemos impuesto a nosotros mismos los principios que antes solían imponernos los padres. Este ejemplo nos demuestra también que el crítico interior no es, en el fondo, una faceta rechazable o demoníaca de nuestra personalidad, sino que se trata de la parte de nuestra vida interior que nos impone unas riendas y tira de ellas para que aprendamos a cuidarnos y protegernos a nosotros mismos.

Ahora bien, los padres no sólo dotan a sus hijos de reglas de comportamiento relacionadas con el tránsito rodado, sino que pueden decir, por ejemplo: «¡Si sigues llevándome siempre la contraria, algún día lo lamentarás!», o bien: «¡Deja de lloriquear de una vez o te daré un sopapo; así sabrás por qué lloras!». Otras frases que se oyen con cierta frecuencia son, por ejemplo, las siguientes: «Haz un esfuerzo para que la gente no piense mal de nosotros» o «Tu madre se pondrá muy triste si no eres una buena chica y haces lo que te pido». En el transcurso de nuestra vida, hemos sido capaces de desechar o seleccionar algunas de estas normas. Sin embargo, otras las hemos interiorizado como principios inamovibles, incluso de una manera inconsciente, y las mantenemos vigentes para siempre. Algunos de estos principios jamás han sido verificados para comprobar si siguen siendo válidos en el presente.

Los mandamientos que nos acompañan a lo largo de la vida no proceden sólo de los padres. Un niño puede aceptar normas de todas las personas que lo educan o lo cuidan, ya sean parientes, como abuelos o hermanos, o profesores, vecinos y amigos. Además, la interiorización de principios no es algo privativo de la infancia, pues la mayoría nos pasamos la vida adoptando normas y aceptando reglas que nos son, más o menos, impuestas. Nuestro crítico interior está siempre al acecho de alguna oportunidad para hacernos más perfectas. Por ejemplo, si una revista para mujeres publica unas tablas que explican el peso ideal, el crítico interior intentará transformar esa información en un mandamiento. Así es como el peso ideal se convierte en el peso obligado, el que debemos mantener en el futuro.

Veamos a continuación una breve descripción del crítico interior.

SE BUSCA EL CRÍTICO INTERIOR

El crítico interior:

- Nos impone normas.
- Imparte órdenes.
- Vigila la impresión que causamos en los demás.
- Nos amenaza con una catástrofe si contravenimos una norma.
- Nos compara con los demás y nos deja malparadas.
- Nos recuerda nuestros fallos, fracasos y errores.
- Rebaja nuestros éxitos y quita valor a nuestras buenas ideas.
- Nos insulta, nos minusvalora y nos desprecia.
- Critica nuestro aspecto, nuestro trabajo y nuestro trato personal.
- Condena nuestros sentimientos y nos descorazona.

La tiranía del jefe interior

Ahora os quiero presentar con más detalle al íntimo aliado de nuestro crítico interior: el jefe interior. Él es quien transforma en órdenes y mandamientos las objeciones que nos dirige el crítico interior, y nos dice lo que debemos hacer para anular nuestros defectos y ser mejores, más eficaces, más guapas y más inteligentes. En su lenguaje, esto suena más o menos así: «Tengo que practicar algún deporte, además de la bicicleta durante las vacaciones. A partir de ahora, voy a correr todos los días», «Tendría que volver a limpiar las ventanas», «Debería ocuparme más de mi madre», «Hay que darse prisa», «¡Qué pelos, Dios mío! Debo ir sin falta a la peluquería».

Al jefe interior le gustan las estrategias que sirven para controlar el tiempo, sobre todo cuando se trata de hacer más cosas en menos tiempo. Hacer algo poco a poco, avanzar con tranquilidad y paso a paso, puede volver loco al jefe interior. Le gustaría llegar a la meta ya, y la paciencia es una palabra extraña para él. Cuando se pone en marcha y nos enumera lo que ha quedado por hacer, lo que habría que mejorar y de lo que hemos de ocuparnos, se produce una enorme presión interna, un estrés autogenerado, de producción casera, por así decirlo.

Algunas personas obedecen a ese jefe interior que, desde el momento en que se levantan por la mañana, las pone en tensión emitiendo instrucciones que en ocasiones son completamente contradictorias. Muchas de estas personas, después de haber hecho caso durante diez minutos a su jefe interior, se sienten tan agobiadas que preferirían no haberse levantado de la cama.

Uno de los medios que utiliza el jefe interior para presionarte es el método del caramelo y el látigo. Te promete una vida maravillosa cuando tengas la casa limpia como una patena, cuando hayas hecho la declaración de la renta, cuando hayas reformado la cocina o cuando hayas perdido los diez kilos que te sobran. Si esta perspectiva no da resultado, te amenaza directamente. Te asegura que pueden sucederte cosas horribles si descuidas esas normas y esas órdenes, y te sugiere la imagen de un hogar sucio que provocará la repulsa de los que te estiman. De repente te recuerda que no vas a poder ponerte ningún pantalón o falda de los que tienes si tomas al día una sola caloría más de las mil que te habías propuesto. Junto con el crítico interior, el jefe interior nos amenaza con fantasías catastrofistas, nos provoca una angustia enorme y nos encierra en el corsé de un comportamiento estrangulador.

Es importante entender que el crítico y el jefe que llevamos dentro no representan facetas malas o disparatadas de nuestra personalidad. El crítico es capaz de descubrir nuestros fallos o defectos, y de hacer propuestas para remediarlos. Mi crítico interior ha leído el texto que acabo de escribir y cree que contiene pocos datos acerca de las funciones buenas y útiles que es capaz de desarrollar. Mi crítico interior tiene la loable misión de repasar mis escritos, y comprobar si se entienden bien y describen con acierto lo que pretendo comunicar. Me llama la atención cuando lo que escribo resulta demasiado abstracto o árido. El crítico interior valora correctamente tus esfuerzos y comprende que no seas un buen cirujano por el mero hecho de haber visto muchas películas de médicos y hospitales de urgencias en la televisión. Nos dice dónde están nuestros límites. El jefe interior, a su vez, puede sernos tan útil como el crítico interior. La faceta de empuje que ejerce sobre nuestra personalidad nos ayuda a levantarnos por la mañana, aunque en realidad no tengamos ganas de dejar la cama. En colaboración con el crítico interior, consigue que algunas mujeres acudan a mis cursos de entrenamiento de la autoestima. Tal vez sea tu jefe interior quien te haya hecho comprar este libro, asegurándote que «hay que hacer algo para aumentar tu seguridad interna». El jefe interior nos ayuda a llevar una tarea a buen fin, aunque por el camino hayamos perdido las ganas de seguir con ella. Mi jefe interior me empuja a sentarme a una hora determinada para seguir trabajando en este libro, a mantener el tipo aunque se me presenten dificultades a la hora de formular alguna idea y piense a veces que, en realidad, me gustaría escribir un libro muy diferente. Mi jefe interior, junto con mi ministro interior de economía y hacienda, procura que siga trabajando y ganando el dinero que me hace falta para vivir con la seguridad y la comodidad de las que me gusta disfrutar.

Estas facetas de nuestra psique tienen funciones positivas y productivas, y sólo se convierten en una barrera para la autoestima si las dejamos asilvestrar y crecer demasiado. Son una parte de tu personalidad que, si te identificas demasiado con tu crítico o tu jefe interior, o con ambos a la vez, no hará más que reprimir otras facetas de tu forma de ser, porque adquiere un poder excesivo.

Intentaré explicar esta forma de autorrepresión exponiendo un ejemplo práctico.

Elisa tiene treinta y dos años. Es ama de casa y madre de dos niños, uno de dieciocho meses y el otro de cinco años. Acudió a mi consulta porque hacía tiempo que estaba descontenta con su situación familiar. «Tengo la sensación de ser una criada mal pagada y para la que nunca se acaba la jornada laboral –me aseguró al comenzar la primera consulta–. Mi marido es autónomo: tiene un taller pequeño. Durante la semana suele trabajar hasta muy tarde y muchas veces no llega a casa hasta después de haber acostado a los niños. Por eso, no puede ayudarme en las tareas domésticas.

Además, ¿qué iba a hacer? Llega a casa a las ocho o a las ocho y media, cuando ya tengo todo hecho. Los fines de semana le ayudo a hacer la contabilidad de la empresa (antes de casarme, yo trabajaba de contable). Esto significa que nunca tengo un rato libre, ni siquiera los fines de semana.» Elisa no descansaba jamás durante el día y trabajaba incluso los fines de semana. Su jefe y su crítico interiores la tenían bien agarrada. Cuando le pregunté si llevaba a los niños por las mañanas a alguna guardería, reaccionó con indignación. «¡No! Los niños deben estar con su madre. No tengo necesidad de ir a trabajar; por tanto, ¿por qué voy a llevar a los niños a una guardería? ¿Para que yo pueda descansar? ¡Ni hablar! Mi marido y yo hemos deseado tener esos niños, de modo que hay que conformarse con la situación.» Estaba claro que el crítico y el jefe interiores de Elisa le estaban ganando la partida. Sus normas decían: «Una madre tiene que cuidar siempre de sus hijos. Quien tiene hijos se ha de aguantar», lo que significa en realidad: «La madre se tiene que aguantar». A lo largo de nuestras conversaciones, a Elisa se le hizo evidente que su insatisfacción y su nerviosismo provenían de que jamás se concedía reposo ni tenía horas de descanso. Su crítico interior la insultaba, le decía que era «una vaga y una egoísta» cuando intentaba abrirse un espacio personal y pedía en alguna ocasión a su madre que le cuidara los niños. Por cierto, Elisa aprovechaba esas horas «libres» para ir al centro de la ciudad y realizar algunas compras indispensables. «Si compro alguna prenda de ropa sólo para mí, tengo mala conciencia, por lo que suelo comprar al mismo tiempo algo para los niños o para mi marido», me aseguraba. Todo esto significaba que Elisa se preocupaba mucho de su marido y de sus hijos, pero estaba descuidando la parte de su personalidad que debería encargarse de cuidar

31

de ella misma. Esa faceta cariñosa, que defendería sus intereses personales y le proporcionaría reposo, tranquilidad, tiempo y espacio para ella misma, estaba reprimida. Era madre de familia, pero no madre de sí misma: había descuidado sus propias necesidades. Su crítico interior consideraba que mimarse a sí misma era señal de egoísmo, y la amenazaba con que se convertiría en una mala madre y una mala esposa si exigía más tiempo para cuidar de su propia persona. Para Elisa fue muy importante comprender, a lo largo de la consulta, la existencia del crítico y el jefe interiores, adquirir conciencia de sus voces y a continuación poder frenar la presión, los reproches y las severas condenas que emiten. Elisa necesitaba hacer crecer esa faceta, que pasó a llamar «mi parte cariñosa conmigo misma». Poco a poco consiguió despejar la maraña de normas interiorizadas, y se deshizo de aquellas que automáticamente le producían mala conciencia o le provocaban una tensión insoportable.

Al mismo tiempo, pasó a valorar adecuadamente el temor que sentía de no ser una buena madre y esposa, desarrolló su autoestima y cambió algunos detalles de su vida cotidiana. Pidió a su marido que contratara a un contable a tiempo parcial para tener libres los fines de semana. Al principio no resultó sencillo, pues el marido opinaba que era un gasto inútil emplear a otra persona. Al fin y al cabo, estaba casado con una experta en contabilidad. Sin embargo, Elisa se había convencido de que era muy importante para ella descansar un poco, al menos los fines de semana. Fue capaz de explicarle a su marido que toda la familia saldría beneficiada si ella reponía energías de vez en cuando. Además, apuntó a los niños a un grupo de juegos que se organizaba en el vecindario en mañanas alternas. Y durante la última consulta me informó, riéndose satisfecha, de que había puesto en marcha un programa cultural: vuelve a salir regularmente con su marido; no tanto como antes de nacer su primer hijo, pero pasan algunas horas de asueto juntos. «Ya no parecemos sólo una pareja de padres; a ratos volvemos a ser una pareja de novios», me aseguró con una sonrisa. Elisa ve con más frecuencia a sus amigas y ha empezado a pintar, actividad a la que había renunciado cuando nació su primer hijo.

Los cambios experimentados por Elisa constituyen un buen ejemplo de lo que se puede conseguir en el curso de un entrenamiento de la autoestima, que consiste en trabajar con una misma. En un primer momento se trata de ser consciente de las facetas de nuestra personalidad que están reprimidas y se mueven, por así decirlo, en la clandestinidad. Hay que sacarlas de allí y permitir que revivan en la vida cotidiana, lo cual representa ya un proceso de autoafirmación. Si nos convencemos nosotras mismas de que nuestros deseos y exigencias son justos, nos resultará más fácil convencer de lo mismo a los demás.

Por qué se pierde la autoestima

Posiblemente has comprobado ya que el crítico y el jefe que llevas dentro contribuyen en gran medida a reforzar tu inseguridad. Consideremos un instante la cuestión de por qué esa parte de nuestra vida interior ha adquirido tanto poder e influencia. ¿Cómo es posible que el crítico y el jefe hayan podido establecer una dictadura de tal calibre? Ya he mencionado que estas voces interiores tienen también en nuestra mente una función de protección y advertencia. Ahora te voy a presentar la parte de nuestra psique que necesita que esos dos personajes cuiden de ella. Se trata de la faceta de nuestra persona más sensible y delicada, e incapaz de protegerse a sí misma: la criatura interior. La niña interior es la parte de tu ser en que habitan la creatividad, la capacidad de sentir placer y la alegría de vivir. Si puedes sentirte contenta cuando ves los árboles y las flores, cuando jugueteas alegremente y cuando te enamoras y sientes que se te abre el corazón a los demás, es porque revive en ti la niña que llevas dentro. Esta niña, que se pone tan contenta cuando caen las primeras nieves del invierno o cuando corretea entre la hojarasca otoñal, está al mismo tiempo bastante desprotegida. Reacciona con mucha sensibilidad a las maldades de otras personas, tiene miedo de quedarse sola y se ofende cuando se siente maltratada. Todo lo que dicen los demás lo relaciona consigo misma. Si alguien no te trata bien porque está de mal humor, tu niña interior piensa enseguida que ella es la culpable y se siente personalmente agredida. Tu niña interior es al mismo tiempo la parte de tu ser que posiblemente guarde heridas psíquicas de la época infantil. Esa parte de tu alma conoce humillaciones y vergüenzas que quizás hayas padecido en tu infancia. Es importante saber que tu niña interior tiene un aspecto juguetón, espontáneo y vital, pero también presenta un lado indefenso, temeroso, triste y necesitado.

SE BUSCA LA NIÑA INTERIOR

La parte sensible del alma:

• Es frágil y delicada.

• Padece necesidades y anhelos primarios.

• Muestra alegría de vivir y busca el placer y la creatividad.

• Conserva las heridas psíquicas de la edad infantil.

• Puede manifestarse indefensa y atemorizada.

• Se siente íntimamente afectada por las reacciones de los demás.

Tu niña interior es también la parte del alma en la que están anclados los fundamentos de tu autoestima. Por eso conviene dedicarle nuestra atención al hecho de cómo surge nuestra autoestima y cómo puede haberse roto.

La idea de que una criatura vale algo por sí misma no impide que esté expuesta al contacto con otras personas, un contacto que la dejará marcada. En primer lugar, se trata de las personas que la educan, casi siempre los padres. La manera en que los padres y las demás personas del entorno tratan al niño, el modo de hablarle y cuidarle, le hacen comprender quién es y qué representa en este mundo. Si esta criatura indefensa experimenta la sensación de que es bienvenida y amada, y que está bien cuidada, irá creciendo en ella una autoestima que podría definirse con estas palabras: «Soy una persona querida y bien vista. Está bien que yo sea como soy. Soy alguien con quien los demás se encuentran a gusto. Mis necesidades y mis deseos son aceptados. Puedo confiar en los demás». Más adelante, cuando la criatura crece, explora su entorno y descubre que es un niño o una niña, si la experiencia es positiva, sentirá algo parecido a esto: «Está muy bien que yo sea una niña (o un niño). Puedo mostrarme curiosa; puedo crear algo y aprender. Puedo expresar mis sentimientos y no pasa nada si digo que no quiero algo».

Evidentemente, la criatura no piensa estas frases tal como las acabo de formular. Sin embargo, es lo que siente a través del trato que le dan los adultos, casi siempre los padres. Experimenta que tiene valor y que es querida. En el curso de su evolución, el niño conquista día a día más parcelas de su entorno; si todo transcurre en sentido positivo, crece al mismo tiempo su autoestima. El niño aprende poco a poco a valorar mejor y con mayor precisión sus capacidades. Vive sus fuerzas y sus debilidades, así como su aptitud para seguir aprendiendo y desarrollándose.

En cambio, las experiencias que puedan herir, física o psíquicamente, al niño producen un vacío en su autoestima. Entre las experiencias dañinas para la autoestima figuran éstas:

• **Los malos tratos corporales.** Entre ellos cabe incluir el dolor físico que se inflige al niño conscientemente, pegándole, dándole patadas o pellizcos, tirándole de las orejas y los pelos, haciéndole pasar hambre, propinándole golpes y causándole contusiones, quemaduras, heridas, roturas de huesos y otros daños corporales graves.

• **Los malos tratos psíquicos.** Entre éstos figuran, por ejemplo, los motes irónicos o insultos que se dirigen al niño, y las burlas, risas y humillaciones a que se ve expuesto. Entre los daños psíquicos destacan también dejarle solo con frecuencia, provocarle miedo o amenazarle con el «hombre del saco», que le vendrá a buscar si no se porta bien. También sufre maltrato psíquico el niño al que se le dice que es una molestia para sus padres y que sería mejor que no hubiese nacido, o que tiene la culpa de la mala vida que llevan sus padres o uno de ellos («si no fuese por ti, todo sería más sencillo»).

• **Una educación tiránica, vigilante en extremo.** En este caso no se concede al niño el espacio de libertad que necesita. Padece una vigilancia excesiva y se le exige una obediencia absoluta o una rígida disciplina. Un régimen familiar demasiado severo impide que el niño se desarrolle debidamente en cuerpo y alma, conforme a su edad.

• **Los abusos sexuales.** Aquí figuran no sólo los casos de incesto entre parientes, sino también el maltrato y el acoso sexuales que ejercen a veces los amigos de los hermanos mayores, o bien los padres, los maestros u otras personas encargadas de su educación.

• **El cariño como compensación.** Esta situación se produce cuando sólo se manifiesta cariño al niño si se porta bien, hace algo útil, es bueno y obediente, y no causa molestias ni disgustos a los padres. En cambio, el niño no obtiene una confirmación directa de que se le quiere por sí mismo y a veces se critica incluso su mera existencia.

• **Un comportamiento frío y distante.** Los padres y demás personas encargadas de cuidar al niño se muestran indiferentes a su presencia y no le hacen ver que están contentos de tenerle cerca. La criatura se siente descuidada, tiene pocos contactos positivos y recibe escaso afecto. No la cogen en brazos nunca o casi nunca, ni la acarician o le demuestran cariño.

• **Al niño se le exige demasiado.** Al niño se le transmite la idea de que no es lo suficientemente bueno como para ser querido, que comete demasiados errores y que no cumple las expectativas de los mayores o de sus padres. Pronto se sentirá agobiado. Exigir demasiado a un niño le hace experimentar sensaciones negativas de fracaso.

• **Uno o ambos padres padecen problemas de adicción.** Si el padre, la madre o los dos tienen problemas de adicción a alguna droga legal (alcohol o medicamentos) o ilegal, o son adictos al trabajo o a los juegos de azar, el niño puede verse expuesto a situaciones perjudiciales para su desarrollo mental y psíquico. A ello se añade lo imprevisible del comportamiento del progenitor afectado. El niño no puede confiar en que el día a día transcurra de una manera normal y se convierte demasiado pronto en un pequeño adulto –que incluso se hace cargo de una responsabilidad excesiva para ayudar a la familia o al progenitor adicto– o en un «niño invisible», que no reclama nunca nada e intenta pasar inadvertido.

Todas estas influencias negativas producen un vacío en la autoestima infantil que podría expresarse con las siguientes palabras: «Tal como están las cosas, no soy más que un estorbo, no estoy bien donde estoy, ni se me acepta tal como soy. Soy una carga para mis padres. Algunas de mis necesidades son inaceptables. No se me permite tener determinados sentimientos. No consigo lo que necesito. No respondo bien a lo que se espera de mí. Es un defecto ser una niña (o un niño)».

También puede suceder que un niño se vea bien tratado por sus padres excepto en algún aspecto, como, por ejemplo, con relación a su rendimiento escolar. Los padres pueden ser muy exigentes y pedir demasiado a su hijo, o esperar demasiado de él cuando todavía es pequeño, y le humillan si no lo consigue. También puede ocurrir lo contrario: no confían en que el niño sepa hacer alguna cosa por sí solo y le insisten en que es tonto o un inútil; de este modo, le transmiten un sentimiento de minusvalía e inferioridad. También hay padres que se ven sobrepasados por las necesidades y la dependencia de su hijo, de modo que reaccionan mal cuando les exige algo, y le rechazan con frecuencia.

Además de la casa paterna, la escuela también puede contribuir a que la autoestima de un niño no se desarrolle convenientemente. Muchos adultos recuerdan haber sido objeto de burla en la escuela por parte de los compañeros. Incluso los maestros pueden perjudicar los sentimientos de autoestima del niño, si le hacen pasar por situaciones de humillación y vergüenza. La primera infancia es la época más sensible en cuanto al buen desarrollo de la autoestima, pero en la pubertad y la adolescencia también se pueden producir daños físicos y psíquicos.

La psicoterapeuta Susan Forward considera que crecer en unas condiciones dañinas para la autoestima equivale a padecer una «infancia envenenada». Las infancias envenenadas no son raras. Hasta la década de los sesenta prevaleció un estilo educativo más bien severo, que exigía a los niños una obediencia estricta porque se consideraba que era lo más correcto y conveniente. Generaciones enteras han crecido guiadas por una disciplina rígida, jalonada de golpes y castigos. Aunque la opinión generalizada es que no les ha hecho demasiado daño, la verdad es otra. La persona que ha sufrido malos tratos y desprecios en la infancia suele mostrar de mayor una clara tendencia a despreciarse a sí misma, e incluso a torturarse a sí misma y a los demás. No es infrecuente que la vergüenza y las crueldades sufridas se repitan después en perjuicio de personas más débiles. Así se entiende que algunos padres humillen o descuiden a sus hijos, o incluso les inflijan malos tratos: esta actitud es el resultado, casi siempre inconsciente, de los malos tratos sufridos por ellos mismos, que se perpetúan a lo largo de generaciones.

Cuanto más profunda sea la pérdida de la autoestima, tanta mayor influencia tendrán el crítico y el jefe interiores sobre la psique del individuo. Estos factores compensan la sensación de minusvalía e inferioridad, haciendo que la persona en cuestión manifieste un comportamiento aceptable y apreciado por los demás. Por ejemplo, un niño que ha visto rechazadas con excesiva frecuencia sus opiniones, o que ha sufrido duros castigos cuando se ha opuesto a alguna pretensión, desarrollará previsiblemente un crítico interior que prestará gran atención a no tener conflictos con ninguna autoridad. Cuando sea adulta, esta persona vivirá probablemente de acuerdo con la regla de «mantén la boca cerrada y cede, porque, si no lo haces, saldrás perdiendo»; de este modo, estrangulará su propia personalidad. Esta persona se tratará a sí misma como fue tratada en la infancia y se prohibirá lo que antes le prohibían sus padres.

Me parece muy importante formular estas observaciones con precisión. Una infancia envenenada y unas experiencias perjudiciales para la autoestima no son las únicas causantes de la pérdida de ésta. Si padecemos como adultas una sensación de minusvalía, nos sentimos inferiores y no tenemos intacta la autoestima, es en cierto modo porque seguimos aplicándonos a nosotras mismas los malos tratos a los que nos acostumbraron en la infancia. Lo hacemos cuando reprimimos nuestros sentimientos, descuidamos nuestras necesidades, nos insultamos a nosotras mismas, rebajamos nuestros logros y nos imponemos normas que nos generan tensiones internas. Lo digo claramente para que cada cual vea dónde está su propia responsabilidad. Es posible que nuestros padres, maestros o parientes dañaran con sus coacciones educativas nuestra autoestima infantil. Para muchas de nosotras, seguramente será liberador e importante aclarar las normas y los principios que interiorizamos en nuestra infancia. Sin embargo, sólo nosotras somos responsables del estado actual de nuestra autoestima. Ahora somos adultas y nadie puede humillarnos, hacernos sentir inseguras o hacernos pasar vergüenza, a menos que se lo consintamos o que nos inflijamos ese daño a nosotras mismas.

Quiero profundizar un poco más en los problemas que suelen surgir entre las mujeres cuya autoestima está dañada. Tenemos, en primer lugar, el odio a sí misma, que puede adoptar formas variadas. Además, estas mujeres muestran en numerosas ocasiones una tendencia a sentirse excesivamente responsables de otras personas e incapaces de trazar una frontera frente a los demás para asegurarse un espacio propio. A esto se añade con frecuencia el deseo de impresionar a su entorno. Por tanto, existen cuatro tipos de problemas:

• **El odio a sí misma.** Las mujeres afectadas de un sentimiento de inferioridad parten de la convicción, muchas veces inconsciente, de que en el fondo no son lo bastante buenas. Por eso, creen que necesitan esforzarse para conseguir que las demás personas las acepten y les otorguen cariño y respeto. Suponen que si se mostraran tal como son, serían rechazadas. Muchas mujeres afectadas de una autoestima deficiente son incapaces de aceptar con naturalidad un elogio o una alabanza de otra persona. Creen que no son merecedoras de algo bueno, como, por ejemplo, el amor de otro, la pura alegría y el placer, y se sienten culpables si se entregan alguna vez a disfrutar de las cosas agradables de la vida.

Algunas mujeres interiorizan rápidamente los aspectos negativos y acaban por ver en cualquier situación los posibles errores, defectos y fallos. Muestran entonces tendencia a ser criticonas y machaconas en exceso, o a sufrir exageradamente por los demás. A esto se añade que las mujeres que no se aprecian demasiado a sí mismas suelen entablar relaciones con personas que tampoco las respetan ni las aprecian en lo que valen. En su fuero interno están convencidas de que no se merecen un trato cariñoso, y esta convicción las lleva a relacionarse con la persona equivocada: el amigo poco fiable, el jefe embaucador o el socio traidor, es decir, personas que se revelan con el tiempo como sanguijuelas emocionales o cretinos autoritarios. Lo curioso es que algunas mujeres se encuentran bien junto a este tipo de personas, a las que consideran compañeros adecuados «para toda la vida».

• **Sentirse excesivamente responsable de los demás.** Las mujeres que padecen una pérdida de la autoestima tienden a realizar enormes esfuerzos para que los demás las quieran y las estimen. En numerosas ocasiones se sienten más seguras cuando se ocupan de otras personas. No pocas veces cargan sobre sus hombros una responsabilidad que en realidad corresponde soportar a otros, y a partir de ese momento se sienten responsables del bienestar de la otra persona. En cuanto alguien necesita algo o tiene algún problema, se apresuran a socorrerle. Estas mujeres suelen creer que saben qué necesitan los demás y qué es lo mejor para ellos, razón por la cual siempre tienen a mano un remedio, un consejo o un ofrecimiento de ayuda. Con frecuencia cargan con demasiadas responsabilidades, por lo que descuidan su propio bienestar.

• **Distancia insuficiente.** A algunas mujeres, su falta de autoestima les lleva a tener dificultades cuando se trata de defender sus derechos. Les resulta difícil decir «no» y les cuesta rechazar las pretensiones de otras personas. Evitan los conflictos y aceptan que otros se aprovechen de su tiempo, su energía, su amor y su espacio, e incluso de su cuerpo y su dinero. Más adelante, cuando ven que los demás se «han pasado» y han violado en exceso sus fronteras, muchas de estas mujeres muestran una tendencia a retraerse del todo y acaban por no querer tratos con nadie.

• **El deseo de causar buena impresión en los demás.** A las mujeres (y también a los hombres) cuya autoestima deja mucho que desear, les preocupa especialmente lo que los demás piensen de ellas. Intentan causar siempre buena impresión para que los demás les otorguen el reconocimiento y el aprecio que ellas mismas no sienten por su propia persona. En estos casos adquiere una importancia capital «lo que de mí puedan pensar otras personas» y «qué impresión causo en los demás». Esta búsqueda de afirmación externa coincide muchas veces con la tendencia a cumplir estrictamente todas las normas habituales y buscar el respeto de todo el mundo. Un campo muy adecuado para desahogar estos deseos es el de la propia imagen. De ahí que se impongan tratar el cutis con toda clase de cremas, lociones y máscaras, y poner el cuerpo a punto mediante dietas y actividades deportivas. Algunas mujeres acuden a la cirugía estética para que les remedie lo que no pueden soportar de su cuerpo. Detrás suele ocultarse una angustia casi desesperada por convertirse en alguien amado y aceptado por los demás.

El predominio absoluto del crítico y el jefe que llevamos dentro tiene casi siempre consecuencias desastrosas para la vida de la persona afectada. Las personas que cumplen habitualmente con lo que su crítico y su jefe les exigen pocas veces son felices de verdad. La mayoría de ellas se sienten vacías y deprimidas ante tanta tiranía. De puertas afuera pueden parecer personas con éxito en la vida: han realizado una carrera espléndida, han ganado mucho dinero y tienen una familia estupenda. Sin embargo, una vez que hayan sacrificado su niño interior en el altar del éxito y bailen al son que les tocan su crítico y su jefe interiores, les faltará alegría vital y sentimiento de placer y diversión. Tarde o temprano, tendrán la sensación de que la vida pasa de largo para ellas.

Podríamos ilustrar la falta de autoestima con ayuda de la siguiente imagen: el crítico y el jefe interiores reprimen al niño que llevamos dentro, razón por la cual esta parte tan sensible de nuestra psique se siente atemorizada y triste. Sin embargo, si somos capaces de valorar con objetividad la tortura y el martirio que el crítico y el jefe interiores nos infligen, aumentará no sólo nuestra autoestima, sino también nuestra satisfacción vital.

Antes de detallar cómo puedes favorecer tu autoestima, me gustaría hablar de otra fuente de inseguridad. Para ello, tenemos que situarnos en otro plano: en el de los distintos modelos de comportamiento que rigen para el hombre y para la mujer.

Las reglas de juego de lo femenino y lo masculino

Hemos estado comentando las dificultades que se presentan para sacar a flote la propia personalidad desde el punto de vista psicológico. Sin embargo, limitarnos a esta apreciación significaría tener una visión unilateral y, por tanto, incompleta del tema. No podríamos explicarnos, por ejemplo, por qué una mujer que parece tener bien desarrollada la autoestima y sabe hacer respetar su personalidad, se siente intimidada en el campo profesional y en los negocios, y muchas veces tiene la impresión de enfrentarse a una pared. Esto le sucede porque tropieza, precisamente en los campos donde predomina el poder masculino, con rituales y comportamientos que le provocan desencanto, rabia e incluso estrés. Para entender el porqué de esta inseguridad que afecta a tantas mujeres, me gustaría observar atentamente, con lupa, los valores y los modelos de comportamiento por los que se rigen tanto las mujeres como los hombres. Prefiero adelantar mi opinión desde el principio: las mujeres y los hombres suelen regirse, casi siempre de una manera inconsciente, por sistemas de valores muy diferentes. Hablemos, pues, de estos dos sistemas.

Los valores, los modelos de comportamiento y los estilos de conversación por los que normalmente se rigen las mujeres suelen tener lo que llamamos «una orientación relacional». Se trata de un modelo cultural más bien femenino. Los valores, los modelos de comportamiento y los estilos de conversación que suelen adoptar la mayoría de los hombres muestran, en cambio, lo que llamaríamos «una orientación al poder», lo que representa un modelo cultural más bien masculino. He intentado expresarme con mucha precaución al adjetivar estos dos modelos culturales, y he dicho «más bien» femenino y «más bien» masculino para señalar claramente que no podemos clasificar a todas las mujeres y a todos los hombres como practicantes o adscritos a su correspondiente modelo. Diré sin rodeos que cualquier mujer y cualquier hombre pueden adoptar los comportamientos correspondientes a la otra modalidad cultural. Hablemos, en primer lugar, con más detalle de los dos tipos culturales que acabo de mencionar.

• **La orientación relacional, modelo cultural más bien femenino.** Esta cultura descansa fundamentalmente en la relación que se establece con otras personas. Su aspecto más sobresaliente es el valor de esta relación, de la ligazón que implica. La mayoría de las mujeres aprecian este valor e intentan incorporarlo al proyecto de su vida. Su comportamiento suele ajustarse a esa intención de tal modo que su identidad suele definirse a través de las relaciones que mantiene con otras personas. Los lazos que las ligan a esas otras personas ocupan un lugar muy elevado –si no el más alto– en su escala de valores, por lo cual hablamos de una orientación relacional.

Esa orientación recorre como un hilo rojo la vida cotidiana de la mujer. Casi siempre son las mujeres las que se ocupan del bienestar de los demás miembros de la familia, las que acuden a la escuela para hablar con los maestros y las otras madres, las que mantienen vivo el contacto con los demás parientes y amigos.

Suelen ser mujeres las que trabajan como expertas en relaciones humanas, las que resuelven los conflictos y procuran, tanto en casa como en el puesto de trabajo, que reine cierta comodidad, un buen clima emocional y un respeto tolerante.

Esto permite a las mujeres desarrollar una capacidad psicológica específica: son capaces de comprender los problemas y los sentimientos de los demás, y muchas veces adivinan entre frase y frase cuál es la verdadera angustia que atenaza a quien les habla. Sin embargo, se trata de una orientación psicológica que ni siquiera llama la atención a muchas mujeres. Si les preguntamos qué es para ellas lo más importante en su relación con los demás, suelen responder que ser simpático y amable unos con otros. De ahí que las mujeres eviten casi siempre mostrarse autoritarias o dominantes. Es evidente que también hay hombres que desarrollan una marcada tendencia a llevar una vida en la que priman las buenas relaciones entre las personas; con frecuencia se trata de hombres que se dedican a la pedagogía o al cuidado de enfermos y minusválidos. Asimismo, muchos psicoterapeutas, sacerdotes, profesores y asesores ponen en práctica, a lo largo de su vida profesional, los comportamientos correspondientes a esta orientación relacional, un modelo cultural más bien femenino.

• **La orientación al poder, modelo cultural más bien masculino.** En esta forma cultural, el valor que ocupa el primer puesto es el poder. Se trata sobre todo de mejorar su posición personal, el lugar que uno ocupa entre los que son o se consideran superiores y los que son o se consideran inferiores. Las relaciones con las demás personas desempeñan un papel importante, pero con frecuencia no sirven más que para cimentar la propia superioridad o para obtener alguna ventaja (por ejemplo, cuando se intenta jugar al golf con las personas más convenientes, accionistas importantes, miembros del consejo de administración, etc.). Estos comportamientos de orientación al poder emiten con frecuencia claras señales encaminadas a demostrar la propia superioridad, o a retar al interlocutor para que muestre su autoridad o su competencia en algún asunto. La lingüista estadounidense Deborah Tannen ha descrito varios ejemplos que perfilan la tendencia masculina a redefinir permanentemente su posición personal. Por ejemplo, un hombre suele aprovechar en mayor medida que una mujer cualquier conversación para

46

definirse a sí mismo y descubrir si su interlocutor es superior o inferior a él. Para conseguirlo, suele ofrecer al otro numerosas ocasiones de confrontación verbal, contradiciéndole a menudo, pronunciando largos y extensos monólogos, o provocándole con retos de mayor o menor importancia.

En la cultura relacional, que practican más bien las mujeres, es muy importante la simpatía que sienten por la otra persona. En cambio, la competitividad que desarrollan los hombres según su orientación cultural les lleva a buscar determinados contactos que les parecen importantes para reforzar su posición personal, y suelen dirigir esta oferta tanto a otros hombres como a determinadas mujeres. Éstas prefieren casi siempre que sus relaciones se desenvuelvan en una atmósfera armoniosa y carente de conflictos; suelen vivir las luchas por el poder como un empeoramiento en sus relaciones, y por eso las rechazan y se oponen a ellas. Por supuesto, también hay mujeres que adoptan total o parcialmente los valores y comportamientos de esa cultura de poder o de dominio que hemos calificado de más bien masculina. Casi siempre me he topado con esta clase de mujeres en puestos de mando o encaminadas a conquistarlos. Son mujeres que han decidido hacer carrera en el mundo de los negocios o en la política y que han aceptado, en mayor o menor medida, las reglas de juego de «los hombres».

Toparemos con los valores y comportamientos de esta cultura del poder en casi todos los ámbitos sociales donde la presencia de los hombres es predominante, como en los negocios, la política, el funcionariado de rango superior, las categorías más altas de las carreras eclesiásticas, los medios de comunicación –prensa, televisión y radio– y los ámbitos culturales superiores (museos, teatros y festivales).

Quizá se deduzca de todo esto que coexisten dos culturas una al lado de la otra. Sin embargo, estas dos culturas no compiten con igual rango. La cultura que domina en nuestra sociedad es la orientada al poder, la masculina. La cultura más bien femenina, de orientación relacional, tiene un papel menor y está peor considerada en el conjunto de la sociedad. La observamos en campos profesionales peor pagados, como las actividades de carácter social, o en sectores que no obtienen ningún tipo de remuneración, como el trabajo del ama de casa. Siempre que se trate de adquirir poder o dinero, de fijar el derecho y la ley, seguiremos topándonos principalmente con el modelo cultural más bien masculino, de orientación al poder.

A las mujeres les conviene, sobre todo, ser conscientes de que sus ideas personales acerca de lo que tiene valor para ellas, y el modo en que hablan con los demás, pueden ser expresión de una orientación relacional, de un modelo cultural más bien femenino. Es posible que encuentren en sus interlocutores masculinos una apreciación de valores y unas formas de comportamiento que proceden de una orientación al poder, del modelo cultural más bien masculino. Si las mujeres no conocen estas dos culturas o no quieren reconocer su existencia, se pueden producir malentendidos de los que la mujer no suele salir muy bien parada. Comentaremos con algún detalle dos de estos casos típicos de malentendidos.

La mayoría de las mujeres exteriorizan en sus conversaciones muchos más signos de afecto y de comprensión de lo que suelen hacer los hombres: las mujeres sonríen más y con mayor frecuencia, asienten con un gesto de la cabeza, y emiten sonidos que expresan afirmación y comprensión, como «sí, sí» o «claro, claro». En el idioma propio de la cultura de orientación relacional, estas señales no se limitan a ser simples confirmaciones de que se está atento a lo que dice el otro, sino que significan con frecuencia para las mujeres: «Sí, estoy pendiente de lo que dices», con lo que buscan establecer un puente de buena comunicación, de atención y de entendimiento. Un representante de la cultura masculina verá en estas señales no tanto un signo de buena comunicación y compañerismo como una expresión de que se está de acuerdo con él y una invitación a seguir contando sus cosas. Un hombre que ha sido calificado por una mujer de charlatán se defendería, por ejemplo, de la siguiente manera: «¿Cómo que hablo demasiado? Me ha estado mirando todo el tiempo con expresión amable, ha asentido a mis palabras y ha dicho "sí, sí". ¿Cómo puede quejarse ahora? ¡Más bien me pareció que encontraba interesante todo lo que le decía!».

Más de una mujer se queja de que el hombre no la escucha cuando le cuenta algo. Esto puede ser verdad, pero también lo es que a veces la mujer obtiene esa impresión porque él no envía las típicas señales de entendimiento que hace la mujer, como sostenerle la mirada, asentir con la cabeza o emitir sonidos de afirmación. Un hombre es capaz de escuchar mientras mira hacia otro lado y está callado. Las mujeres, acostumbradas a una cultura de orientación relacional, esperan algún gesto comunicativo y creen que este comportamiento masculino es descortés, por lo que les parece que están hablando a una pared.

Otro malentendido –que podríamos calificar casi de trágico– entre los dos modelos culturales es el diferente aprecio que tienen de la competencia profesional y de los conocimientos especializados. Las mujeres tienden a rebajar sus propios conocimientos: muchas veces se callan el cargo que ocupan y a alguna incluso le resulta penoso tener que mencionar cuál es su titulación académica o decir que es gerente o experta en algún campo específico. Es frecuente que pretendan establecer una relación en la que nadie ocupa una categoría superior o inferior. Intentan no dominar en una conversación, sino adaptarse al desarrollo de la misma. Al contrario de lo que suelen hacer los hombres, formulan muchas más preguntas, a veces simplemente para mantener la conversación. Todo esto suele ser útil para crear un ambiente distendido y facilitar que se establezcan corrientes de simpatía, pero este comportamiento que muestran las mujeres en una conversación es justamente lo que sus colegas masculinos interpretan como una confesión de su inferioridad. Si una mujer no intenta demostrar su superioridad, lo que hace, desde el punto de vista de sus interlocutores orientados al poder, es demostrar voluntariamente su inferioridad. En estos casos, el hombre pasa a ocupar automáticamente un rango superior, es decir, aprovecha una conversación amable y nada competitiva para situarse en primer plano. Así, tanto en los círculos privados como en los profesionales, surge muchas veces la impresión de que las mujeres son amables y educadas, saben conversar y procuran que reine un ambiente agradable, pero no son tan competentes y eficientes como los hombres, ni tienen tanto éxito como ellos.

Este hecho puede ser muy negativo para la mujer en el plano profesional. Muchas empresas no se interesan excesivamente por los verdaderos conocimientos de sus empleados, que suben de escalafón más bien por la imagen que dan y que han creado en torno a su supuesta capacidad profesional. En otras palabras: con frecuencia promocionan a sus empleados teniendo únicamente en cuenta la impresión que causan en los demás, en lugar de valorar sus conocimientos.

Muchas veces es una mujer la que sostiene una conversación agradable con sus colegas, con lo que les procura una plataforma adecuada para que puedan lucirse y desplegar todo su encanto, como los grandes comunicadores que son de sus propios talentos.

En estos dos modelos culturales se expresan fuerzas y

propiedades muy diferentes. Los dos tienen sus problemas típicos, que suelen asomar de vez en cuando la cabeza. Empecemos por el modelo cultural más bien femenino. Como en este caso la relación con el otro ocupa el primer lugar en la escala de valores, ella misma, su persona, suele quedar en segundo plano. Esta retracción de la mujer, encaminada a favorecer la relación con los demás, empuja a más de una a meterse en un infierno que afecta a su vida cotidiana, porque, del mismo modo que la relación personal es lo más importante para una mujer, le resulta muy difícil vivir sin tener relaciones positivas con otras personas. Las mujeres se sienten más valoradas y completas con una persona a su lado con la que mantienen una ligazón estrecha y positiva.

Si esta relación empeora o se rompe, la mujer suele sentir miedo. Por ejemplo, teme ser menos valiosa si no tiene un compañero, alguien que dé un sentido a su vida y le sirva de respaldo. Ésta es también la razón por la cual muchas mujeres se empeñan en seguir manteniendo una relación insatisfactoria, e incluso permanecen al lado de un hombre que se aprovecha de ellas y hasta las maltrata. Por miedo a perder una relación amorosa, la mujer es víctima fácil de un chantaje sentimental.

En cambio, cuando la mujer intenta imponer sus propios deseos y necesidades frente a otras personas, sobre todo frente a las personas que aprecia, entonces basta el más leve síntoma de deterioro en la relación para provocar la aparición de un sentimiento de culpabilidad. Un poco de mal ambiente, una observación despreciativa, una frase como «eres una egoísta» o un silencio helado bastan para estropear la perspectiva de lo que debían ser unas horas agradables, tal vez una invitación a salir largamente esperada.

Defender sus propios intereses significa para muchas mujeres arriesgarse a deteriorar una buena relación. La mujer corre el riesgo de que otra persona, tal vez la que más quiere, se sienta defraudada y se lleve un disgusto. El gran don de la mujer y del modelo cultural femenino –su capacidad para entablar buenas relaciones con los demás, para comprender a otras personas, para compensar intereses contrapuestos, para evitar conflictos o para conciliar controversias– puede convertirse en su maldición, sobre todo cuando se ve obligada a ejercer esas capacidades, es decir, cuando a la mujer no le queda más remedio que hacerlo porque las relaciones con los demás le parecen más importantes que su propia persona.

Los problemas del modelo cultural masculino, orientado al poder, se manifiestan cuando surgen situaciones que exigirían dejar en segundo plano la propia persona y la superioridad personal, donde lo que impera o debería imperar es el compañerismo, la colaboración entre iguales, como en un equipo de trabajo. En muchas empresas se ha observado que los equipos pequeños e independientes son a veces más productivos y funcionan con menores costes que las antiguas estructuras jerárquicas en las que regía la división del trabajo. Sin embargo, estas mismas empresas suelen quejarse también de que muchos de sus empleados no son capaces de trabajar en equipo. El estilo de comportamiento y de trato que predomina en muchos centros laborales se adscribe al modelo cultural masculino, dominante, y está orientado a asegurar la propia superioridad y a perfilarse personalmente, a la vez que busca mantener a raya a los posibles competidores. Estos comportamientos no admiten el trabajo en equipo. Para realizar una labor junto a otros compañeros, dentro de un grupo o un equipo, es indispensable aplicar las formas culturales femeninas, que cuidan las relaciones. Se trata de:

• Saber escuchar a los demás y no querer hablar solamente uno mismo.

• Tomar en serio al otro, en lugar de resaltar los méritos propios.

• Solucionar problemas y tareas, en lugar de querer tener siempre razón.

• Crear un ambiente abierto y no competitivo, en lugar de librar batallas por el poder.

Resulta especialmente lamentable la situación que se genera en algunas organizaciones cuando el estilo dominante, más bien masculino, pierde los estribos y en cierto modo se excede a sí mismo. Cuando esto sucede, la mayoría de los empleados gastan sus energías y su tiempo en intrigas y luchas por el poder que no benefician a la producción. Los que participan de estos comportamientos no suelen tener otra ambición que pulir la propia imagen y cargar los errores a otros o borrarlos del mapa. El trabajo en sí y los resultados de la empresa pasan a segundo plano. A la corta o a la larga, la mayoría de los empleados se sentirán frustrados y desmotivados. Casi siempre se limitarán a realizar mecánicamente las labores más indispensables, y aumentarán las bajas por enfermedad. Entonces, la dirección de la empresa suele echar mano, a la desesperada, de los remedios más equivocados: ejerce presión y emite nuevos decretos, normas, directrices e instrucciones. Con ello sigue practicando el mismo comportamiento orientado a ejercer y demostrar su poder. Finalmente, para arreglar el desaguisado, se acude a un equipo o empresa de asesores e instructores (como soy yo), que se encargará de la tarea de restablecer la buena comunicación entre dirección y empleados. En estos casos estudiamos las causas de la situación y procuramos que las personas vuelvan a hablar unas con otras, digan sinceramente qué les pasa, se escuchen unas a otras y hablen de sus sentimientos, disgustos y deseos. Esto significa que los asesores vuelven a introducir en la empresa la orientación perdida e intentan restablecer un comportamiento que cuida las buenas relaciones.

Una mirada más detallada a las costumbres de ambos modelos culturales ayudará a las mujeres a no interpretar sus problemas de autoestima únicamente como una debilidad personal. En nuestro entrenamiento para mejorar la autoestima, somos como turistas que pisan tierra extraña, y observamos con curiosidad las formas de comportamiento y las reglas de juego de la cultura más bien masculina, orientada al poder, sin caer en la tentación de buscar un remedio demasiado rápido. Yo misma no preconizo una adaptación exclusiva a uno u otro de estos dos estilos de comportamiento. Me gusta más la idea de saber controlar con pericia y creatividad ambas orientaciones culturales. Comprendo muy bien que una mujer que quiere hacerse un hueco en el mundo de los negocios, dominado por la cultura masculina, tienda a adoptar un comportamiento similar al de los hombres que la rodean. La lástima es que piense que ése es el único comportamiento correcto, porque así desperdicia las ventajas de un estilo más bien femenino, orientado hacia el establecimiento de buenas relaciones. Por cierto, ahora parece que se está imponiendo este último modelo en el mundo de la economía. Muchas instituciones y empresas han reconocido que el cambio tecnológico y social se produce cada vez más rápidamente, y que saber reaccionar a estos cambios de un modo adecuado y sin pérdida de tiempo exige una buena comunicación interna en la empresa y un óptimo funcionamiento de las relaciones interpersonales. Gracias a su cultura, las mujeres aportan un potencial intuitivo que les falta a los directivos de muchas organizaciones e instituciones. Por eso, defiendo que las mujeres conozcan y estimen las cualidades «femeninas», de orientación relacional, que les son propias.

En general, cuando tratamos el tema de los comportamientos masculinos y femeninos, para muchas mujeres constituye un alivio no tener que adoptar una postura radical de «lo uno o lo otro», es decir, no tener que escoger forzosamente el modelo cultural masculino o el femenino, sino poder mantener una postura creativa e inclinarse, en una u otra situación, por uno u otro de esos dos estilos. Esta postura otorga a muchas mujeres el espacio de libertad necesario para trazar su propio camino, sin tener que adaptarse a la fuerza a uno u otro esquema social.

Ahora que hemos realizado esta exploración de las causas sociales de la inseguridad, abordaremos la cuestión de cómo desarrollar una mayor serenidad en el trato con los demás.

Los elementos de una actitud serena

Durante mucho tiempo, la serenidad ha sido algo a lo que las personas eficientes no han sabido qué peso otorgarle: parece una cualidad propia de vagabundos, soñadores, idealistas y gurús iluminados. El clima más bien ambicioso de la ética laboral exige que la persona, sobre todo si quiere subir de escalafón, funcione siempre «a mil por hora». Hay que mostrarse activo e incansable, puesto que, al fin y al cabo, «la vagancia es la madre de todos los vicios».

Esta moral de trabajo predomina todavía en muchas mentes y en muchos ambientes profesionales. Una persona se considera ambiciosa e importante cuando se agarra con todas sus fuerzas a su tarea, siempre va con prisas, no descansa jamás y su agenda está repleta de fechas y citas importantes. Por desgracia, todavía hay muchas empresas y oficios donde se toleran, e incluso se exigen, estas actitudes mezquinas de sacrificio laboral. Sin embargo, en el horizonte ya aparecen signos de una nueva forma de interpretar la vida y el trabajo. Cada día hay más personas que aceptan comprometerse con una tarea, pero sin sacrificar su vida. No están dispuestas a renunciar a su creatividad y a su alegría de vivir en aras de una ambición insaciable por obtener beneficios o de una carrera mortal hacia el éxito. La serenidad se está convirtiendo en un bien preciado, en un nuevo lujo. Está renaciendo la convicción de que las personas que piensan constantemente en su trabajo, que no pueden comer tranquilas sin tener el teléfono móvil a mano, se exponen a quedar en cualquier momento «quemadas» e inservibles para la vida laboral y personal. El futuro no reserva admiración para los que practican este principio de «tierra quemada» cuando se trata de su vida y sus fuerzas. Estar siempre estresado no es señal de que se es una persona muy trabajadora, sino de que el «jefe interior» ha perdido el norte.

Antes solía malinterpretarse con frecuencia el estado de serenidad. La tranquilidad y la serenidad no tienen nada que ver con la indiferencia y la pasividad. Nos sentimos serenos cuando estamos centrados y descansados interiormente. Para nuestra psique se trata de adoptar una postura de equilibrio, que no reprime ni suprime ninguna faceta de nuestra personalidad. Hay que admitir lo que llevamos dentro, lo que somos en conjunto, sin dejar que el crítico interior y su socio dominen sobre todo lo demás. Debemos escuchar y dejar que vivan los restantes aspectos de nuestra persona. En la vida cotidiana, pocas veces se experimenta serenidad interior. Algunas personas sólo la sienten durante las vacaciones; otras no llegan a conocerla nunca porque no permiten que se adueñe de su vida. Hay que aflojar el corsé de las supuestas obligaciones, ese que siempre llevamos tan apretado.

Las personas serenas pueden hablar tranquilamente con

los demás, saben tratar a sus semejantes y reaccionan con mayor tolerancia y sentido del humor cuando se enfrentan a cualquier rareza expresada por alguien. Una persona serena suele estar más capacitada para solventar una tarea difícil.

Nos queda la cuestión de saber cómo podemos aprender a desenvolvernos con mayor serenidad. Necesitamos un contrapeso al crítico y al jefe que llevamos dentro, y capacidad psíquica para tratarnos con cariño a nosotras mismas. De este trato cariñoso con la propia persona voy a hablar ahora.

El cariño más importante

Todavía recuerdo perfectamente cuándo aprendí el significado de «tratar con cariño a la propia persona». Fue hace unos diez años y me encontraba en el auditorio de una universidad. Era estudiante y asistía a una clase de psicología. El profesor nos hablaba de diferentes métodos de psicoterapia. Al empezar la clase, nos dijo que para las personas que quieren ayudar a los demás es muy importante que sepan tratarse a sí mismas con cariño y atención. Dijo esta sola frase al respecto y entonces no entendí lo que quería decir con eso de «tratarse a sí mismo con cariño y atención». La verdad es que ya tenía la costumbre de lavarme los dientes con regularidad, dormía las horas suficientes, comía lo necesario y disponía de ropa adecuada para las diferentes estaciones del año. ¿De qué hablaba el profesor cuando indicaba que teníamos que tratarnos con cariño y atención? En aquella época no me atreví a preguntárselo. Creía que era la única persona que no sabía lo que significaba ser cariñosa con una misma. Hoy sé muy bien que lavarse los dientes y dormir lo suficiente tienen algo que ver con eso, pero que el afecto hacia una misma va mucho más allá. También sé que este cariño constituye la base de la serenidad interior, de una autoestima efectiva, de unas buenas relaciones amorosas y amistosas, y de una auténtica colaboración entre las personas.

La mayoría de las mujeres saben tratar cariñosa y atentamente a otras personas, pero descuidan esa faceta necesaria consigo mismas. Mi deseo es reforzar en ti esa faceta, y desarrollarla de modo que puedas ser cariñosa y afectuosa contigo misma.

SE BUSCA LA FACETA CARIÑOSA Y AFECTUOSA

Tu faceta cariñosa:

• Escucha con atención la parte sensible de tu personalidad y atiende a tu niña interior.

• Te asegura que está bien tener sentimientos y acepta toda clase de sensaciones.

• Procura que conozcas tus propias necesidades y las satisfagas.

• Opone permisos a las exigencias del crítico interior.

• Te apoya y te habla de ti misma de manera positiva.

• Te dice palabras agradables, te echa piropos, te alaba y te consuela cuando lo necesitas.

• Te muestra de una manera afectuosa de qué eres responsable y de qué no lo eres.

• Tiene paciencia contigo y sabe esperar.

¿De dónde se puede sacar una faceta tan afectuosa? Si tú, como muchas otras mujeres, tienes poca experiencia en cuanto a un trato afectuoso contigo misma, debes aprender a desarrollarlo. Los pasos más importantes para llevar a cabo este proceso son los siguientes:

• **Poner fin a la denigración interior.** El primer paso que debes dar para mostrarte más afectuosa y atenta contigo misma es poner fin al mal trato que te puedas infligir a ti misma. Esto implica que has de tener cuidado cuando te regañas, te rebajas o te comparas con otras personas. Debes empezar a concretar en qué situaciones te enfadas contigo misma o te impones alguna presión por querer cumplir una regla determinada. Para frenar las agresiones del crítico y el jefe que llevamos dentro es importante, en primer lugar, darse cuenta de su existencia. Presta atención a tu estado de ánimo y escucha tu voz interior. Fíjate en lo que piensas y en lo que te dices a ti misma. ¿Qué te pasa por la cabeza? ¿En qué piensas? Saber escuchar la voz interior es especialmente importante en los momentos en que la situación exterior se complica y la vida cotidiana se agita: cuando estás nerviosa o preocupada, o te sientes descontenta o insatisfecha. Siempre que te suceda una desgracia o tengas miedo, tu crítico interior querrá tomar la palabra y aparecerán los pensamientos correspondientes en tu mente. Algunas participantes en mis seminarios empiezan a fijarse en lo que piensan durante el entrenamiento para mejorar su autoestima. Se dan cuenta de que su crítico interior interviene con mucha frecuencia después de haber pedido la palabra en el seminario y haber expresado una opinión. El crítico interior de estas participantes verifica la impresión que han causado en las demás personas asistentes al curso: si han dicho algo sensato o no han dicho más que tonterías. Una de las mujeres comprobó que su crítico interior condenaba cada vez con mayor severidad sus aportaciones verbales. A partir de entonces entendió por qué se sentía tan mal después de haber dicho algo, mientras se encontraba rodeada de un grupo.

Tan sólo cuando seas capaz de entender conscientemente lo que te comunica el crítico o el jefe que llevas dentro, podrás poner freno a las intervenciones de sus voces. Es fácil hacerles callar, sencillamente diciéndote a ti misma algo amable y positivo. Lo explicaré con un ejemplo.

Supongamos que estás en la cocina de tu casa y se te cae una taza. La taza se rompe. ¿Qué piensas en un momento así? ¿Te maldices y te riñes, diciéndote más o menos: «¡Qué torpe soy!»? ¿Te sientes furiosa contigo misma? Recuerda que, por muy furiosa que te pongas, nada hará cambiar el hecho de que la taza se ha roto. En realidad, no hay por qué añadir al perjuicio material una humillación psíquica. ¿Acaso obedeces al principio que reza: «El castigo es necesario» y crees que te tienes que reñir cada vez que «te portas mal»? Imagínate que alguien está presente cuando se te cae la taza y se rompe. ¿Qué palabras te gustaría oír de esa persona? ¿Qué te diría un amigo que siente afecto por ti? Tal vez te diría: «No importa; sólo es una taza», o algo divertido como: «¡Adiós, taza!» para que vuelvas a reír. Tampoco estaría mal que alguien quitara importancia al asunto, constatando simplemente lo sucedido: «Una taza menos». Si te puedes imaginar las palabras benevolentes que te gustaría escuchar de labios de otra persona en una situación así, también te las puedes decir tú.

Este trato amable contigo misma es especialmente importante cuando has cometido un error, cuando te has peleado con otra persona o cuando te enfrentas a una tarea difícil, como, por ejemplo, un examen. En todas estas situaciones, nuestro crítico interior tiende a ser especialmente severo y despiadado con nosotras. Recuperarás enseguida tu equilibrio interior si tienes presente cuáles son tus facetas positivas, y te dedicas algún elogio o piropo.

Si no estás acostumbrada a este tipo de conversación amable contigo misma, es posible que todo esto te parezca extraño. Nada te impide experimentar un poco para acostumbrarte. Intenta descubrir qué sería, desde tu punto de vista, una conversación íntima, convincente y agradable. ¿Qué pensamientos cariñosos te sientan bien? ¿Qué podrías decirte a ti misma para reforzar tu autoestima? Mientras haces estas reflexiones, impide que tu crítico interior abra la boca; de cualquier modo, en su opinión, las interpelaciones afables, los elogios y los piropos no son más que palabras vanas. Lo suyo es rebajarte y responder con cinismo precisamente cuando estás intentando tratarte bien.

A algunas mujeres les resulta extraño hablarse a sí mismas con amabilidad y simpatía; creen que las conversaciones interiores son algo tonto o insensato. Esto no es así. Mientras estamos despiertas, solemos hablar permanentemente con nosotras mismas, comentando mentalmente lo que nos sucede y lo que pasa a nuestro alrededor. Muchas veces no somos conscientes de este flujo mental y sólo cuando las preocupaciones o las fantasías de miedo nos ponen enfermas, nos damos cuenta de que lo que pasa por nuestra cabeza es decisivo para nuestro bienestar. Si la mayor parte de la conversación interior consiste en acusaciones, regañinas y críticas, no es extraño que nuestra autoestima ruede por los suelos. Si no intervienes activamente y empiezas a decirte a ti misma palabras amables, la vieja cantilena despreciativa seguirá sonando y acabará por ser interminable. En otras palabras: siempre hablas contigo misma, tanto si eres consciente de ello como si no lo eres. Por tanto, ¿no crees que ha llegado el momento de procurar en tu interior un ambiente agradable para ti?

• **El contacto cariñoso con tu niña interior.** El segundo paso para conseguir un trato afectuoso contigo misma consiste en establecer un contacto cariñoso con tu niña interior. Esta criatura se manifiesta casi siempre en forma de sentimientos, impulsos, deseos e ilusiones imaginarias. Es la parte más joven del alma o, si lo prefieres, de la psique. Es la parte de nosotras mismas que ya existía cuando apenas sabíamos pensar y hablar correctamente. Por eso, esta parte tan sensible de nosotras mismas exige una atención especial para poder acercarnos a charlar con ella. Siempre que quiero explicar cómo establecer ese contacto afable con la parte más sensible de nuesto interior, me doy cuenta de lo que me gusta esa imagen de la «niña» interior. Es muy fácil establecer el contacto si imaginamos que vamos a tratar con una niña de verdad. Si esta niña es muy pequeña, no podemos esperar de ella que sea capaz de expresarse bien, por lo que hemos de intentar averiguar qué nos quiere decir y entender qué le pasa. Debes tratar de desarrollar una atención amable y paciente frente a tus imaginaciones, sentimientos e impulsos interiores, y no permitir que intervenga el crítico interior con sus difamaciones. Esta atención se ejercita y se entrena como cualquier otra capacidad. Puedes desarrollarla, fomentarla y reforzarla dedicándole el tiempo necesario y buscando el contacto con la niña que llevas dentro. Dirígete a ella con tu nombre de pila, pregúntale cómo está y averigua qué le gustaría hacer o si necesita algo. Espera con paciencia, pues la niña interior, como los niños reales, precisa bastante atención, sobre todo si hace tiempo que no te has ocupado de esta parte sensible de tu alma porque has estado más atenta a tu crítico y a tu jefe interiores. En este caso es posible que tu niña interior incluso se haya replegado sobre sí misma y se encuentre oculta en el sótano de tu alma. Tardará algún tiempo en darse cuenta de que has abierto la puerta de ese sótano y quieres sacarla a la luz. Es posible que en un primer momento sólo experimentes pena y tristeza por el abandono en que la has tenido, por haberte negado a ti misma durante mucho tiempo la atención que mereces y por haberte escatimado ese cariño.

Si al principio no descubres nada especial, no pierdas la paciencia. Dedica mucha atención a tus sentimientos más leves, apenas perceptibles. Esa parte tan sensible de tu alma se manifiesta a veces mediante insinuaciones muy delicadas. Quédate a la espera y no enjuicies de entrada esos sentimientos tan leves y aparentemente insignificantes, del mismo modo que sentarías a una niña en tus rodillas para esperar con toda paciencia que te diga algo. Si no te habla y se queda simplemente a tu lado, no pasa nada. Mi experiencia me dice que muchas mujeres, que afirman no sentir nada, experimentan sensaciones que no suelen tomar en serio. A veces no es más que una emoción de fondo, un estado de ánimo que perdura todo el día, como si una criatura te estuviese diciendo algo importante pero en voz muy baja. Quédate a la espera. Deja que lo que no parece más que una sensación salga a primer plano y despliegue todo su poder.

Los impulsos, sentimientos, sensaciones e imágenes que proceden de las regiones más sensibles de tu psique no son más que mensajes que pugnan por salir a flote en tu conciencia. Son el contrapunto de las regañinas y las órdenes que emiten tu crítico y tu jefe interiores. Tu niña interior te dice qué necesitas y qué has dejado de necesitar, en qué te has quedado corta a lo largo de tu vida y de qué te conviene desprenderte. Tu niña interior también te comunica qué es lo que más te duele, qué te proporciona placer y alegría, qué te hace sentir miedo, qué te gustaría tener y hacia dónde se dirigen tus ansiedades. Todos los sentimientos, incluso los más desagradables, contienen un mensaje para ti. Este mensaje no se descifra simplemente pensando y analizando, sino permitiendo que ese sentimiento se despliegue libremente y no dejando que tu crítico interior se entrometa.

Te lo aclararé con un ejemplo.

Una antigua participante en un curso de entrenamiento de la autoestima acudió a mi consulta. Para ella, el trato amable consigo misma era un tema muy importante. Me explicó sus experiencias al respecto: «Después de asistir al curso de entrenamiento, creí que todo consistía en permitirme más cosas que me gustaran. Por tanto, una vez terminada la jornada laboral, iba al cine y después me compraba un helado. Sin embargo, todo eso no me ha servido para nada: no me encuentro más contenta».

Mientras me hablaba, la veía sentada frente a mí, nerviosa y tensa, en una de las sillas de mi despacho. Le pregunté si le gustaría estar un poco más cómoda y relajada, y entonces se sentó en el sofá, se echó para atrás y respiró a fondo. Le pregunté qué le gustaría hacer en ese mismo instante, qué necesitaba. Estuvo un rato sin decir nada. Después suspiró profundamente y me espetó: «¿Sabes qué me gustaría hacer? ¡Me gustaría no hacer nada! Lo que más me apetecería es quedarme dos días en la cama, acurrucada entre las sábanas; dormir y dormir, y estar muy tranquila».

Mientras lo decía, sus ojos se llenaron de lágrimas. Había salido a la luz su profunda necesidad de tranquilidad, calor y distensión. Esa mujer había estado aceptando durante muchos años una sobrecarga de obligaciones, y había luchado contra su necesidad de tomarse unas vacaciones. No había hecho otra cosa que lo que le mandaba su jefe interior. Sin embargo, su niña interior sabía lo que le hacía falta, y no se trataba ni de una escapada al cine ni de tomarse un helado. Había imaginado que ése sería el remedio y no había prestado atención a la parte más sensible de su alma. La niña pequeña que albergaba dentro no quería ir al cine: quería descansar. No obstante, apenas hubo revelado su deseo más auténtico en el curso de nuestra conversación, su jefe interior protestó y la mujer dijo:

«¡Claro que eso es imposible! No puedo estar dos días enteros en la cama. Tengo obligaciones que cumplir». En el transcurso de esa consulta estuvimos hablando de cómo podría aprender a hacer caso a su niña interior y concederle la misma importancia que le estaba dando a su jefe interior. También hablamos de cómo podría conseguir que sus necesidades de tranquilidad y reposo fuesen tan importantes para ella como sus tareas y sus obligaciones.

Si tu crítico y tu jefe interiores apartan a un lado algún sentimiento o necesidad, lo borrarán de tu mente consciente, pero no desaparecerá del todo. A veces incluso reaparece con todas sus fuerzas, con más poderío que antes, más o menos como una criatura que llora más fuerte para que le hagan caso. El miedo es una de las sensaciones que adquieren más poder si te niegas a aceptarlo. Muchas personas creen que hay que negarse a aceptar el miedo sólo porque el crítico interior considera que es una sensación inútil y que revela debilidad. Todo lo contrario; el miedo es un proceso muy importante para nuestra psique. El miedo tiene un sentido. No podemos cortar esta clase de sentimientos como nos cortamos las uñas. Para salir del miedo hay que saber en qué consiste esa sensación, pasar por él. Sólo si le damos la importancia que tiene como mensaje que nos envía la parte más sensible de nuestra psique, podremos modificarlo y reducirlo poco a poco. Es el caso del miedo que suelen experimentar muchas mujeres cuando tienen que hablar delante de un grupo de personas.

• **Curar las heridas del alma.** Si mantienes una relación cariñosa y benevolente contigo misma, es posible que tu psique intente autocurarse y saque a la luz alguna que otra herida del pasado que no haya cicatrizado. Esto hace que aparezcan algunos recuerdos dolorosos, sobre todo cuando estás ya en condiciones de superarlos. Puede tratarse de una sensación de mal trato, de abandono o de haberte sentido avergonzada, o bien de la impresión de no haber obtenido suficiente cariño, reconocimiento y apoyo de las personas a las que has estimado y de las que has dependido en algún momento de tu vida. Estas heridas y otras similares suelen constituir nuestros puntos débiles, los puntos dolorosos o sensibles de nuestra vida interior, donde más nos podemos sentir heridas y más fácil es hacernos daño. Se trata de los conflictos que hemos tenido con otras personas, y nos resulta muy fácil emocionarnos o sacarnos de nuestras casillas cuando los demás tocan esos puntos flacos. Es más que acertado buscar ayuda y apoyo cuando hayas decidido desembarazarte de esos trastos viejos que guardas en la memoria. A veces basta con tener al lado a una persona capaz de escuchar, pero también será útil buscar un grupo de autoayuda o acudir a un psicoterapeuta.

• **Hacerse responsable de la propia vida.** Cuando se trata de curar una herida psíquica, debemos empezar por aceptarnos tal como somos, con todo cariño, y conceder un espacio adecuado a nuestros sentimientos y necesidades. Es muy importante que nuestro trato afectuoso con la niña interior se convierta en una costumbre cotidiana. Situaremos al lado de esa niña pequeña a una persona adulta y afable, esa parte de nuestra personalidad que es fuerte y se ocupa de una manera responsable de nuestra vida diaria. Por desgracia, la mayoría de las personas albergamos en nuestro interior unos escondites de los que no estamos dispuestas a asumir la plena responsabilidad.

Lo explicaré con otro ejemplo.

Una de las mujeres que acudió a mi consulta me confesó que le gustaba mucho bailar. Su mayor ilusión consistía en moverse al ritmo de la música y dejarse llevar hasta el desenfreno. Por la expresión de su rostro ardiente, me di cuenta de que el baile representaba, efectivamente, una fuente de fuerza para ella. Sin embargo, su marido se negaba a acompañarla a bailar. En consecuencia, ella tampoco iba: se quedaba en casa con él. Constantemente intentaba convencerle de que, al menos una vez por semana, fuera con ella a algún sitio donde pudieran bailar, pero él solía contestarle: «Ve tú sola». Ella no quería ir sola: quería que la acompañara su marido. Esto significa que, en lugar de hacerse responsable de esa necesidad de su persona, se empeñaba en que fuera él quien cumpliera su deseo. El problema desembocó en una pelea diaria: la mujer intentaba manipular a su marido y discutían, pero él seguía negándose a acompañarla.

Sin duda, ella quería ir a bailar en compañía de su marido, no sola. Sin embargo, es posible que el asunto no hubiese resultado bien: a él no le hacía ninguna gracia bailar y ella se habría sentido mal. Sea como fuere, tenía que hacerse responsable de satisfacer sus deseos y necesidades en lugar de querer convencer a otra persona de que colaborase en ello, incluso torciendo su voluntad.

Hacer las cosas por uno mismo no significa tener que hacer todo solos. En una situación en la que estamos a punto de asumir nuestra propia responsabilidad, podemos pedir ayuda a otra persona o preguntarle si le apetecería acompañarnos. «Soy una persona adulta. Debo ser responsable de mis necesidades y preocuparme de mi propio bienestar.» Esto es algo que nadie puede hacer por ti. No obstante, puedes recorrer ese camino con otras personas, aunque esto no impide que seas tú la última responsable de tus cosas. Un trato cariñoso con la persona interior significa también, por tanto, prestar atención a las cuestiones en que *falla la responsabilidad por la propia vida y atender las satisfacciones que te niegas a ti misma.*

Esa mujer a la que tanto le gustaba bailar se dio cuenta muy pronto de que nunca bailaría si seguía intentando convencer a su marido de que cambiara de actitud. Se hizo responsable de su deseo de bailar y preguntó a otras amigas si sentían la misma necesidad que ella. Ahora acude con regularidad a unas sesiones de baile; a veces la acompaña una amiga, pero muchas veces también va sola. Se ha interesado por los bailes suramericanos y ahora pertenece a un club de baile de aficionados. En algunas ocasiones, cuando organizan una representación, su marido acude como espectador. Ella se siente feliz no sólo por haber satisfecho su deseo de encontrar una forma de expresión corporal, sino porque la relación con su marido ha mejorado notablemente en este aspecto. «Tuve que convencerme a mí misma de que mi marido no es una persona aficionada al baile, como me habría gustado que fuese –me dijo–. De cualquier modo, lo más difícil para mí fue tomar la decisión de ir sola y hacer lo que me gustaba tanto si alguien me acompañaba como si no, sin importarme si a los demás les parecía correcto, ridículo o fascinante.»

Hacerte responsable de ti misma significa, en primer lugar, tener en cuenta los mensajes, los sentimientos y las sensaciones que te envía la parte más sensible de tu personalidad. Debes reaccionar con afecto y paciencia a las peticiones de tu niña interior.

El adulto cariñoso que llevas dentro sabe muy bien, por otra parte, que no es posible conseguir enseguida todo lo que deseas. Por ejemplo, si sientes la necesidad urgente de despedirte de tu empresa, sabes que la actitud responsable es buscar antes un nuevo puesto de trabajo, porque ese adulto afable y afectuoso no quiere que te quedes de repente sin ingresos. Por tanto, aunque haga caso de tu deseo, impedirá que respondas a él de una manera irreflexiva y demasiado espontánea. En otras palabras: el adulto afectuoso y amable no permite que tu niña interior tome sin más cualquier decisión importante. Tu niña interior necesita a su lado el apoyo sensible y atento de un adulto, que le preste su oído, pero que también se preocupe de su seguridad y sepa tratar respetuosamente a los que te rodean. Esto significa que debes combinar sus necesidades y tus deseos (tu niña interior) con tu fortaleza de persona adulta.

Si dejas vivir esa parte interior tuya que se muestra cariñosa y atenta contigo misma, establecerás una relación amorosa con tu propia persona. Esta relación significa, esencialmente, que debes dispensarte un trato tan sensible, comprometido y afectuoso como desearías que te lo dispensara la persona a la que amas. Este amor a ti misma puede implicar:

- Tratarte bien a ti misma, cuidarte y mimarte.
- Dejar de imponerte órdenes y permitirte algún capricho.
- Empezar a desligarte de personas y situaciones que no te resultan beneficiosas y buscar lo que pueda proporcionarte bienestar, alegría y placer en todo lo que haces.
- Preocuparte menos de los demás y no meterte en sus problemas si no te lo piden. En lugar de eso, soluciona tus propios problemas.
- Hacerte responsable de tu situación económica y no permitir que otras personas se aprovechen de ti.
- Dejar de ver siempre aspectos negativos en todo y empezar a decidirte por lo que es bonito, positivo y fácil de conseguir.
- Dejar de creer que tienes que solucionar tú sola todos los

problemas. Empezar a pedir a los demás su colaboración, apoyo y ayuda.

• Dejar de considerarte a ti misma como una persona que no merece ser amada. Debes aceptarte tal como eres. También podrías ir admitiendo poco a poco que otros te quieran.

Para muchas de nosotras, ejercitarnos en este trato afectuoso con nosotras mismas quizá signifique una tarea para toda la vida. Esto es aplicable, sobre todo, a las mujeres que en su infancia tuvieron que enfrentarse a métodos educativos poco recomendables o que crecieron en una familia psíquicamente enferma o adicta a alguna droga.

Estas personas suelen mostrar una gran tendencia a seguir tratándose a sí mismas tan mal como fueron tratadas en su infancia. Para ellas es todavía más importante tener paciencia y ser sensibles consigo mismas. Éste es un proceso que debe ir unido a una atención cuidadosa, a fin de advertir cuándo te estás negando algo importante, estás descuidando tu vida interior o te estás rebajando. Poco a poco conseguirás ejercitar ese trato cariñoso contigo misma.

Cómo desmontar los mandamientos internos

Entre las actividades más enérgicas de tu crítico y tu jefe interiores figura la de establecer mandamientos y emitir órdenes. Tres grandes áreas psíquicas padecen y reflejan las perturbaciones originadas por la manía de darse órdenes uno mismo. Son el estrés y la presión, una forma de pensar rígida y poco flexible, y una paralización para actuar.

• **Estrés y presión.** El crítico y el jefe interiores son capaces de transformar en una orden cualquier actividad banal y en el fondo muy simple. Por ejemplo, a mí me gusta escribir cartas o postales a mis amigos y a mis parientes. Sin embargo, cuando mi jefe interior toma el bastón de mando, el pasatiempo se convierte en un trabajo forzado y más o menos me habla así: «Tienes que escribir todavía a éste o a aquél. Y no puedes escribir cualquier cosa, sino algo que tenga sentido. No deberías descuidar tanto a tus amistades». Así, lo que habría hecho con gusto si no hubiera intervenido mi jefe interior, se convierte en una carga obligada, que intento despachar rápidamente o que voy aplazando de un día a otro. De este modo, la carga es doble. Imponerse obligaciones es realmente uno de los mejores medios para agotarse pronto. Si transformas cualquier tarea en una orden y desarrollas las más altas exigencias perfeccionistas en cuanto a su puesta en práctica, no tardarás mucho en sentirte estresada.

• **Forma de pensar rígida y poco flexible.** Las personas dominadas por sus mandamientos internos tienden a sufrir una perturbación específica de la mente: quedan prisioneras de una forma dualista de pensar y piensan sólo en blanco y negro. Con mucha naturalidad suelen partir de la base de que sólo existen dos posibilidades contrapuestas: algo está bien o está mal y, cuando algo está bien, automáticamente todo lo demás está mal. Una persona es prisionera de esta forma tan rígida de pensar cuando tiende a polarizarlo todo. Lo que no se ajusta a su esquema queda desechado y es digno de desprecio. Si existe una forma correcta de pelar las patatas, las demás formas de hacerlo son erróneas. Si existe un medicamento, una terapia o una cura que le ha sido útil, las demás medicinas, terapias y curas serán forzosamente inútiles. Esta forma de pensar, siguiendo el esquema «bien o mal», excluye la posibilidad de que existan opiniones que se definan por los términos «según como» o «ni lo uno ni lo otro». En realidad, muchas cosas funcionan de manera diversa.

Otro ejemplo de esta forma de pensar dual e inflexible lo tenemos cuando se adopta la postura «o estás conmigo o estás contra mí». Con frecuencia, esta postura desemboca en frases como las siguientes: «O me meto de lleno en esta tarea o no quiero saber absolutamente nada de ella»; «Si me pongo a limpiar la casa, tiene que ser a fondo porque, si no, no vale la pena»; «Sólo hay dos formas de abordar la vida profesional: o te entregas en cuerpo y alma y eres disciplinado hasta el límite, o dejas que las cosas rueden de cualquier manera y entonces no saldrás adelante». Pensar en un esquema «blanco o negro» bloquea nuestra creatividad y nos aleja de las múltiples posibilidades que la vida nos ofrece simultáneamente. Esta forma dual de pensar significa meterse en un cajón muy estrecho. Verlo todo en blanco y negro nos lleva a perdernos la infinidad de colores y matices que ofrece la vida.

• **Paralización para actuar.** Tal vez la perturbación más marcada que provocan los mandamientos internos sea el bloqueo de nuestra capacidad de actuar. Los mentados mandamientos nos indican cómo hemos de proceder y qué es lo que no debemos hacer en ningún caso. La persona que siempre actúa presionada, que siempre ha de mostrarse eficiente, tendrá dificultades para desconectar y disfrutar de unas horas de *dolce far niente*. Quien no admite hablar de dinero ni negociar nada difícilmente se atreverá a pedir un aumento de sueldo. La persona que se impone causar siempre una impresión de ser inteligente, difícilmente confesará que no ha entendido algo. Los mandamientos internos son como una camisa de fuerza que mantiene nuestros brazos inutilizados. Pero si tenemos las manos atadas, ¿cómo podremos disfrutar plenamente de la vida?, ¿cómo recogeremos precisamente aquello que más necesitamos?

¿Cómo desembarazarse de la camisa de fuerza de los mandamientos internos? Para empezar, hay que dejar de imponerse mandamientos de ese tipo. Deja de someterte a la presión de «tengo que hacer eso», «no debo hacer aquello», «ya debería haber hecho lo de más allá». ¿Qué puede pasar si dejas de responder a esas advertencias? Las personas que no tienen suficiente autoestima suelen estar convencidas de que generarán alguna forma de maldad si no se imponen unos principios de comportamiento. Incluso llegan a creer que se convertirán en personas vagas, antisociales, dejadas, degeneradas e incluso en delincuentes. «Sin esos mandamientos, no sería más que una persona ridícula que chocaría en todas partes y de la que se mofarían todos», me dijo una participante en un seminario. He ahí un signo claro de que ha habido una pérdida de la autoestima: existe la convicción profunda de que, en el fondo, se es una persona mala y poco valiosa, sólo capaz de llevar una vida más o menos «decente» y positiva gracias a la presión ejercida con dureza y severidad.

Detrás de estos mandamientos internos se esconden con frecuencia nuestras verdades personales. A menudo las sensaciones, las necesidades y los anhelos que albergamos en nuestro interior están bloqueados por esos principios. Recuerdo ahora a una mujer que en uno de mis seminarios estuvo batallando con su mandamiento interno: «Tengo que ser siempre amable y simpática». Se dio cuenta de que, detrás de ese principio, se escondía el miedo a que los demás la rechazaran y a encontrarse entonces sola y abandonada. También se dio cuenta de lo que estaba reprimiendo con ese mandamiento y de que la invadía ya con cierta frecuencia la sensación de encontrarse sola y abandonada. Su norma interior de mostrarse amable le impedía que esa sensación de soledad y abandono se manifestara abiertamente. Cada vez que esa sensación hacía acto de presencia, trataba de ocuparse con amabilidad y simpatía de alguna persona para distraer-

73

se de su verdadero problema. El primer paso para combatir un sentimiento de soledad, un miedo, un disgusto o cualquier cosa que nos haga sentirnos mal, es confesarse este hecho. Esto significa mirar cara a cara nuestra propia verdad y analizar la situación en que nos encontramos. Tan sólo cuando admitamos la existencia de estas sensaciones, podremos modificarlas. Si dejas de imponerte normas, quizá veas que necesitas otras cosas. Sin la presión de los mandamientos internos, algunas personas descubren que su trabajo les resulta insoportable o que no tienen una buena relación de pareja. Otras se dan cuenta de hasta qué punto se niegan a sí mismas o se esfuerzan sólo para gustar a los demás.

Algunas mujeres creen que no pueden soportar la realidad de un momento dado en su existencia. Muchas personas viven, a lo largo de extensos períodos de su vida, como si estuviesen a kilómetros de distancia de su realidad. Son personas que se vuelcan con frecuencia hacia el exterior, que se orientan «por el que dirán» y por lo que es costumbre, en lugar de hacerse caso a sí mismas. Viven tal como su entorno espera que vivan y han perdido de vista sus propias inclinaciones. Cuando establecen contacto con su verdad interior, quizás experimentan tristeza, rabia o miedo. Sin embargo, la experiencia me dice que lo superan bastante bien. La psique es un sistema autorregulador y, si los demás dejan de molestarnos, de empujarnos o de manipularnos, experimentaremos todas esas emociones en una medida que seremos capaces de dominar y superar. La gente no suele quedar destrozada por la fuerza de sus sentimientos cuando entra en contacto con su verdad interior. Sí puede verse destrozada, en cambio, por sus mandamientos internos, por esa camisa de fuerza permanente con la que se impiden el disfrute de la vida, el goce y la serenidad.

Al leer este libro, te encontrarás probablemente con algún mandamiento de esos que estás acostumbrada a obedecer y que se reconocen porque ejercen una presión emocional sobre la persona. Te sientes forzada y empujada, y temes imaginarte lo que sucedería si desobedecieras ese mandamiento. Otra característica típica es que te dices a ti misma: «Tengo que...», «debería...» o «no debería...». Presta atención a lo que te impones. ¿Cuántas veces dices: «Tengo que hacer esto o lo otro», «Ahora tendría que...» o «No debo hacer eso...»? Si empiezas a escucharte a ti misma, tal vez te sorprenda la cantidad de veces que te sometes a un principio (y es posible incluso que se lo impongas a otras personas).

Acabar con esos principios o mandamientos es más fácil si empiezas por concederte un nuevo permiso. Otorgarse un permiso significa regalarse algo a una misma, otorgarse una nueva libertad. ¿Cuáles podrían ser los regalos de este tipo? He reunido unos cuantos de los que parecían ser los más importantes para muchas de las participantes en mis cursos.

• Está muy bien tener sentimientos. Un sentimiento no está bien o mal; sencillamente aparece. Puedo expresar mis sentimientos incluso delante de los demás.
• Es bueno desear o querer algo. Puedo luchar por satisfacer mis deseos y mis necesidades. También puedo pedir a otras personas algo que necesito.
• Puedo decir que «no» y negar a otras personas lo que me piden. No pasa nada si considero que no soy responsable de solucionar los problemas de los demás.
• No ocurre nada si cometo un error y me equivoco. Puedo aprender de mis errores y mis defectos e intentar superarme.
• Está bien sentirse contenta y divertirse. Puedo reír, hacer el tonto y participar en una comedia. Está bien que me sienta alegre cuando trabajo o reafirmo mi autoestima.
• Tengo derecho a tomarme las cosas con calma y a ser más

lenta. Me puedo tomar el tiempo que necesito. Tengo mi propio ritmo. Está bien y es necesario intercalar algún que otro descanso y permitirme todo el reposo que necesito. Puedo sentirme relajada y no hacer nada.

• No pasa nada si soy curiosa y quiero aprender. Puedo plantear preguntas y decir abiertamente que no he entendido algo. Tengo derecho a insistir en que se me explique con claridad lo que quiero saber.

• Puedo probar algo nuevo y llevar a cabo mis propias experiencias. No ocurre nada si intento adentrarme paso a paso en un terreno desconocido.

• Tengo derecho a defender mis opiniones y a decir lo que pienso. Tampoco pasa nada si cambio de opinión. Puedo seguir desarrollando mi personalidad y contradecirme a mí misma.

• Está bien poder imponerse y renunciar a ello. Puedo intentar evitar las dificultades o buscar una forma más sencilla de resolver alguna situación.

Al leer estas recomendaciones, es posible que algún permiso de éstos te llegue al corazón y te alivie. Estos permisos son muy importantes, de modo que ya puedes ponerte a elaborar una lista de los que más te afectan y, si quieres, cambiar su redacción para ajustarla mejor a tu caso y a tu forma concreta de vida. A lo largo de mis cursos de entrenamiento y en mi consulta, he constatado que es tanto más fácil desechar un mandamiento viejo cuanto más se ajusta el nuevo permiso al centro de ese mandamiento. Por ejemplo, si estás acostumbrada a someterte a la presión de un impulso que te manda «hacerlo todo tú sola», necesitas un permiso expreso para sustraerte a esa presión. Un permiso poco preciso y, por tanto, no muy eficaz, sería en este caso que te propusieras a ti misma: «Puedo hacer lo que me da la gana». También te serviría de poco decir: «No pasa nada si hago sólo lo que me apetece». Ambos permisos tienen un carácter demasiado general. Sería mejor decirte a ti misma: «Puedo pedir ayuda a otras personas», o mejor aún: «Puedo pedir a mi marido y a mis hijos mayores que me ayuden en casa. No se hunde el mundo si paso algunas tareas a una compañera de trabajo». Cuanto más concreto sea el permiso, más fácil te resultará actuar en consecuencia.

Cuando te otorgues un permiso a ti misma, debes asegurarte de que se trata de un permiso y no de un nuevo mandamiento, diametralmente opuesto al que pretendes eludir. Muchas personas adictas a sus principios internos tienden a incorporar uno nuevo al permiso que se conceden. Quizá se digan a sí mismas: «*Tengo* que obligar a mi marido y a mis hijos a que me ayuden más», o bien: «*Tengo* que aprender a imponerme. *Debería* descansar más tiempo y trabajar menos». No te estás concediendo nuevos permisos o libertades, sino imponiendo nuevas obligaciones, aunque de sentido opuesto. Desmontar mandamientos significa despejar el terreno para dar paso a la libertad. El permiso que empieza diciendo: «*Puedo*...» significa: «Puedo hacer esto o lo otro si me apetece y me parece bien», pero nunca: «Por fuerza *tengo* que hacerlo así». El alivio que te puede proporcionar un permiso que te das a ti misma reside precisamente en que no te obliga a hacer algo a la fuerza, sino que te ofrece la posibilidad de hacerlo. La libertad también puede hacer la vida más difícil. La persona que sólo estaba acostumbrada a la jaula de los mandamientos internos, al principio tendrá dificultades para habituarse al espacio amplio y a las muchas posibilidades que se le ofrecen cuando caen las rejas del deber y la obligación. Vivir sin mandamientos significa responder a nuestra propia sensibilidad y a nuestra apreciación de que algo está bien o mal. Es como si arrojaras lejos de ti las muletas y la camisa de fuerza con las que te has movido hasta ahora y tuvieras que mantenerte en equilibrio por tus propias fuerzas ante cada tarea, ante cada paso que quieras dar. Esto, al principio, será lento y tal vez te encuentres un tanto insegura. Sin embargo, vale la pena. Sin las muletas y sin la camisa de fuerza de los mandamientos internos, no sólo aprenderás muy pronto a caminar con paso seguro y a ir a donde quieras, sino que incluso podrás bailar y, si te apetece, hasta perder el ritmo.

No tomar nada demasiado a pecho: te conviene ser objetiva
Vamos a hablar de un aspecto que puede ser muy importante en el trato con otras personas. Algunas mujeres, ante cualquier tema, tienden a reaccionar con un sentimiento excesivamente protector hacia los demás. La otra persona les da pena y quieren tratarla con cuidado, o bien se sienten responsables de los sentimientos de los demás e intentan que reine un «buen ambiente» cuando se entabla una discusión. Otras mujeres se adentran, en cierto modo, sin blindaje en una situación difícil. Dejan sin protección la parte sensible de su psique, su niña interior, y se sienten heridas fácilmente y reaccionan enseguida de un modo infantil. También puede presentarse una situación problemática cuando el contacto con los demás está bajo el signo del crítico interior. La mujer que procede de esta manera suele enfrentarse a su interlocutor con aire crítico y de rechazo, se afana excesivamente en que le den la razón y se agarra con fuerza a cualquier rasgo negativo del otro. Todo esto no es malo en sí, pero exige demasiado esfuerzo porque conduce a un enfrentamiento personal y muchas veces lleva a la mujer a perder de vista lo que en realidad pretendía conseguir. El objetivo real suele diluirse; de ahí que convenga hablar con los demás de una manera objetiva y ahorrar energías, sobre todo cuando se trata de conversaciones o negociaciones profesionales.

A muchas mujeres les falta la capacidad de tratar a los demás con una amabilidad objetiva, sin perder de vista sus propios deseos. Por eso, les propongo adquirir una personalidad serena y objetiva, que les permita perseguir sobre todo sus propias metas cuando trata de ellas en una conversación, una discusión o una negociación.

A muchas participantes en los cursillos, la idea de adquirir una personalidad objetiva y hasta cierto punto distante les parece atractiva. Alguna de ellas me confesó haber tenido esa misma idea, aunque le había dado otro nombre. Una mujer me habló de dotarse de una «piel de elefante», que la protegiera de cualquier contacto indeseable. Otra dijo que se había propuesto cerrar los oídos en determinadas situaciones para no sentirse afectada de una manera demasiado personal. Sin embargo, también hay mujeres que rechazan esta idea de una personalidad objetiva, pues creen que se trata más o menos de intentar tener un poco de «cara dura», de ponerse una «máscara de frialdad», de mostrarse distantes e indiferentes.

Por eso insisto en aclarar enseguida este aspecto: ser objetiva no significa, ni mucho menos, no saber tratar a los demás con tolerancia y cortesía. Si entras en conversaciones o negociaciones aportando en primer lugar tu faceta objetiva, tanto tu niña interior como tu crítico interior permanecerán en un segundo plano: mostrarán menos tendencia a condenar a los demás o a reaccionar con demasiado sentimiento. Una personalidad objetiva te permite mantener tu estado de ánimo, sean cuales fueren los «arrebatos» que puedan padecer las otras personas, y podrás distanciarte mejor del malhumor de los demás.

Una personalidad distanciada no significa reprimir tu faceta protectora, tu sensible niña interior, ni dejar fuera de juego a tu crítico interior. Más bien te ayudará a incorporar al debate o a las negociaciones, de una manera acertada y conveniente, aquellas informaciones que te proporciona tu sensibilidad o tu faceta crítica; es decir, el aspecto objetivo de tu personalidad actuará como un filtro o un transformador. Lo explicaré con un ejemplo práctico: una mujer quiere adquirir un ordenador personal. Su niña interior se siente indefensa y sobrepasada al enfrentarse a los detalles de la técnica. Su faceta objetiva puede aprovechar este aspecto de su psique y aportarlo incluso a las negociaciones de venta, pidiendo al vendedor un aparato fácil de usar y unos programas de usuario que le permitan adquirir rápidamente las nociones más indispensables. Su faceta objetiva puede insistir, además, en que le lleven el ordenador a casa, con todos los programas, y se lo instale un empleado de la tienda. Así, el mensaje temeroso que le ha enviado su niña interior le servirá para perfilar con exactitud su objetivo.

SE BUSCA LA FACETA OBJETIVA

La faceta objetiva de tu psique:

• Procura que no pierdas de vista tus objetivos y deseos mientras sostienes una conversación.

• Resulta especialmente conveniente cuando se trata de negociaciones comerciales y profesionales.

• Procura que no te dejes enredar por otras personas.

• Presta atención a tus demandas íntimas y las aprovecha para alcanzar el objetivo que buscas con esas conversaciones.

• Te protege de las rarezas de otra gente.

• Te permite negociar con un derroche mínimo de energía.

La faceta objetiva no sólo es útil en el caso de negociaciones comerciales y profesionales, sino que también resulta muy conveniente cuando se trata de criticar a los demás. Si obedecemos exclusivamente a nuestro crítico interior, quizás hablemos muy pronto en un tono de reproche o de queja que nos lleve a hacer observaciones desconsideradas con el fin de castigar o herir al otro. Está claro que, como respuesta a ese tono de reproche hiriente, al otro no le quedará más remedio que encerrarse en sí mismo y en ese caso la crítica no servirá de nada. El objetivo que se quiere alcanzar, como sería el de modificar o mejorar una situación determinada, queda relegado a un segundo plano. En estos casos, nuestra personalidad objetiva llevará mejor cualquier conversación o discusión. Al crítico interior le gustaría exclamar: «¡Por Dios! Esa carta está llena de faltas de ortografía. ¿Es que no le han enseñado a usted a leer y a escribir?». Si aportamos nuestra objetividad, emitiremos una crítica que no pueda herir a la otra persona, con lo cual existe la posibilidad de que surjan menos tensiones y que la conversación transcurra de un modo más positivo para ambos participantes. (Ampliaremos el tema de la crítica en el capítulo titulado «Saber trazar fronteras».) Esta forma de tratar los asuntos con objetividad y atendiendo a su importancia estricta es también muy útil cuando surgen conflictos y discusiones. Cuando se avecina una tormenta en las relaciones personales y los sentimientos se debaten en furioso oleaje, nuestra personalidad objetiva puede conseguir que no nos tiremos de cabeza en la marea y acabemos hundiéndonos. Nos proporciona cierta distancia, desde la cual podremos evaluar el conflicto con mayor serenidad.

Más allá de esto, nuestra personalidad objetiva es capaz de apreciar y aprovechar las diferencias que existen entre el modelo cultural femenino, que tiene más en cuenta las relaciones interpersonales, y el modelo cultural masculino, que se fija más en las situaciones jerárquicas y de poder. Hay muchas mujeres cuya niña interior se siente fácilmente afectada por las costumbres de la cultura masculina, por lo que reacciona sintiéndose herida. El crítico interior de estas mujeres tiende a descalificar estas formas más bien masculinas de tratar a los demás, y a condenarlas como una falta de cortesía. Tu faceta objetiva, en cambio, aceptará estas diferencias culturales e intentará obviarlas. No se sentirá herida, ni amenazada, ni obligada a reeducar a los demás. Una personalidad objetiva poderosa es una buena protección interna para la parte sensible de nuestra psique.

Está claro que esta postura objetiva no es la más adecuada en todos los casos y frente a todas las personas. Si soy sincera, también yo me dejo en casa esa faceta objetiva cuando tengo una cita con alguien de quien me he enamorado. En cuestiones del corazón, la parte sensible de mi alma es la más competente. Sin embargo, cuando se trata de pasar juntos las vacaciones o incluso de irse a vivir juntos, echo mano de mi personalidad objetiva para llevar las negociaciones.

Para poner fin a este capítulo, me gustaría recoger en un resumen cómo puede salir reforzado el peso de la autoestima y de la serenidad en nuestro carácter. Estos aspectos mejorarán si advertimos y sabemos frenar las quejas, el tono despreciativo y las órdenes de nuestro crítico y nuestro jefe interiores. Además, debemos procurar ir construyendo esa parte protectora y cariñosa de nuestra psique, que nos permite tratarnos a nosotras mismas con cuidado, afabilidad y amor, y aceptarnos tal como somos. Nos sentiremos interiormente reforzadas y centradas si mantenemos un contacto fluido con la parte más emotiva de nuestra psique, con nuestra niña interior. Forma parte de este trato que nos tomemos en serio los mensajes que nos envía esta faceta sensible, y que intentemos responder a ellos hasta donde sea posible. Así podremos combinar nuestra fortaleza como personas adultas con la sensibilidad de la infancia. Nuestra objetividad y nuestra sensibilidad en el trato con los demás aumentarán si somos capaces de no tomarlo todo de una manera demasiado personal. Para conseguirlo, necesitaremos de vez en cuando una buena dosis de objetividad. Con su ayuda podremos perseguir nuestras propias metas, sin dejarnos enredar por las rarezas y las manías de otras personas.

Irás adquiriendo mayor objetividad y serenidad si no te tomas todo lo que acabo de describir como un nuevo mandamiento, como algo de obligado cumplimiento. Cuando ha fallado algo y tu serenidad interior y tu autoestima están a cero (o incluso por debajo), es cuando menos te conviene escuchar los reproches de tu crítico interior. Lo que necesitas es una buena dosis de amor a ti misma.

UNA PRESENCIA SEGURA

«¿Cómo causar una impresión de mayor seguridad?» Esta pregunta me la plantean muchas mujeres a lo largo de mis cursos de entrenamiento para reforzar la autoestima. Detrás de ella se oculta una experiencia importante: el éxito de tus conversaciones y negociaciones depende en gran medida de la seguridad que irradies. Por la forma en que te presentes y te comportes, tu interlocutor deducirá si le resultará fácil o difícil tratar contigo. Al iniciar una conversación, el otro intenta apreciar en primer lugar (casi siempre de una manera inconsciente) qué impresión le causas y qué puede esperar de ti.

Si te presentas dando la impresión de ser una persona segura de ti misma, indicas a quien tienes enfrente que estás convencida de lo que dices y que no te hará cambiar con excesiva facilidad. ¿Cómo se identifica a una persona que se siente segura de sí misma? En realidad, la mayoría de los seres humanos poseen un olfato muy fino para saber si quien tienen delante es una persona segura de sí misma o no. Muchas veces advertimos intuitivamente si determinada persona nos quiere hacer ver que está convencida de lo que dice, o de verdad está segura de sí misma. Cuando hablan o actúan, las personas realmente seguras irradian cierta naturalidad, una especie de autenticidad en lo que dicen y hacen. No le conceden demasiada importancia, aunque tendrían razones para ello. No se disculpan continuamente ni dan muchos rodeos al hablar. Están presentes de una manera natural y parecen descansar en sí mismas; dicen claramente lo que desean, sin mostrar una falsa humildad ni parecer agresivas. De esta naturalidad tranquila y serena voy a hablar en este capítulo.

En principio tenemos el lenguaje del cuerpo, es decir, lo que comunicamos sin pronunciar una palabra. A continuación viene nuestra forma de hablar, sobre todo lo que dices de ti misma y de tus capacidades, y el modo en que expresas tus deseos y tus ruegos, y los defiendes con tenacidad y convicción.

El lenguaje corporal de la persona segura de sí misma

Con el lenguaje corporal expresamos diferentes aspectos de nuestra forma de ser. En primer lugar, revelamos algo del trasfondo cultural al que pertenecemos. Casi nunca nos damos cuenta de que nuestros gestos y nuestra mímica no tienen una validez universal hasta que conocemos otras culturas. No hay que ir muy lejos para ello. Los europeos meridionales, por ejemplo, gesticulan mucho más que los del norte. Si no entiende el idioma del país, un sueco puede sacar la impresión de que la pareja italiana que está enfrascada en una discusión animada acabará peleándose, cuando, en realidad, está comentando lo divertida que fue su boda, celebrada la semana anterior. Lo que en un país constituiría una gesticulación desaforada, incluso de cariz amenazador, en otra latitud no pasa de ser la señal de que se está sosteniendo una charla animada. Quedémonos por el momento con esto.

En segundo lugar, el lenguaje corporal indica nuestra situación social. La forma en que nos movemos y el espacio que ocupamos expresan algo acerca de nuestro poder aparente. Las personas de posición elevada o que ejercen una gran influencia suelen ocupar más espacio, o se suele dejar más espacio libre a su alrededor. Sus coches, despachos y jardines suelen ser mayores que los del ciudadano común. Los personajes que quieren mostrar hacia el exterior el poder que ostentan desean que se levante a su alrededor una especie de muro defensivo frente a los demás. Éste es el caso, por ejemplo, del director que tiene una secretaria en la antesala para que le proteja de cualquier visita inoportuna o indeseable. En la vida cotidiana nos cruzamos con personas que quieren dar la impresión de dominar a los demás y que de algún modo se «hinchan» y ocupan mucho sitio: se sientan en el autobús o en el metro con las piernas muy separadas y los codos formando un ángulo agudo; si pueden, ocupan el lugar de dos personas. Este ejemplo nos lleva a la siguiente consideración: el lenguaje corporal expresa también las diferencias entre los sexos, es decir, es diferente en el hombre y en la mujer. Existe una forma masculina y una forma femenina de ocupar un asiento, de caminar y de estar de pie: la mujer tiende a ocupar menos espacio que el hombre. La mujer casi siempre procura sentarse de una forma clásica, con las piernas cruzadas o recogidas, las manos en el regazo y la cabeza ligeramente inclinada hacia un lado. En numerosas ocasiones no ocupará toda la superficie disponible del asiento, se sentará en el borde delantero e incluso intentará recoger los pies detrás de las patas delanteras de la silla. Ya hemos dicho que nuestra forma de estar indica el espacio de poder que pretendemos ocupar, y la mujer pretende con frecuencia ocupar menos espacio del que le correspondería. Las posturas que exterioriza la mujer al sentarse o al estar de pie revelan la intención de ocupar poco espacio y expresan más que nada una renuncia a aparecer como una persona dominante o, por expresarlo más crudamente, manifiestan una voluntad de ser inferior. En determinadas situaciones de conversación o negociación, en las que pretende irradiar seguridad en sí misma, esto representa una contradicción absoluta.

En numerosas ocasiones, nuestro lenguaje corporal no es más que un hábito personal. Junto a las influencias sociales existen también las formas individuales que hemos ido adoptando por costumbre. Muchos de nuestros gestos habituales tienen un origen determinado cuya historia no recordamos. Tal vez te sigas retirando el flequillo de la frente, aunque haga tiempo que llevas el cabello muy corto. Ese tipo de gesto mantiene a menudo una vida propia en nuestro lenguaje corporal. No solemos ser conscientes de que asentimos demasiadas veces con la cabeza, nos mordemos el labio inferior en un gesto de nerviosismo o jugamos con el anillo que llevamos en el dedo.

Aunque el lenguaje corporal tiene diversos trasfondos y aspectos, la mayoría de las personas saben perfectamente si el efecto que causa tal o cual gesto es reflejo de una sensación de seguridad o de inseguridad. Notamos que alguien está inseguro cuando se produce una contradicción entre las palabras que dice y la forma de decirlas, es decir, cuando el significado de la palabra no coincide con el lenguaje corporal que la acompaña. En psicología esto recibe el nombre de «incongruencia», y la mayor parte de las personas son sensibles a estas incongruencias entre la palabra hablada y el gesto que la acompaña. Imagínate una candidata que aspira a un puesto de trabajo y mantiene una conversación con el jefe de personal. El hombre le pregunta si se ve capaz de dirigir una sección con veinte empleados a su mando. Ella responde: «Creo que no tendré dificultades. En mi anterior puesto tuve ocasión de hacer algunas sustituciones que representaban una situación similar, y siempre me fue muy bien». Las palabras suenan bien. Sin embargo, imagínate que esta candidata habla con la cabeza gacha y en voz muy baja, se sienta con la espalda encorvada en el borde delantero de la silla y con una mano se retuerce un mechón de cabello. La mujer habla bien de su cualificación profesional, pero demuestra lo contrario con su postura y sus gestos, de modo que al jefe de personal le parecerá poco convincente. La mujer no irradia esa personalidad segura que se necesita para dirigir una sección de la empresa. Es posible que la candidata esté convencida de haber hecho un buen papel por lo que ha dicho, pero la mirada al suelo, la voz baja y el movimiento mecánico de la mano sugieren lo contrario.

Signos de inseguridad

Estos signos de inseguridad se nos escapan a veces sin que nos demos cuenta. Un gesto de inseguridad se debe, por regla general, a alguna intimidación sufrida, de mayor o menor envergadura. En tales situaciones, la niña interior se muestra temerosa e indefensa. Aunque ahora somos adultas, esta faceta de nuestra psique se expresa con frecuencia de una manera inconsciente en nuestro lenguaje corporal. Si nos llaman al despacho de alguien «importante», quizás acudamos con los hombros caídos. Cuando nos plantean una pregunta difícil de contestar, nos ponemos nerviosas y le damos vueltas al anillo que llevamos en el anular o a la cadena del cuello. Cuando estábamos decididas a exponer, con seguridad y aplomo, nuestros deseos o pretensiones, resulta que nuestra sonrisa se vuelve tímida o miramos al suelo.

Veamos con más detalle los signos corporales a través de los cuales las mujeres expresan inseguridad.

• **Gestos de apocamiento.** Entre los gestos más frecuentes de apuro y apocamiento que he observado en las mujeres, destacan los siguientes: morderse los labios; jugar con una joya, con los botones o con el pañuelo, y tirarse de los dedos, de las uñas, de un mechón del cabello o de una parte de la vestimenta (subirse y bajarse las mangas, por ejemplo).

• **Sonrisa insegura.** La sonrisa es una reacción con doble significado: puede expresar alegría y acuerdo, pero también sumisión y apaciguamiento. En general, las mujeres sonríen más que los hombres y la sonrisa femenina sigue considerándose una «mímica típica y tópica de la mujer». No me refiero exclusivamente a la que es obligada en determinados oficios ejercidos sobre todo por mujeres (por ejemplo, camareras, azafatas y vendedoras). Pienso, sobre todo, en esa sonrisa como pidiendo disculpas que adoptan muchas mujeres cuando dicen algo serio e importante: cuando exigen algo o lo rechazan, cuando critican a otras personas o cuando quieren expresar una negativa rotunda. Sus palabras quizá sean muy contundentes, pero su sonrisa dice algo así como: «No te lo tomes tan en serio» o «No me tomes tan en serio». Con ello muchas mujeres despojan sus intenciones de la agudeza y la contundencia que deberían tener. Al tiempo que las exponen, su sonrisa pide que haya «buen ambiente», que su relación con los demás no se resienta. Esta contradicción entre sus palabras y la expresión de su rostro irrita a mucha gente, sobre todo a los hombres, y con frecuencia lo único que entienden es lo siguiente: «Esta mujer no sabe lo que quiere».

• **Asentimiento con la cabeza.** Muchas mujeres, mientras escuchan a alguien, tienen tendencia a asentir moviendo la cabeza hacia arriba y hacia abajo en un gesto casi automático. Lo siguen haciendo aunque su opinión sea absolutamente opuesta a la que se les está exponiendo. Lo normal es que la mujer quiera expresar con ello tan sólo que está atenta a lo que dice el otro: para ella es una expresión de cortesía. Sin embargo, no pocas veces ese gesto conduce a un malentendido, sobre todo cuando el interlocutor es un hombre. El gesto de asentimiento se suele entender como una aprobación no verbalizada, que expresaría algo así como: «Yo pienso lo mismo» o «Sí; eso es muy interesante. Siga contándomelo». Esta aprobación aparente lleva muchas veces a que el interlocutor se sienta estimulado a prolongar su discurso. Después, es posible que la mujer piense una vez más que el hombre la ha atosigado con sus argumentos y no la ha dejado hablar.

• **Postura corporal avarienta.** Es aquella con la que una mujer intenta ocupar menos espacio del que le correspondería por su físico. Por ejemplo, tenemos la espalda encorvada, que reduce la altura, o los hombros encogidos. Los brazos apretados al cuerpo estrechan el volumen natural del mismo y pueden llegar a dificultar la respiración, lo cual, a su vez, incide considerablemente en el tono de voz.

El primer paso para conseguir una postura corporal que irradie seguridad consiste en darse cuenta de los gestos de inseguridad que adoptamos. Lo más fácil será observar con atención los propios hábitos. ¿Qué haces con las manos cuando una conversación se vuelve difícil o quieres hacer valer tu opinión? ¿Cuál es tu postura corporal en tales situaciones? ¿Querrías encogerte? ¿Empiezas a manosear tus ropas? ¿Juegas con tu collar o con un anillo? Conviene que dejes a tu crítico interior fuera de juego, pues ese perfeccionista incorregible probablemente no haría otra cosa que regañarte cuando compruebe que sueles adoptar esta clase de gestos, reveladores de tu inseguridad interior. Cuando te encuentras en una conversación o una negociación difícil, sus reproches te harían sentirte aún más insegura. Es mejor que tu faceta cariñosa contigo misma sea la que se dedique a observar estos detalles en tu lenguaje corporal, comprobando qué haces con las manos, los pies, el rostro y el cuerpo entero, pero sin condenarte por tal motivo.

Para conseguir una postura que irradie seguridad y autoestima, no es necesario estudiar una mímica y unos gestos específicos: existiría el peligro de que no pasaran de ser un maquillaje superficial, a través del cual siguiera asomando tu inseguridad. Tu interlocutor podría interpretar que te esfuerzas por aparentar que eres una persona segura de ti misma.

Te propongo una vía bastante más cómoda y hasta más segura. Se trata sencillamente de sacar a relucir la autoestima y la seguridad interior que ya posees, y reflejarla en tu postura corporal. Ya habrás tenido ocasión de tomar decisiones propias en tu vida; habrás tenido oportunidades de mostrarte valiente y confiada, y recordarás escenarios en los que te has sentido llena de energía y de voluntad para decidir tu futuro. Me refiero a esos momentos. Es posible que te hayas sentido llena de fuerza y muy animada después de haber superado un examen difícil, o cuando te enamoraste y te diste cuenta de que eras correspondida. A lo mejor ya te resulta fácil ahuyentar con palabras enérgicas a una persona realmente pesada. En tales situaciones quizá seas capaz de desarrollar, de una manera automática y sin tener que pensarlo mucho, un lenguaje corporal adecuado, ajustado a la situación. Por tanto, no necesitas estudiar algo que ya dominas perfectamente. Tal vez lo que te falte sea el acceso libre a esas experiencias de seguridad interior. Si pudieses acceder en todo momento a esos recuerdos, serías capaz de desarrollar en situaciones difíciles tu propio lenguaje corporal seguro y activar la fuerza interior correspondiente, aprovechándola para esas otras ocasiones. Sin embargo, precisamente en una situación difícil es cuando nuestro crítico interior suele llevar la voz cantante para recordarnos algún fracaso anterior o pintarnos el cuadro de una posible y horripilante catástrofe. Esto nos hace conectar con nuestras experiencias de derrotas antiguas y profundos miedos al futuro, y da lugar a una sensación de miedo que, a su vez, determina una postura corporal tímida, reductora de la personalidad.

Adopta una postura de valentía

Para aprovechar experiencias antiguas de situaciones en que has mostrado seguridad y autoestima, necesitas tener un buen acceso a tu fuerza personal y a tu confianza interior. Puedes descubrir y encontrar este acceso por tus propios medios. Yo lo denomino «postura de valentía».

El ejercicio de la página siguiente te ayudará a descubrir el camino que conduce a ese «tesoro oculto» de experiencias personales que refuerzan tu autoestima. Desarrollarás una postura interior que se verá reflejada exteriormente y te permitirá sentirte pletórica de energía y confianza. Así conseguirás con facilidad sostener una negociación o hablar en público. Esta postura se apoya en tu vida interior, por lo que tu lenguaje corporal resultará creíble y no precisará ninguna máscara superpuesta o estudiada. Tu postura de valentía refleja la convicción íntima de que ésa eres tú, en tu forma óptima.

A las participantes en mis cursos de entrenamiento de la autoestima les recomiendo que hagan ejercicios diarios para adoptar esa postura de valentía. Una ocasión excelente es, por ejemplo, el momento de entrar en un restaurante, para conseguir que los camareros se fijen en que ha entrado un cliente nuevo. O tal vez pertenezcas a ese grupo de personas que se sienten inseguras y bloqueadas cuando entran en una tienda lujosa. Adopta tu postura de valentía, entra

EJERCICIO: CÓMO MOSTRARSE VALIENTE

• Recuerda que en el transcurso del tiempo has superado positivamente alguna que otra situación difícil. Estas experiencias positivas te habrán permitido reunir unas reservas de fuerza, confianza y valentía. Elige una o dos vivencias en las que has tenido éxito, y que te hicieron sentir mucha seguridad interior y autoestima. Dedica unos minutos a profundizar en esos recuerdos de cuando te encontrabas en plena forma.

• Imagínate que conectas con ese tesoro interior de autoestima. Saca fuerzas de esas situaciones que en el pasado superaste con competencia y arrojo. Tómate tiempo y permite que esa seguridad crezca y se haga más densa en tu mente. Acabarás sintiendo una fuerza interior que traspasará todo tu cuerpo y te dotará de energía y confianza.

• Adopta una nueva postura corporal (primero de pie y después sentada) que exprese fortaleza, valor y confianza. Cuando inunde tu cuerpo esa sensación de confianza en ti misma y en la fuerza interior que posees, adoptarás de un modo casi automático una postura más erguida. Crecerás un poco interiormente y tu columna se enderezará. Deja que tus hombros aflojen la tensión y ocupen más espacio.

• Despréndete de las tensiones que atenazan tu cuerpo. Deja los brazos en una posición cómoda y afloja las manos. Desbloquea los músculos de la cara, y permite que se relajen la boca, las mandíbulas, la frente y los ojos. Tanto si estás de pie como si estás sentada, te sentirás ágil y distendida. La respiración fluirá sin dificultad, y el aire entrará y saldrá con regularidad. Tu aspecto exterior será firme y confiado, y no necesitarás adoptar posturas forzadas.

• Antes de acabar el ejercicio, recuerda bien esta sensación. Debes tener preparada una especie de fotografía o copia interior de esa postura valiente y confiada de tu cuerpo. Así te resultará más fácil recordarla cuando te enfrentes a cualquier situación difícil.

en una de esas tiendas, mira con tranquilidad lo que tienen a la venta, pruébate una prenda o dos y sal a la calle sin haber comprado nada. Tu postura valiente en este tipo de escenarios te ayudará a adoptarla en otros lugares en que te sientas insegura. En realidad, no haces más que expresar de una manera sencilla y distendida tu dignidad de mujer, y demostrar a la gente que te rodea que te tomas a ti misma en serio y sabes cuál es tu valor.

El arte de ocupar tiempo, espacio y atención
Tu postura de valentía es fundamental para poder hablar en público. Sin embargo, para tener esa presencia pública necesitas otras tres capacidades:

• **La capacidad de ocupar tiempo.** Al intentar presentarte como una persona segura de ti misma, es importante que dejes a tu interlocutor el tiempo suficiente para verte y apreciar tu presencia. Muchas mujeres tienden a acelerarse cuando entran en una estancia: entran con rapidez, caminan deprisa y se sientan en cuanto pueden. Sin lugar a dudas, esto representa un ahorro de tiempo, pero impide que la presencia de la mujer sea debidamente apreciada. En realidad, lo que hace es no conceder a la otra persona la oportunidad de mirarla con tranquilidad, pues prefiere esconderse detrás de su diligencia. Esta tendencia a correr puede incluso causar la impresión de que no desea ser vista. Entra a toda prisa y sale cuanto antes, como si pretendiera manifestar a su interlocutor: «No tengo importancia; no me mires. Me daré prisa». Por este motivo hago con las mujeres ejercicios destinados a que aprendan a entrar lentamente en una estancia y a sentarse poco a poco. Para algunas mujeres, la rapidez se ha convertido en una costumbre tan interiorizada que un movimiento lento les parece extraño.

Recuerdo a una participante que reaccionó con indignación a mi propuesta de semejante descubrimiento de la lentitud: «Pero si soy tan lenta, ¡robo el tiempo a los demás!», me contestó enfadada. Había formulado el problema con precisión. Si nos tomamos tiempo en nuestro contacto con los demás, si somos lentas, contravenimos ese mandamiento interno según el cual «no hay que robar el tiempo a los demás; hay que darse prisa y no hacerles esperar». A veces, detrás de ese mandamiento que reza «¡date prisa!» se oculta el temor de que nos consideren perezosas o tontas.

No te producirá ningún daño descubrir las ventajas de una lentitud consciente y exteriorizada. Cuando entres en una estancia, saluda primero a los presentes, dirígete lentamente a tu sitio, quítate el abrigo o la chaqueta con tranquilidad y siéntate sin mostrar prisa. No intentes rellenar ese período de lentitud hablando por los codos. No inicies ninguna conversación hasta estar bien sentada.

Con el tiempo, aprenderás a valorar este procedimiento, que te permite concentrarte interiormente, apreciar el ambiente que reina en la estancia y causar en los demás la impresión de una persona segura de sí misma. Te recomiendo la misma lentitud al terminar una conversación. No intentes huir despavorida, aunque los demás muestren tener prisa. Levántate del asiento con tranquilidad y abandona la estancia sosegadamente. Debes poner fin a la situación del mismo modo consciente y sereno con que la has iniciado.

• **La capacidad de ocupar espacio.** Has de parecer tan alta y tan ancha como lo eres en realidad. No debes intentar aparecer en ningún caso, y menos en una situación difícil, más pequeña o más delgada. Precisas cierto espacio de suelo para ocupar una postura segura y correcta; tus pies necesitan ese espacio. Has de ocupar la altura que tu cuerpo exige. He conocido a mujeres altas que, cuando se encuentran con personas un poco más bajitas, encorvan automáticamente la espalda, se inclinan hacia abajo. Una mujer alta me dijo en cierta ocasión: «Odio mirar a la gente desde arriba. Me parece que me da un aire de arrogancia». Nadie puede cambiar su estatura. Para una mujer alta es aconsejable no acercarse demasiado a su interlocutor, sino mantenerse alejada unos pasos. Si mantiene esa distancia, no necesitará bajar la cabeza para mirar a los ojos de la persona con la que habla. También es importante que las personas altas acepten su estatura y consideren el hecho de mirar a los demás desde arriba no como expresión de arrogancia personal, sino como un simple hecho biológico. Unas personas son altas y otras bajas. Lo mismo cabe decir de las mujeres bajitas, que muchas veces consideran que pasan inadvertidas para los demás y que no las toman en serio. Una cursillista me dijo: «Sólo mido 1,55 metros y muchas veces me parece que soy como una criatura entre adultos. Y eso que ya tengo cuarenta y dos años». Lo que más me impresionó de esta mujer fue que desarrollaba una postura de valentía increíble: era capaz de entrar lentamente y muy erguida en una estancia, causando una impresión «enorme». Si figuras entre las mujeres más bien bajitas, la postura valiente adquiere una especial importancia, pues te permitirá incrementar considerablemente la atención que despierta tu presencia.

Para ocupar tu espacio, también es importante no admitir que tu interlocutor te asigne un lugar que perjudique tu postura de valentía. Algunas conversaciones que se mantienen en oficinas y centros públicos tienen lugar en sofás y sillones aparentemente cómodos. No tengo nada en contra de ello, pero has de tener en cuenta lo siguiente: si un sofá o un sillón te impide mantener la espalda erguida, tu presencia quedará disminuida. Puedes pedir otro asiento. Yo prefiero sentarme en una silla. Sólo me avengo a negociar desde un sillón si me permite mantener la espalda recta, sin hundirme en sus cojines. En alguna ocasión he tenido que pedir a mi interlocutor, que estaba sentado en una esquina del sofá, que me dejara coger el sillón que usaba para sentarse ante su escritorio. Esta estratagema me permitió permanecer sentada a una altura ligeramente más elevada que la de mi interlocutor, cosa que no me molestó. Al contrario; suelo prestar atención a no quedar a una altura inferior a la de la persona con la que hablo. Si nuestro interlocutor se encuentra a una altura superior, puede sucedernos fácilmente que en nuestro inconsciente le consideremos más poderoso y corramos el peligro de reaccionar con timidez. Si en algún caso no puedes evitar estar sentada a un nivel más bajo que los demás, endereza la espalda y no te sientas rebajada por encontrarte a menor altura.

Mantener tu propia zona de distancia también forma parte del arte de ocupar tu espacio. Se trata de disponer de unos ochenta centímetros –e incluso un metro– de distancia libre a nuestro alrededor. Es nuestra zona personal, en la que los demás no deberían entrar sin habérselo pedido, sobre todo las personas extrañas. Si lo hacen, se producirá una sensación de estrés, que a su vez desencadenará un reflejo automático de defensa. En nuestro interior estamos siempre en situación de alerta para descubrir si el que nos invade es amigo o enemigo, por si debemos combatir o huir. Este reflejo automático de defensa de nuestro territorio incrementa la tensión muscular y acelera la respiración. El corazón late más deprisa y estamos a punto de saltar.

Ahora bien, cuando alguien invade nuestra área de distancia, normalmente no luchamos ni salimos corriendo. Casi siempre nos aguantamos, como, por ejemplo, cuando viajamos en un autobús lleno o caminamos por el centro de la ciudad en horas punta. También nos ocurre lo mismo cuando nos vemos apretujadas dentro de un ascensor. En este caso, hacemos lo posible por no mirar a los demás a los ojos, sino que fijamos la mirada en las luces indicadoras de la planta a la que estamos accediendo. La respiración se vuelve más superficial y estamos más tensas. Cuando se abren las puertas del ascensor, la mayoría de la gente sale a paso apresurado y casi siempre respira hondo al salir. Hay personas que tienen permiso para invadir nuestra área de distancia personal. Son nuestras personas más queridas: amigos, niños y parientes. También se lo permitimos a los médicos y a las enfermeras, a nuestra peluquera y a la masajista. Sin embargo, hay personas que «se nos echan encima» sin permiso; por ejemplo, el jefe, que pretende controlar qué está escribiendo su secretaria en el ordenador. En lugar de preguntar, se sitúa a sus espaldas e incluso inclina la cabeza junto a la de la mujer. Esto significa que invade, sin pedir permiso, su área de distancia y, a menos que la secretaria experimente un amor profundo por su jefe, se sentirá agobiada.

Muchas mujeres conocen este tipo de invasiones de su intimidad. Quizá se trate del colega del despacho de al lado, que tiene la mala costumbre de sentarse encima de tu escritorio después de empujar a un lado los papeles que has ordenado. O esa persona que se te acerca mucho en la cola del supermercado, mientras esperáis pasar por caja, y te sopla su aliento en la nuca. Ahora que te estás acostumbrando a ocupar tu espacio, debes reivindicar también tu derecho a determinar cuál es tu área de distancia. Si otras personas se te acercan demasiado en el curso de una conversación o una negociación, y esto te hace sentirte mal, debes hacerte sitio. No tienes por qué consentir que alguien te abrace sin habérselo pedido o te coja del brazo para llevarte a algún sitio. Casi siempre podrás proteger esa área de distancia deshaciéndote del abrazo o dando un paso a un lado. Si estás sentada y alguien se inclina sobre ti o se te acerca demasiado, debes girar la cara o ponerte de pie. Este tipo de confrontación corporal directa suele frenar casi siempre al invasor. Procura que las demás personas no se metan sin más en tu área de distancia. En nuestra cultura es costumbre tocar a los seres que tienen una condición inferior, como, por ejemplo, a los perros pequeños o a los niños. A estos seres no se les otorga un área propia de distancia y, por eso, suele acariciárseles la cabeza o la cara. Sin embargo, esto no es algo que tú tengas que admitir de los demás.

• **La capacidad de exigir la atención de los demás.** Si ocupas un tiempo y un espacio, tus interlocutores te prestarán más interés y te mirarán con mayor atención y dedicación. Justamente esto es lo que hace sentirse incómodas a muchas mujeres, a las que no les gusta llamar la atención. La causa es que temen que los demás puedan descubrir en ellas algo desagradable o algún defecto. Este temor de encontrarse en el centro de atención da muchas veces en la diana de sus sentimientos de inferioridad. Se trata de ese antiguo temor a no ser lo bastante buena, de la sensación de tener que esconderse para que nadie descubra lo que está mal en su persona. Las mujeres que no soportan que las miren con atención tienen con frecuencia la sensación de que los demás esperan algo especial de ellas. Viven el interés acentuado de los demás como una presión y una exigencia.

A veces representa un alivio saber que las supuestas esperanzas que los demás tienen respecto a nosotras no son más que eso: una suposición, una imaginación nuestra. Si entras en un recinto a paso lento y con una postura erguida que refleje tu valentía, y te das cuenta de que la atención de los demás se centra en ti, la mayoría de las veces bastará con que digas «buenos días» o pronuncies cualquier otra fórmula de saludo. A continuación suelta el aire de tus pulmones e intenta parecer más tranquila y distendida. Busca la mirada de los demás y trata de atraer su atención sobre tu persona. Si hay mucha gente, mira sucesivamente a todos a los ojos y tómate el tiempo necesario para hacerlo. Las personas temerosas sólo suelen dedicar su atención al que tienen enfrente y habla con ellas. Si sostienes una conversación con varias personas, mira también a las que se encuentran en la periferia del círculo que te rodea y a las que no dicen nada. Prestar atención a los demás, enviarles un gesto afirmativo o saludarles constituye una buena oportunidad para dar la impresión de seguridad en ti misma.

Una vez hayas logrado ocupar el tiempo y el espacio con tu postura valiente, y hayas despertado el interés, se plantea la pregunta de qué decir. Ya has dado los buenos días. ¿Cómo seguirás adelante?

No escondas tus aptitudes

El caso de Diana, que te expongo a continuación, es un ejemplo típico de «la tragedia de la mujer de talento». Al igual que ella, hay muchas mujeres que realizan un trabajo excelente, pero no se les ocurre hablar de ello. Permanecen en segundo plano y esperan que les llegue hasta allí el reconocimiento que se merecen. Mientras tanto, otros se adelantan y recogen los laureles en forma de elogios, mejoras de sueldo o nombramientos para un cargo más importante. Casi siempre se tratará de personas que saben situarse a sí mismas en el centro de la atención.

Diana, una experta en informática de cuarenta años de edad, lo tenía muy claro: la instalación de un nuevo equipo de ordenadores era el proyecto que había estado esperando hacía mucho tiempo. Quería demostrar que estaba capacitada para ocupar el puesto de jefa de la sección de informática en su empresa. La dirección nombró a un joven auxiliar que debía ayudarla a instalar el equipo.

Diana solía quedarse en la empresa hasta altas horas de la noche, intentando introducir mejoras. El joven compañero aprovechó muy bien sus conocimientos de experta y la apoyó en todos los sentidos. Sin embargo, también se hizo cargo de la tarea de ir informando a los jefes del avance del proyecto.

Diana no daba mucha importancia a estas reuniones informativas. «Mi compañero les hablaba con entusiasmo. Siempre les explicaba a los jefes con todo detalle cómo habíamos solucionado los problemas –me explicó en una de las sesiones de la consulta–. Los informes que dirigía a la dirección de la empresa siempre me parecieron demasiado prolijos y detallados. Yo suelo ser más concisa. Pensé que lo que estábamos haciendo no dejaba de ser algo muy normal. Al fin y al cabo, para eso nos pagaban. Los directivos acabarían dándose cuenta de que yo estaba realizando un buen trabajo. Al final, la nueva instalación de la sección de informática acabó funcionando perfectamente. Para mí estaba claro que me nombrarían jefa de la misma.»

Sin embargo, Diana no fue nombrada para ese puesto. El nombramiento recayó en el joven auxiliar. Los directivos de la empresa consideraron que era una persona dinámica, aplicada y capacitada para el cargo. En cuanto a Diana, sabían que era una persona muy dedicada a su trabajo y que, por lo demás, no llamaba la atención.

Durante la consulta, manifestó su indignación por lo sucedido: no entendía qué había ido mal; al fin y al cabo, había hecho un trabajo excelente. Era mucho más experta en el tema que su joven compañero. ¿Por qué no la habían nombrado jefa a ella?

En los cursos de entrenamiento de la autoestima que organizo, me encuentro con frecuencia con mujeres que tienen dificultades para presentar correcta y adecuadamente sus aptitudes. Al principio, las participantes suelen hablar de sus problemas con la autoestima. Les pido que hablen durante cuatro o cinco minutos de sus buenas cualidades: que se describan a sí mismas de un modo positivo, que expliquen lo que saben hacer bien, en qué han tenido éxito hasta entonces y de qué están orgullosas. Cuando propongo este ejercicio, lo primero que oigo de todas las participantes en el curso es un gran suspiro que les sale de lo más hondo.

Por regla general, transcurre un buen rato hasta que la primera se atreve a decir algo bueno de ella misma. Lo más habitual es que lo diga en voz baja y con la cabeza gacha. Además, cuatro o cinco minutos representan un tiempo excesivamente largo para explicar sus aspectos positivos. A los treinta segundos, más o menos, ya no se les ocurre nada a ninguna de esas mujeres, que suelen ser trabajadoras competentes y bien cualificadas.

Una de las descripciones típicas de la propia persona es, por ejemplo, la de Mónica, una especialista en publicidad, de treinta y siete años de edad. «¿Qué puedo explicar? Tras la enseñanza media estudié publicidad comercial. Me gustaba. Después tuve bastante suerte y encontré empleo en una buena empresa. Mis notas de estudio no eran malas; creo que me contrataron por eso. Después de un período de formación, me asignaron un campo específico en la sección de publicidad de la empresa. Me va bien en el trabajo. Eso es todo. No hay nada más que contar.»

Después de medio minuto escaso, a Mónica ya no se le ocurre nada más que contar de su persona. En cambio, habla largo y tendido de sus desgracias, sus flaquezas y sus problemas, como muchas otras mujeres. Al explicar todo eso no se les escapa ni un detalle: hablan de los sentimientos que las embargan, y el que las escucha obtiene una imagen clara de las dificultades y debilidades personales de esa mujer. El relato de sus aptitudes y sus logros, por el contrario, es incoloro, frío y muy breve.

¿Por qué se entregan las mujeres con tanto fervor a su tendencia a rebajarse? Con sus propias palabras consiguen debilitar y reducir al mínimo sus buenas cualidades y su competencia profesional. En la siguiente lista he intentado reunir las formas más frecuentes que adopta esta actitud.

• Los propios talentos y aptitudes se describen con palabras neutras, sin una valoración positiva. La mujer suele decir, por ejemplo: «He trabajado durante diez años en esa especialidad» o «He hecho un curso de informática». Ni una palabra de cómo realizó su trabajo ni de cómo acabó el curso. Ni una valoración positiva que diga: «Soy experta en tal o cual especialidad» o «Mi fuerte es...».

• Los logros que una mujer consigue gracias a su aptitud, su dedicación y su competencia profesional se describen como si fueran fruto de la casualidad o un caso de suerte. «Tuve la suerte de poder solucionarlo» o bien: «En ese momento se me ocurrió que podía no estar mal y firmé el contrato».

• Expresa un buen resultado con una frase negativa. En lugar de decir: «Tenía buenas notas», dice: «Mis notas no eran malas». En lugar de asegurar: «Me esforcé mucho con ese proyecto» y resaltar así su capacidad, dice: «Nunca dejé de implicarme en favor de ese proyecto».

• Las mujeres suelen emplear términos que rebajan o relativizan sus conocimientos. Son palabras o frases como «en realidad», «de alguna manera», «un poquito» o «a veces». En lugar de afirmar: «He hecho un buen examen», dicen: «En realidad, aprobé el examen con una nota que de alguna manera no estaba mal del todo». En vez de asegurar: «Soy una buena organizadora», dicen: «Creo que sé bastante bien cómo organizar las cosas».

• Con frecuencia, el lenguaje corporal contradice una descripción positiva. Cuando pronuncian las frases más decisivas para que su interlocutor pueda valorar sus aptitudes, muchas mujeres no le miran a los ojos o muestran una sonrisa apocada y se encogen de hombros, como preguntándose si será verdad lo que aseguran.

Contrariamente a lo que les sucede a muchas mujeres, los hombres sí están acostumbrados a exponer sus logros con palabras adecuadas. En el mundo de los negocios, dominado por la identidad masculina, cierta postura positiva en torno a la propia persona se considera incluso de buen tono. A los hombres les gusta explicar con todo detalle qué, cuándo y cómo han hecho o dicho tal cosa.

Cuando comento este tema en un seminario mixto, los participantes masculinos siempre se muestran muy interesados. ¿Cómo hay que presentarse para quedar bien? ¿Qué resulta útil para dar una imagen ventajosa de uno mismo? ¿Frente a quién conviene desplegar esta autopublicidad?

En cambio, las mujeres participantes reaccionan no pocas veces con rechazo o con indignación cuando oyen las preguntas que formulan los hombres. Para ellas, no resulta adecuado hablar de uno mismo en términos positivos. Casi siempre empiezan planteando, como cuestión de fondo, si la «autopublicidad» no es en realidad una postura poco honrada. Comprenderemos mejor este rechazo si recordamos cómo suelen establecer las mujeres una relación de confianza o un contacto más cercano con otras personas: reconocen sus defectos y debilidades, y esperan que el otro valore este hecho y pase a considerarlas un ser humano simpático y accesible. Explican a su interlocutor sus dificultades y preocupaciones, esperando que el otro acepte la oferta de este acercamiento humano y pase, a su vez, a contar cosas de sí mismo.

Si la mujer cree que puede obtener una relación cercana y confiada mostrando sus puntos flacos y sus debilidades, es porque teme que haciéndolo al revés, es decir, explicando sus méritos y sus talentos, perderá la ocasión de ese contacto cercano. Tiene miedo de despertar en el otro sentimientos de envidia y competitividad.

A muchos hombres, por el contrario, les cuesta mucho confesar sus debilidades y defectos. Con frecuencia pasan a describirse automáticamente con su mejor cara. Comentaré un breve ejemplo.

Un hombre y una mujer participan en un seminario de comunicación. Durante el descanso, toman juntos una taza de café.

La mujer inicia la conversación con él diciéndole: «Me ha costado mucho encontrar aparcamiento. He tenido que dar vueltas durante casi veinte minutos hasta encontrar un hueco que no fuese demasiado pequeño.

La verdad es que, cuando el hueco es reducido, tardo siglos en aparcar el coche».

Él responde: «Yo ya sabía que iba a ser muy difícil aparcar aquí cerca.

Sin embargo, encontré un sitio justamente delante de la puerta».

Ella le pregunta: «¿Cómo lo consiguió?».

Él, sonriendo, le contesta: «Es que tengo un sexto sentido para encontrar aparcamiento. En serio, casi siempre encuentro un sitio libre».

Ella dice: «Eso es fantástico. Ya me gustaría a mí tener ese

sexto sentido. Buscar un sitio para aparcar me pone
enferma. Para mí, es lo peor de conducir un coche».

Esta conversación quizá parezca inofensiva y poco importante, pero contiene las diferentes estrategias con las que hombres y mujeres describen sus capacidades. La mujer inicia la charla hablando de un problema personal y confesando que es un desastre, que no sabe hacer determinada cosa. Él, en cambio, describe su talento y lo ve confirmado de inmediato por ella, que lo encuentra «fantástico». La forma que tiene la mujer de rebajarse a sí misma se ajusta a la perfección al modo que tiene él de hacer resaltar sus aptitudes.

Lo más probable es que ninguno de los dos haya reflexionado acerca de la mejor forma de presentarse a sí mismo, y de cómo hablar de su propia persona y de sus cualidades. La conversación ha transcurrido de una forma casual, más bien por una vía automática y habitual. Sin embargo, es justamente este flujo inconsciente el que induce a la mujer a sacar a relucir sus puntos flacos y sus defectos, y a no mencionar o a desvalorizar sus buenas cualidades.

En el descanso de un seminario, en el que no se pretende otra cosa que tomar una taza de café y sostener una conversación agradable, quizá todo esto no parezca demasiado importante. Pero en otros momentos de la vida, la rebaja automática que practican las mujeres conduce a que no se las reconozca o se las aprecie muy poco. Esto es aplicable sobre todo al ámbito de la educación de los hijos o al trabajo casero. Estas tareas se realizan dentro de una especie de agujero negro, donde se trabaja y se rinde mucho, pero se obtiene poco agradecimiento y ningún reconocimiento. Veamos el caso de Elsa.

Elsa tiene veintinueve años. Está casada, tiene dos hijos y trabaja media jornada como secretaria. También ella tiene dificultades para trazar con palabras positivas, delante de otras personas, una imagen adecuada de su vida. Cuando en el curso de nuestras conversaciones en el seminario le pedí que me explicara qué sabía hacer bien y qué aptitudes tenía, no se le ocurrió nada en absoluto de lo que poder presumir. «Pues no –me informó–; en realidad no hago nada importante durante todo el día. Cuido de los niños y llevo la casa, y después paso unas horas delante de la máquina de escribir. Es lo mismo que hacen miles de mujeres. Mi marido tiene mucho trabajo en la oficina. Si no me hubiese puesto seria con él y le hubiese insistido en que tiene que estar a las ocho de la tarde en casa, se quedaría en el trabajo hasta altas horas de la noche y los niños no le verían nunca. Lo normal es que llegue a casa cuando los acuesto; a veces, ni eso. Yo hago todo el trabajo de casa: la compra, la limpieza, llevar a los niños al pediatra... No me gusta pedir a mi marido que me ayude; al fin y al cabo, en la oficina tiene trabajo de sobra. Además, él opina que podría renunciar a mi empleo de media jornada: tendría más tiempo y las cosas me irían mejor. Sin embargo, para mí es importante trabajar como secretaria. No puedo quedarme todo el día metida en casa: se me caería encima. La verdad, no sé qué más puedo decir de positivo acerca de mi persona.»

En opinión de Elsa, cuidar de los niños, llevar la casa, recordar al marido que tiene una familia y ocupar un empleo de media jornada no representan nada importante. Como muchas otras mujeres, oculta sus logros en el campo del trabajo casero y de la educación de los hijos.

Cuando llamo la atención a estas mujeres acerca del esfuerzo que realizan cada día y del saber que se oculta tras su trabajo diario, me responden con frecuencia, rebajándose a sí mismas: «Pero si no es nada especial... Muchísimas mujeres hacen lo mismo». O bien me aseguran: «Siempre me quedan cosas por hacer. No hay razones para que me otorgue méritos». Jamás me ha respondido ninguna: «Es verdad. Es realmente extraordinario lo que hago todos los días».

Una humilde margarita entre la hierba

¿Qué impide a las mujeres sacar a relucir sus aptitudes y logros? ¿Por qué les resulta tan difícil dar una imagen positiva de sí mismas? Para responder a estas preguntas, conviene echar un vistazo a lo que aprenden los niños y las niñas respecto a su propia imagen.

En los primeros días de la infancia, los niños y las niñas reciben ya mensajes diferentes de los adultos cuando se trata de presentar su imagen. Ambos, chicos y chicas, reciben estímulos por un igual, pero a nosotras se nos inculca desde niñas una norma adicional: no llamar la atención. Si bien se nos anima a hacer esfuerzos y alcanzar nuestros propósitos, no debemos pregonarlos ni mostrarnos orgullosas de lo conseguido. Se nos recomienda el recato, la sencillez, la humildad de la margarita en el prado.

Al niño, en cambio, se le admite con más facilidad que pregone orgulloso sus logros, que se sitúe en el centro de atención. Los adultos verán en él al futuro hombre de éxito, alguien que sabrá labrarse un porvenir. El recato es más bien cosa de mujeres.

Así sucede que muchas mujeres viven y trabajan con el lema «hacendosa, pero modosa». Realizan grandes esfuerzos, son personas competentes y obtienen éxitos, pero esa norma interior que les demanda humildad les impide valorar correctamente sus logros. Lo que consiguen se transforma rápidamente en normal, una normalidad de la que no vale la pena hablar. En cuanto una mujer ha conseguido adaptarse a un nuevo campo profesional, todo lo que acaba de aprender ya no representa un motivo digno de celebración, sino que es una «cosa natural», que se puede pasar por alto.

Cuando lo que has conseguido con tu esfuerzo no se valora como un logro personal, la página del alma donde se registran los «haberes» permanece vacía. Por otro lado, las propias debilidades o los defectos personales adquieren una importancia que no se ve compensada, y el jefe interior tendrá cada vez más argumentos en que apoyarse: podrías realizar mejor y con mayor perfección los trabajos de la casa; tendrías que ocuparte más de los niños; el compañero necesita más atención y cariño; tu figura dista mucho de ser perfecta: necesita un tratamiento de belleza e incluso cirugía estética.

Esta contabilidad, que rebaja los méritos propios, consigue que muchas mujeres se vean como seres defectuosos e insatisfactorios. En el curso de los años se va generando en su interior un ambiente que se complace reduciendo el valor de sus logros y que registra de una manera demasiado crítica las propias deficiencias. Este ambiente interno negativo incapacita a muchas mujeres para aceptar los elogios que otras personas les dedican.

Teniendo en cuenta esta autodepreciación interna, se entiende por qué las mujeres consideran que hablar de ellas mismas de un modo positivo es exagerado. No creen que existan facetas positivas en lo que han conseguido y en lo que son capaces de hacer; no hay nada que merezca la pena ser resaltado. En todas partes donde se trata de negociar ventajas –por ejemplo, cuando se aspira a un puesto de trabajo o se pide un aumento de sueldo–, es importante saber presentar adecuadamente los propios conocimientos y aptitudes. Sin embargo, las mujeres creen que son poco honradas si hablan en términos elogiosos de ellas mismas, por lo que estas situaciones les suelen provocar un estrés considerable. Muchas temen tener que responder a preguntas como las siguientes: «¿Por qué cree usted que es especialmente adecuada para ocupar este puesto?», o bien: «¿Por qué cree que merece un aumento de sueldo?». Para que la respuesta que dan a la persona que les plantea tales preguntas resulte convincente, sus palabras deben incorporar un mensaje positivo de la propia imagen.

Cómo exponer tus logros y aptitudes

No sólo cuando negocias el sueldo o aspiras a un puesto de trabajo es importante describir con serenidad tus capacidades y talentos. Una descripción positiva de tu imagen reforzará tu autoestima y te proporcionará algo así como una recarga de energía, pues la imagen que tenemos de nosotras mismas actúa también por reflejo. Si deseas sacar a relucir tus conocimientos y buenas cualidades para que se valoren mejor, analiza cómo te describirías a ti misma. ¿Te resulta más fácil hablar de tus dificultades y problemas que de tus éxitos? ¿Acaso la palabra «éxito» te provoca ya una especie de rechazo?

Si estás metida en la camisa de fuerza de la humildad, es posible que creas que el éxito y la descripción positiva de una misma son algo característico de la gente orgullosa y prepotente. Cuando consideras que tus capacidades y logros son una cosa natural, que no merece ser comentada, quizá te resulte desagradable decir delante de otras personas: «Lo he hecho estupendamente». Tal vez deseas que los demás se den cuenta por sí mismos de lo bien que haces las cosas, sin tener que mostrárselo. Sin embargo, las otras personas sólo sabrán apreciar en ti lo que tú misma valores de una manera positiva. Los éxitos y capacidades que consideras poco importantes y que, según tú, no merecen la atención, pocas veces serán apreciados y elogiados por los demás.

Para empezar, es importante que tú misma estés convencida interiormente de tus conocimientos y aptitudes. Por eso, en la estrategia para reforzar la autoestima que describo a continuación, aparece un primer paso que consiste en explorar tu interior. Primero tienes que convencerte tú misma de la bondad de lo que sabes y eres capaz de hacer. Después has de encontrar la forma de presentar esos logros y aptitudes.

En la aplicación de esta estrategia de autoestima, no se trata de entrenarte para engañar a otras personas, para dar una imagen falsa o para impresionar a los demás. Se trata de que dejes atrás tu norma de humildad, a fin de que puedas hablar con tanta libertad de tus habilidades y éxitos como de tus debilidades y errores.

Para ejercitarte en esto, quizá te resulte útil prestar atención en tu vida cotidiana a la forma que tienes de describirte a ti misma; así descubrirás si insistes demasiado en tus puntos flacos.

ESTRATEGIA DE AUTOESTIMA: DESCRIPCIÓN POSITIVA

• Haz una lista de tus aptitudes y de los éxitos alcanzados. Anota todo lo que eres capaz de hacer bien, qué talentos y capacidades te distinguen. Revisa a fondo tu página interior de «haberes», tu patrimonio personal. Fíjate en que tienes que aplicarle una valoración positiva. Emplea una fórmula elogiosa para cada faceta, como, por ejemplo: «Sé hacer muy bien...», «Estoy orgullosa de haber conseguido...», «He sido capaz de hacer que...». No te olvides de incluir en la lista, aparte de cosas y hechos extraordinarios, tus logros cotidianos, los «caseros».

• Coge la lista y enumera en voz alta lo que pone en ella. Cuéntate a ti misma todo lo que sabes hacer bien, tus puntos fuertes y los éxitos que has obtenido. Presta atención a que esa descripción de tu propia imagen no resulte demasiado breve ni quede rebajada o debilitada por expresiones como «de alguna manera», «en realidad», o «un poco».

• Cuéntale a otras personas lo que sabes hacer bien, de qué estás orgullosa y qué has conseguido hasta ahora. Acostúmbrate a describir tus logros como lo que son: logros. Evita causar la impresión de que sueles hacer las cosas «de pasada y de cualquier manera». En lugar de afirmar: «Hice un cursillo de informática y aprendí un poco a tocar las teclas; era para principiantes», podrías explicar cuáles son tus conocimientos con bastante más carga de autoestima: «Terminé un curso en el que aprendí perfectamente los fundamentos de la informática». Al principio te resultará más fácil ejercitarte en esta manera de hablar con alguien de tu confianza, con una amiga, por ejemplo. A continuación puedes pasar a incorporar esta descripción positiva de ti misma a tu vida diaria, tanto en el campo profesional como en el privado.

• Presta atención a tu lenguaje corporal cuando hables positivamente de ti misma. No se te ocurra expresar con tu mímica o con tus gestos lo contrario de lo que estás diciendo, ni rebajar el impacto de tus palabras. No muestres una sonrisa un tanto perpleja ni te encojas de hombros. ¿Miras a tu interlocutor a los ojos cuando le hablas bien de ti? Si adoptas lo que habíamos llamado «postura de valentía», te será más fácil describirte a ti misma de un modo positivo.

Si en el curso de una conversación adviertes que has hablado demasiado tiempo de tus defectos y dificultades, debes pasar a demostrar que también eres buena en alguna cosa. Comunica a los demás lo que te ha salido bien y de qué te sientes orgullosa.

No conviertas esta descripción positiva de tu persona en

una nueva regla. No tienes por qué estar hablando constantemente de ti misma, ni esconder tus fallos. Se trata de que puedas mostrarte tranquila y serena en ambos aspectos, el positivo y el negativo.

Decir claramente lo que pretendes

Muchas mujeres se muestran fuertes y valientes cuando se trata de defender a otras personas, pero débiles cuando tienen que hablar en favor de ellas mismas. Siempre se ponen a la cola cuando se trata de lo que ellas quieren y desean. Primero están los hijos, después el marido, luego la empresa, a continuación los familiares, después los amigos, etc. Las mujeres esperan hasta que les toca a ellas. Y demasiadas veces no llega jamás ese momento en que ha de tocarles a ellas y a lo que pretenden para sí mismas. Pensar siempre en los demás es una especie de concepto vital para la mujer, que se ejercita en este papel desde que es pequeña y juega con su muñeca. Mientras da de comer, baña y viste a su muñeca, para acostarla después en su camita, la niña se entrena en la capacidad de cuidar de los demás y satisfacer sus exigencias. Muchas mujeres desarrollan desde la infancia una sensibilidad especial para intuir cuáles son las necesidades de otras personas. Sin embargo, muy pocas aprenden desde pequeñas la manera de cuidar de sí mismas. Con frecuencia, la propia madre no ha sido precisamente un ejemplo satisfactorio. Muchas han visto en ella a la mujer sacrificada, cuyo objetivo vital más importante era cuidar de su familia. Era una mártir, un receptáculo de las penas y preocupaciones de los demás; raras veces satisfacía sus pretensiones personales.

Así es como nace en muchas mujeres una fe casi inconsciente, pero muy poderosa, que les inculca que si han de ocuparse de sus hijos, de su marido y de un trabajo profesional, no pueden ocuparse de ellas mismas. «O la familia (y el trabajo) o yo.» Esta manera de pensar coincide exactamente con el esquema rígido y dual que hemos descrito en la frase «o lo uno o lo otro». La mayoría de las mujeres se prohíben pensar en ellas mismas y se dicen: «No debo ser egoísta». Este término, el de «egoísta», es como una gigantesca bola de hierro que llevan atada a pies y manos y que les dificulta cualquier movimiento. Una mujer puede querer ser muchas cosas, pero de ningún modo querrá ser «egoísta». Esta palabra es como una amenaza. Si alguien le dice a una mujer que es «egoísta», se encogerá, se sentirá ofendida, se enfadará, lo rechazará, lo negará y se pasará tres días dándole vueltas mentalmente a la cuestión de si es egoísta o no lo es.

Los deseos ocultos rara vez se entienden

Una mujer que exige algo para sí misma se opone, en opinión de mucha gente, al clásico papel femenino que le corresponde. Por tanto, una mujer no puede decir: «Me gustaría...», ni menos aún: «Quiero...». La mujer debe esperar a que su amado (o quien sea) adivine sus deseos. Aunque parezca raro, muchas mujeres siguen esperando a que alguien adivine no sólo sus deseos, sino incluso sus necesidades. Sin embargo, es muy poco frecuente que esto se produzca así como así, de modo que muchas mujeres se han acostumbrado a dar señales discretas para conseguirlo, expresando sus deseos y sus ruegos de una manera codificada, sin nombrar directamente lo que quieren. Por ejemplo:

• Hacen insinuaciones, como: «Habría que bajar la basura», en lugar de decir: «Por favor, llévate la basura cuando bajes a la calle».
• Plantean alguna cuestión complicada, como: «¿No te parece que no estaría mal salir alguna noche para ir al teatro?», en lugar de decir: «Quiero ir contigo al teatro».

• Lanzan pequeñas quejas, como: «Es la tercera vez que me hacéis tomar notas durante las reuniones», en lugar de decir: «Quiero que otra persona se haga cargo de tomar notas durante las reuniones».

Las mujeres hacen esto con la esperanza de que su interlocutor adivine el resto de lo que quieren decir, entienda lo que hay detrás de la queja y reconozca el deseo que se oculta tras la insinuación.

Sin embargo, sucede con demasiada frecuencia que nadie sabe descifrar ese ruego oculto. Muchas mujeres se quejan de ello, asegurando: «Tendría que darse cuenta», o bien: «Si se pusiera en mi lugar, imaginaría qué necesito». Éste es el gran error que cometen muchas mujeres: como ellas son capaces de ponerse en el lugar del otro y adivinar sus necesidades, parten de la idea de que los demás también tienen que intuir lo que ellas necesitan o desean.

¿Por qué les resulta tan difícil a las mujeres decir con claridad y sin rodeos qué les gustaría tener o hacer? Comprendo que expresar clara e inequívocamente un ruego implica muchas veces cierto riesgo. Mis ruegos y mis exigencias dicen algo acerca de mi personalidad y exponen cuáles son mis pretensiones.

Imagínate esa situación en la que llevas tres reuniones seguidas tomando notas de lo que se ha dicho en ellas, aunque en principio habíais quedado en que os alternaríais y cada vez lo haría uno. De nuevo se plantea la pregunta de quién va a tomar notas para redactar el acta de la reunión, y todo el mundo te mira. Decir claramente lo que piensas significaría formularlo así: «Quiero que sea otro el que tome notas». Esto es expresar con claridad y precisión lo que piensas. Por el contrario, si dices: «Yo ya lo he hecho tres veces seguidas», dejas la puerta abierta para que alguien adivine tu verdadera intención y te diga: «¿Eso quiere decir que te niegas a tomar notas otra vez?». En este caso posiblemente aprovecharías la vía de huida que nunca te habías cerrado del todo y responderías: «Yo no he dicho eso. Sólo he dicho que a mí ya me ha tocado muchas veces». En realidad, deseabas que el otro dijera: «Pues sí; ya lo has hecho tres veces seguidas. Le toca a otro. Es lo que se había acordado». Si tienes mala suerte y el otro no te ha entendido en absoluto, quizá te conteste: «Pues si lo has hecho tres veces seguidas, ya estás acostumbrada y puedes seguir haciéndolo perfectamente».

Detrás de los deseos expresados por la vía indirecta se oculta muchas veces el miedo a encontrarse con una negativa. Las personas cuya autoestima es muy endeble, generalmente tuvieron en su niñez un exceso de ocasiones en que se avergonzaron de sus deseos y pretensiones. Quizá esos deseos y pretensiones sobrepasaran a sus padres, que no fueron capaces de ajustar sus propias necesidades a las circunstancias de su vida y se orientaron más por lo que se consideraba adecuado y normal que por lo que en realidad deseaban o necesitaban. Si los niños crecen en esta clase de familias interiorizan el mensaje de que no conviene expresar directamente los deseos porque las consecuencias pueden ser desagradables, o que no tiene sentido decir lo que se quiere porque nunca se cumple. Una criatura suele estar centrada completamente en sí misma y no distingue entre «así soy yo» y «esto es lo que necesito», porque sus necesidades coinciden con su forma de ser. Un rechazo de sus deseos y necesidades significa para esa criatura verse rechazada ella misma. La persona que no desarrolla bien su autoestima se queda atascada en esa situación. Cualquier «no» vuelve a abrir una herida antigua y se siente rechazada toda ella. Por eso mismo, las personas que tienen una autoestima deficiente evitan desear abiertamente alguna cosa o expresar con claridad sus necesidades. El paso más importante que tienen que dar estas personas implicaría decirles: «Puedes expresar tus deseos y pretensiones abiertamente delante de los demás. Es correcto decir sin subterfugios lo que se quiere». Esto implica que el otro pueda dar un sí o un no como respuesta.

Para empezar a caminar en esta dirección, has de tener claro qué deseas en realidad, qué necesidades y pretensiones tienes. Haber crecido en un ambiente negativo y haber aceptado el antiguo papel tradicional de la mujer puede suponer no tener una conciencia clara de lo que deseas y necesitas. No sabemos qué queremos. Bajo el dominio severo del crítico y el jefe interiores, siempre estaremos más en contacto con lo que debemos hacer, con lo que tendríamos que hacer o con lo que no deberíamos hacer, que con lo que necesitamos. La parte de nuestra alma que alberga nuestros deseos, anhelos y necesidades, la parte más sensible de nuestra psique, nuestra niña interior, no obtiene en la vida cotidiana la atención que merece.

Permítame que aporte al respecto algunas observaciones recogidas en el curso de los seminarios que he venido celebrando. Me llama la atención el hecho de que muchas mujeres sean capaces de enumerar con bastante precisión sus deseos materiales. Me hablan de un lavavajillas, de una casa con jardín, de un tresillo moderno y de cosas así. A primera vista podríamos decir que las mujeres saben lo que quieren, y que tienen un buen acceso a sus deseos y necesidades. Sin embargo, posteriormente comprendemos que esto no es verdad. Las mujeres saben qué objetos les hacen falta, pero pasan por alto sus necesidades psíquicas; por ejemplo, no reclaman un descanso cuando lo precisan. Atienden a otras personas aunque lo que éstas les cuentan no les interese en absoluto. Celebran la Navidad o el cumpleaños de una manera que no les aporta alegría alguna, sino más estrés. Toman alimentos que no les gustan demasiado. No se van a la cama cuando están cansadas.

Necesitamos reconstruir ese aspecto de nuestra psique que, en medio del tráfago racionalista de la vida diaria, se toma el tiempo de atender a las necesidades de la niña pequeña que albergamos en el fondo de nosotras. Para conseguirlo es preciso escuchar con sensibilidad nuestras demandas internas, sin poner enseguida una barrera erigida por la antigua mentalidad represora, que suele asegurarnos: «No te enredes con eso porque no tiene sentido. No te lo puedes permitir».

«Es como si hablara a una pared»

«Yo sí les digo a los demás lo que quiero, pero no me hacen ni caso», aseguró María en un seminario. Nos explicó cómo suele expresar sus deseos cuando está en el trabajo: «Me pongo de pie y digo: "Hago lo que puedo por vosotros: doy la cara y me parto en dos si hace falta. Tendréis que ayudarme en algo. No creo que sea pedir demasiado". Eso les digo a mis compañeros, pero es como si hablara a una pared». Cuando María nos hizo una demostración de cómo suele hablar a sus compañeros, comprendí que en el curso había que comentar el tema de «El tono y el rechazo de los llamamientos». Si los demás no atienden nuestros deseos, quizá no quieran hacerlo, pero también es posible que les hayamos hablado en un tono que les provoque un rechazo, como los siguientes:

• **El tono agresivo.** Las mujeres (y los hombres también) que piden algo en tono agresivo no creen en su fuero interno que pueden conseguir lo que desean. Por tanto, pasan a adoptar una postura mental que podría describirse como de «ya os enseñaré cómo consigo lo que quiero», y se sitúan de entrada en oposición a su interlocutor. La voz es dura; el tono, fuerte, y los gestos, breves y cortantes. Al escoger sus palabras dan preferencia a términos como los de «hay que», «a la fuerza», «no se puede», «de una vez por todas» y otros similares. Por ejemplo, la mujer dirá: «¿Te llevarás de una vez la bolsa de la basura cuando te vayas?», «¡Te dije que arreglaras tu cuarto!» o «¡Tendrías que haberme dado esos papeles antes!».

Si un deseo se expresa en forma de una orden, el otro se siente maltratado y rebajado al puesto de subordinado que recibe órdenes, tanto si el ruego está justificado como si no lo está. La mayoría de las personas reaccionan con rechazo ante cualquier orden. Esto no hace más que despertar las ganas de oponerse y de adoptar una postura de resistencia, simplemente porque a nadie le gusta que le traten como a un criado.

• **El tono llorón.** También tiene la virtud de provocar en algunas personas un impulso repentino a responder con un «no». Las mujeres que hablan en tono de lloriqueo, o de queja, casi siempre obran inconscientemente, partiendo de la creencia de que sólo obtendrán ayuda si dan lástima: «Sólo el sufrimiento me hará merecedora de compasión».

El tono llorón influye en la mímica: la mujer bajará las comisuras de los labios y la expresión de su rostro será triste. Adoptará una postura del cuerpo ligeramente hundida y sus frases sonarán más o menos así: «No sé dónde tengo la cabeza y encima me vienes con esos papeles. ¡No puedo hacer todo a la vez! Sabe Dios que hago un esfuerzo, pero es que os empeñáis en que yo lo haga todo». La mujer lanza a su interlocutor una mirada de suplicio, pero lo que está demostrando es que es incapaz de sentar prioridades y trazar límites. Para un hombre esto significa que se trata de una mujer débil e incapaz de imponerse o mandar a otras personas.

• **El tono infantil.** He observado en mujeres de todas las edades y de cualquier profesión que, de repente, les gusta recaer en el papel de niñas pequeñas. Esto le pasa tanto a una juez de cincuenta y cinco años como a una estudiante de diecisiete. Detrás se sitúa la experiencia y la creencia inconsciente de que «sólo si soy pequeña harán los mayores lo que quiero».

El tono infantil significa que la voz se vuelve más aguda, el cuerpo se encoge, la cabeza se ladea y la mirada llega de abajo arriba. Los labios adoptan una sonrisa mientras se dice: «Ahora me va un poco mal. Usted es una buena persona, pero tendría que haberme traído esos papeles mucho antes. Por favor, no lo vuelva a hacer».

Lo peor de ese tono infantil es la relación que se establece con el interlocutor, que adopta casi automáticamente el papel de padre/madre y con ello un tono de superioridad. Tratará a la mujer de una manera paternal o maternal y, si existe ya una tensión, es posible que saque a relucir su crítico interior y la regañe como a una criatura.

Detrás de todos estos casos en torno al tono adoptado hay un denominador común. La mujer que habla no cree que los demás entiendan y acepten sus deseos y pretensiones si los expresa de una manera normal y directa, razón por la cual cree indispensable añadirles una gota de superioridad o de inferioridad. En último término, quizás asome detrás de esas actitudes la convicción de que sus pretensiones y deseos no están justificados. Eso es exactamente lo que intuye el interlocutor, que saca la conclusión de que la propia mujer no está convencida de lo que pide. De ahí que resulte muy fácil oponerse a sus pretensiones. Al fin y al cabo, no hay más que enlazar con la duda que la peticionaria deja asomar en el tono de sus palabras.

Lo diré abiertamente: nadie más que tú puede decidir si tus pretensiones y deseos están justificados y son razonables. No existe un procedimiento objetivo que permita verificarlo de otra manera. Si las demás personas consideran que tus deseos son erróneos, exagerados o poco razonables, se tratará del punto de vista personal y subjetivo del otro; no implica una valoración objetiva o neutra acerca de tu persona. Lo explicaré con otro ejemplo.

Una participante en un curso de entrenamiento para reforzar la autoestima, casada con un médico, hacía dos años que estaba jubilada, cobraba una pensión suficiente y deseaba retomar su antigua afición, la escultura. Pretendía instalar en el sótano un pequeño taller, pero el marido consideraba que se trataba de un deseo infantil. La criticaba con vehemencia y aseguraba que en su fuero interno ella se negaba a envejecer con dignidad. Incluso la acusaba de querer disfrazar el hecho de que ya no podía hacer tantas cosas como antes. En el seminario, esta mujer me preguntó: «Tú también crees que deseo dedicarme a la escultura porque no quiero enfrentarme a la vejez?». Yo le pregunté a mi vez qué creía ella.

Y me contestó de una manera simple y clara: «Creo que no. Simplemente quiero hacer algo que me gusta». Su deseo era claro y directo; era su marido el que no se aclaraba. No decía sencillamente: «No quiero que lo hagas», sino que disfrazaba el deseo de su mujer con toda clase de argumentos propios. Quizá tenía algunas ideas fijas en torno al envejecimiento, a cómo deben comportarse las personas cuando envejecen y, al parecer, también a cómo se figuraba él que debía envejecer su mujer. Ésas eran las convicciones de él, pero su esposa tenía otras.

Casi siempre convendrá mostrarse escéptico cuando otras personas rechazan tus deseos exponiendo una razón que parece muy inteligente o una opinión aparentemente objetiva. Esas razones y opiniones tan objetivas muchas veces no hacen más que ocultar los intereses personales del otro.

Hablemos ahora con más detalle de la estrategia de autoestima que puedes aplicar para convencer a los demás de la legitimidad de tus deseos. En esencia, esta estrategia consiste en saber pedir o exigir algo sin rebajarse y sin darle muchas vueltas.

ESTRATEGIA DE AUTOESTIMA: PEDIR Y EXIGIR SIN RODEOS

• Debes permitirte tener deseos. Antes de dirigirte con ellos a otra persona, has de admitir que tienes deseos o exigencias. Así ganarás en seguridad.

• Adopta lo que hemos llamado una postura valiente y objetiva. Mira a tu interlocutor a los ojos.

• Expresa con brevedad y sin rodeos tu deseo. No alargues el discurso ni compliques tu petición. Usa un tono amable y natural, como si hablaras de algo que está muy claro.

• Argumenta tu deseo si te parece necesario. Tienes que exponer las razones de tu petición de una manera breve y clara. Huye de las exposiciones prolongadas: podría parecer que quieres justificarte.

• No te rebajes a ti misma ni realces a tu interlocutor. Si pides alguna cosa, evita emplear frases como las siguientes:

– La de pedir excusa: «Lo siento mucho, pero tengo que volver a molestarle con...».

– La de depreciación de tu persona: «Mire que soy tonta. Otra vez he vuelto a olvidar la llave. ¿Me puede dejar un momento la suya?».

– La de adulación manipuladora: «Tú que eres alto y fuerte, ¿podrías ayudarme a montar esta estantería?».

• La otra persona tiene derecho a negarte la petición, del mismo modo que tú puedes negarte a satisfacer una petición de otro, pero no hay que tomarlo como una ofensa personal.

¿Qué puedes hacer si no consigues del otro lo que has pedido, si el otro te dice que no?

En primer lugar, es importante aceptar esa negativa poniendo en primer plano tu objetividad. Debes tener presente que esa negativa no va dirigida contra tu persona, sino contra lo que has solicitado. Una negativa no expresa nada acerca del valor que tienes como persona. No admitas que el «no» de otro hiera y ofenda a la niña pequeña que llevas dentro. Atiende con solicitud y cariño a esa criatura y asegúrale que es bueno que tenga deseos y necesidades. Al igual que tú, las demás personas tienen derecho a decir que no y a poner límites. Esto no significa que tus pretensiones y deseos no sean justos ni que tú seas buena o mala persona. Para tranquilizar a tu faceta objetiva, déjame decirte que no tienes por qué renunciar enseguida cuando te enfrentas a una negativa, sino que puedes insistir. Te interesará saber cómo.

Como una roca en medio del oleaje: el circuito de la insistencia

«Pero es que un "no" es eso: un no.» Es lo que creen muchas mujeres, y entonces se niegan a seguir insistiendo. La negativa de su interlocutor es para ellas el toque final de la conversación o de la negociación. Sin embargo, en el mundo masculino de los negocios existe un principio que afirma: «Con un "no" empieza de verdad la negociación». Ellos consideran que el «no» es una especie de parada para reponer fuerzas y alcanzar finalmente el acuerdo. Es cierto que el «no» significa también para ellos una negativa, pero esta misma negativa es considerada, de una manera bastante optimista, como un estado transitorio. Sólo se acepta plenamente cuando se han agotado y gastado totalmente los argumentos de la negociación. En otras palabras: nadie abandona el campo de juego, nadie renuncia prematuramente. Por eso se muestran tan sorprendidos los hombres, tanto en el mundo de los negocios como en el campo profesional y en la vida privada, cuando una mujer, a la primera negativa, al primer «no», renuncia y se bate en retirada. Algunos hombres negocian con una mujer exactamente igual a como lo harían con otro hombre. Primero dicen que «no» y después quedan a la espera de lo que pasa. Si se trata de una mujer, muchas veces ya no pasa nada; mejor dicho, pasa que abandona, desilusionada, el campo de juego.

Supongo que, para las mujeres, una negociación pocas veces es un juego. Casi siempre negocian muy en serio y, por eso, se toman en serio cualquier negativa. El rechazo de su petición o de su ruego no es para ellas una jugada táctica, sino una derrota personal, y moviliza unas sensaciones internas de fracaso que la dejan como paralizada. El «no» del interlocutor se interpreta como un rechazo a toda su persona, no como una simple negativa (que incluso puede ser provisional) a aceptar enseguida el asunto que se está tratando.

A mí personalmente me gusta aplicar el sentido de «juego» a una negociación. Para mí, jugar significa estar un poco por encima de la cosa misma y mostrarse un tanto distanciada de lo que está sucediendo, es decir, no tomarse el asunto tan a pecho. Si consideramos las conversaciones y las negociaciones como una especie de juego, nos resultará más fácil reflexionar acerca de las tácticas de una negociación y las estrategias de una conversación.

Imponerse sin necesidad de luchar

Te propongo una «estrategia de juego» que te permitirá seguir adelante con tus ruegos y peticiones, aunque tu interlocutor ya te haya contestado que «no». Podemos llamar a esta estrategia «el circuito de la insistencia». Presenta la ventaja de que puedes seguir insistiendo sin agotar todas tus energías.

No tienes por qué emocionarte, ni levantar la voz, ni ponerte agresiva para imponer tu criterio. Puedes ir dando vueltas tranquilamente al circuito de la insistencia hasta obtener lo que deseas, hasta que alcances un compromiso aceptable o hasta que te canses y decidas aplazar la negociación para otro día. Tampoco tienes por qué dejarte enredar con la argumentación o los eventuales intentos de manipulación de tu interlocutor. Sólo debes basarte en tu capacidad de insistir.

La estrategia de autoafirmación –que trata Joern J. Bambeck en su libro *Softpower. Gewinnen statt siegen*– se compone de tres pasos, que he denominado el catecismo de la insistencia: repite con palabras propias lo que ha dicho tu interlocutor; añade, sin intercalar una pausa, tu deseo o tu petición, y argumenta tu deseo o tu petición. Explicaré a continuación con más detalle estos tres pasos.

• **Si tu interlocutor ha rechazado tu petición, repite con tus propias palabras el argumento opuesto o la razón de su negativa.** Lo que importa en este caso es que escuches con atención y te esfuerces por comprender lo que te dice el otro, sin renunciar a tu postura o a tu deseo. Esto te resultará mucho más fácil si activas tu faceta objetiva y te haces con el mando de la conversación. En este primer paso no tienes más que repetir, con palabras propias, lo que acaba de decir la persona a la que te diriges. Así demuestras que has prestado atención a lo que ha dicho y que has comprendido su postura, y evitas que el otro pretenda descolocarte con un reproche del tipo «ni siquiera me escuchas». Con este primer paso contribuyes a mejorar el clima de la conversación. Pongamos un ejemplo. Supongamos que no eres fumadora y pretendes que en el despacho en el que trabajas no fume nadie, ni siquiera el compañero que sólo hace acto de presencia durante unos instantes, con el cigarrillo encendido en la mano, para charlar contigo. Tú le dices claramente que no quieres que fume, pero él insiste en seguir fumando y dice: «Con el mal olor que hay en todas partes, el humo de mi cigarrillo no se nota nada». Desde el punto de vista retórico, el primer paso o vuelta al circuito de la insistencia arrancaría más o menos así: «Si te he entendido bien, tú opinas que...», o bien: «De modo que a ti te parece que...», o incluso: «Comprendo que...».

• **Insiste en tu petición.** Ésta es la pieza central del circuito de la insistencia: una vez que has dado a entender a tu interlocutor que has comprendido perfectamente su opinión o sus dificultades para aceptar tu petición, no intentarás exponerle con todo detalle tus argumentos opuestos, por muy bien perfilados que los tengas, sino que repetirás simplemente tu petición. Antes de iniciar esta conversación, tienes que tener muy claro cómo vas a formular el ruego o la petición (debes tenerlo resumido en una sola frase). Por ejemplo, dirás: «Deseo que no se fume en este despacho». Podrás repetir este ruego con las mismas palabras o casi las mismas; así no tendrás dificultades para recordarlas. Más adelante, cuando estés más familiarizada con esta estrategia, podrás formularla con facilidad de otra manera y conseguir que parezca un poco menos pesada, pero al principio existe el peligro de que, al modificar la formulación, reduzcas el peso de tu petición. Puede sucederte fácilmente que en un principio digas: «Deseo que no se fume en este despacho», para pasar después a decir: «En realidad, me gustaría que nadie fumara en mi presencia en este despacho». Esto significa abrir las puertas para que en tu ausencia el local se convierta en un fumadero. Aún rebajarías más tu petición si dijeras: «No me gusta que se fume tanto en este despacho». El otro podría contestarte, sin pensarlo ni un minuto: «Muy bien. Sólo fumaré un cigarrillo. Eso no es mucho». Sin embargo, tú te habrás alejado bastante de lo que querías conseguir, aparte de tener que controlar cuántos cigarrillos fuma el otro. Por eso, mientras te estás entrenando en esta nueva estrategia de autoafirmación, conviene que mantengas en vigor la frase estereotipo de insistencia. Los dos primeros pasos juntos se manifiestan más o menos así: «O sea que tú crees que el olor a tabaco no es molesto porque en todas partes huele mal, y yo deseo que no se fume en este despacho».

Un pequeño consejo más: me gusta unir estas dos frases con la conjunción «y», que psicológicamente es más hábil que la palabra «pero». Esta última en ocasiones inutiliza o pone en duda la primera afirmación. Por ejemplo, tenemos esta frase: «Me parece maravilloso, pero...». Enseguida te das cuenta de que la primera parte del enunciado no es del todo verdad. En cambio, la conjunción «y» no hace más que unir dos enunciados: «Tú quieres fumar aquí y yo no quiero que aquí se fume». A lo mejor no parece siempre muy lógica esta unión, pero, desde el punto de vista psicológico, es más hábil. En el primer paso, repites con otras palabras lo que ha dicho tu oponente; si lo reflejas bien, no tendrá más remedio que aceptarlo y reafirmarse en ello. Mientras tu oponente permanece aún en esta postura del «sí, me has entendido bien», tú añades tu propia pretensión ligando ambas partes con la simple conjunción «y». Si tienes suerte, tu interlocutor sigue en su postura afirmativa, sin darse cuenta de ello. Si hubieses intercalado un «pero», esto seguramente te habría alertado.

• **Argumenta tu ruego.** Para finalizar, debes exponer a tu oponente el porqué de tu pretensión o tu ruego. Más o menos podrías decir: «No quiero que se fume aquí porque tolero muy mal el humo del tabaco». Esta argumentación confía en la comprensión y el buen juicio de tu interlocutor, pero, al mismo tiempo, aclaras un poco lo que te sucede a ti, lo que está detrás de tu deseo. Le haces saber que lo que exiges no es simplemente un capricho, sino que tienes tus buenas razones, aunque no debes esperar que tu interlocutor acepte de inmediato tus motivos o le parezcan razonables. Si se trata de una persona que también es insistente y tozuda, te expondrá a su vez otros motivos por los que rechaza tu pretensión, y entonces tendrás ocasión de dar una nueva vuelta a tu circuito de la insistencia. A lo mejor ya te imaginas cómo seguiría la conversación: «Pero si abres la ventana y ventilas bien, no notarás el humo. Simplemente tienes que abrir más a menudo la ventana», dirá tu oponente. Tú sigues dando vueltas al circuito de la insistencia: «Tú opinas que abrir la ventana es un remedio y yo no quiero que se fume aquí porque el olor a tabaco se me adhiere a la ropa y al cabello».

En tus argumentaciones no tienes por qué hacer referencia a lo último que ha dicho tu oponente. Tú te limitas a aportar los argumentos que son importantes para ti. La discusión puede seguir. Tu oponente dirá: «Escucha, no me puedes pedir que apague el cigarrillo cada vez que entro en tu despacho. ¿Te imaginas lo caros que están los cigarrillos? Sería una ruina». Tú vuelves a tu circuito de la insistencia, sin entrar demasiado en el argumento del otro. «Ya sé que los cigarrillos están muy caros. Fumar un cigarrillo a medias quizá te parezca una ruina económica, pero es de verdad *tu* ruina, y no quiero que se fume en este despacho porque está demostrado que respirar el humo de un cigarrillo equivale a ser un fumador pasivo y yo no quiero fumar ni activa ni pasivamente.»

No tienes por qué adaptarte a los demás
La pieza central de esta estrategia de autoafirmación consiste en la repetición insistente de tu pretensión o deseo. No te implicas en un combate de argumentos a favor y en contra,

sino que apuestas por la tenacidad. Al mismo tiempo, tienes la posibilidad de exponer tus razones e incluso de escuchar las de tu oponente, pero no es indispensable hacerlo. Lo único importante es que tengas el aguante suficiente y que ninguna de las tres negativas te hagan apearte de tu exigencia.

Hablemos un poco de los argumentos. En nuestra sociedad existe el debate como forma muy apreciada de intercambiar opiniones y puntos de vista. Sin embargo, este intercambio de argumentos contiene una trampa: casi siempre creemos tener que contrarrestar o inutilizar los argumentos del otro para imponer los nuestros. Ésta no es más que una repetición del modelo dualista y rígido de pensar del que ya hemos hablado: o tengo razón yo o tiene razón él.

Este modelo de pensamiento considera inimaginable una posibilidad: que ambas partes tengan razón y que dos opiniones diametralmente opuestas puedan coexistir una al lado de la otra. A las mujeres siempre les gustaría ganar porque tienen mejores argumentos, porque saben expresarlos con una técnica oratoria hábil y porque acaban convenciendo a su interlocutor. Creen que es justo que el que tenga los mejores argumentos en favor de sus pretensiones, y sepa presentarlos de una manera convincente, alcance finalmente su objetivo. Las mujeres apuestan por la razón y la justicia. A veces este argumento de los mejores argumentos funciona bien, pero en numerosas ocasiones no tiene éxito. En estos casos, las mujeres suelen recoger velas muy deprisa, o siguen argumentando y desgastan su inteligencia y su capacidad verbal en una situación en que los buenos argumentos no tienen ningún valor.

Supongamos que tu oponente dice: «Hazme caso. Eso del fumador pasivo es muy exagerado. Quizá sea aplicable a los niños pequeños, que no deben estar expuestos todo el tiempo al humo del tabaco, pero los adultos no somos tan sensibles». En este caso, la mayoría de las no fumadoras se verían impulsadas a combatir el argumento del fumador, tal vez poniendo en duda su buen juicio, y le responderían: «No digas tonterías. Ser fumador pasivo afecta, y mucho, a los pulmones de los adultos». Detrás de estos argumentos en contra se oculta la esperanza secreta de que una respuesta adecuada, más convincente que la del contrario, hará doblar la rodilla al otro y le hará entrar en razón (a la vez que el término «tonterías» es un dardo envenenado, que el otro podría interpretar como una declaración de guerra total). Te puedes pasar un rato discutiendo así de los daños que sufre, o no, el fumador pasivo. Sin embargo, aunque presentes a tu oponente un estudio científico y tengas a mano pruebas convincentes que te den la razón, es posible que sigas trabajando en un despacho lleno de humo de tabaco. Si tu oponente es tenaz, presentará a su vez argumentos nuevos, como el derecho que tiene el fumador al libre desarrollo de su personalidad. Habríais llegado al nivel de la argumentación jurídica y podríais seguir hablando de los puestos de trabajo que genera la industria del tabaco, que estarían en peligro si se prohibiera fumar en todas partes, y después...

En cuanto te dediques a rebatir los argumentos de tu interlocutor, comprobarás que te desvías del tema que en realidad es el único que te interesa: conseguir que en tu despacho no se fume. Por tanto, te resultará más fácil y menos agotador insistir en dar vueltas a tu circuito de la insistencia: es posible que tu oponente tenga razón desde su punto de vista y tú no quieres que se fume donde tienes tu puesto de trabajo.

Incluso hay casos en que una buena argumentación no sirve de nada, y lo único que ayuda es la insistencia y la tenacidad. Esto es aplicable sobre todo cuando tratamos con alguien que intenta manipularnos. Hay frases muy apreciadas por los manipuladores, como las siguientes: «Seamos objetivos...», o bien: «Lo que dices no tiene lógica», o también: «¿No serás una de esas feministas intransigentes (o una agresiva mujer emancipada o una no fumadora militante)?». Si damos vueltas al circuito de la insistencia podemos aplastar con una fría sonrisa cualquiera de estos burdos intentos de manipular nuestra opinión. No hay más que responder con sencillez y serenidad: «Entiendo muy bien que mis palabras te parezcan poco objetivas y yo sigo insistiendo en que no quiero que se fume aquí. Hace ya tres años que yo misma he dejado de fumar». O esta otra versión: «A ti te puede parecer que lo que digo tiene poca lógica, y yo no quiero que se fume aquí, porque con la contaminación normal del aire me basta y me sobra. No quiero que nadie eche más humo a mi alrededor». O una tercera versión: «A ti te puedo parecer una feminista intransigente, una agresiva mujer emancipada y una no fumadora militante, y yo no quiero que se fume en este despacho porque no me gusta que se fume a mi alrededor».

Si estás dispuesta a hacer tuya esta estrategia de autoafirmación, quizá tengas que luchar interiormente con alguna que otra norma de cortesía. Es posible que a ti, como a muchas otras mujeres, te hayan enseñado en la infancia que las niñas no deben ser rebeldes. Cuando éramos pequeñas, seguramente éramos muy insistentes, como todas las criaturas, a la hora de pedir un capricho. A muchas se nos castigaba por esta insistencia y más de una vez los adultos habrán conseguido torcer o quebrar nuestra voluntad. Pues bien, ha llegado el momento en que podemos permitirnos de nuevo ser obstinados. No tienes por qué adaptarte a los demás. Puedes afirmarte una y otra vez en lo que quieres y en lo que deseas.

El circuito de la insistencia apuesta por el poder de la tenacidad, de la gota malaya que acaba por perforar cualquier roca por dura que sea. En los cursos de entrenamiento de la autoestima, las participantes descubren muy pronto que es difícil pasar por alto a alguien que defiende sus intereses con serenidad, con convicción y con una insistencia indoblegable.

ESTRATEGIA DE AUTOESTIMA:
EL CIRCUITO DE LA INSISTENCIA

• Antes de la conversación tienes que reflexionar para definir con detalle la fórmula con la que pretendes expresar tu deseo o exigencia. Debes resumir en una sola frase lo que quieres (o lo que no quieres).

• Adopta tu postura de valentía. Mantente erguida, sentada o de pie, sin tensiones musculares ni retorcimientos.

• Acaba de hablar y escucha al otro. Debes expresar tu deseo o exigencia en un tono amable y sin agresividad. Escucha atentamente los argumentos o contraargumentos de tu opositor.

• Sigue con tu insistencia: no te dediques a rebatir los argumentos de tu interlocutor. Responde dando una vuelta a tu circuito particular de la insistencia:

– Repite con tus propias palabras el argumento que ha expuesto tu opositor.

– Repite tu deseo o exigencia original.

– Añade tu motivación.

• Sigue siendo insistente. Si tu opositor no ceja en mostrarse negativo, respóndele con una nueva vuelta a tu circuito de la insistencia:

– Repite cada contraargumento de tu opositor con tus propias palabras.

– Repite tu deseo o tu exigencia.

– Si te parece bien, añade otra razón o motivación a tu favor.

• Haz nuevas propuestas. Si no consigues nada después de varias vueltas a tu circuito de la insistencia, sólo entonces debes considerar alguna de las siguientes posibilidades:

– Puedes proponer un compromiso o una alternativa.
– Puedes modificar o rebajar tu deseo o exigencia original.

• Plantea una estrategia de emergencia: el disco rayado. Si te sientes muy agredida o manipulada, limítate a repetir tu deseo o exigencia.

Cuando ensayes por primera vez esta estrategia de autoafirmación, es posible que tu forma de tratar al oponente te parezca artificial y esquemática. Lo es, en efecto, pero sólo al principio. En cuanto la domines, sonará más elegante. Podrás hablar manteniendo tu estilo habitual y, como es lógico, podrás intercalar otros temas de conversación. La esencia de esta estrategia consiste en mantener la sencillez y la serenidad. La repetición constante del propio deseo o exigencia, sin excitarse ni emocionarse, y sin enredarse en las argumentaciones del oponente, merecerá la pena, impresionará y te ahorrará energías.

¿Qué pasa cuando ya no se te ocurren más motivaciones? Supongamos que has dado cuatro o cinco vueltas a tu circuito de la insistencia y ya no sabes qué nuevas razones aportar para motivar ese deseo. Pues es muy sencillo: empieza de nuevo con la primera motivación que has expuesto. No se trata de avasallar a tu interlocutor con muchas razones complicadas, sino de exteriorizar tu propio deseo o exigencia con suficiente tenacidad. Tres o cuatro razones bastan y sobran. Incluso tendrías toda la razón de pedir algo sólo porque quieres, sin tener que justificarlo largo y tendido.

¿Qué pasa si tu oponente empieza a irritarse ante tanta insistencia por tu parte? Es probable que las demás personas no reaccionen satisfactoriamente ante tu obstinación, sobre todo si se trata de personas que hasta entonces han conseguido imponerse rápidamente y sin problemas, y que se sienten irritadas al observar que estás dando un vuelco a la situación. A mí me parece muy comprensible que se disgusten al ver que ninguno de sus intentos –ni la exposición de argumentos ni los intentos de manipulación– tiene efecto sobre tu insistencia. Sigue con ella, tanto da lo que diga u opine tu oponente. De cualquier modo, debes estar segura de que aceptarás y soportarás un eventual empeoramiento de vuestra relación. Incluso puedes incorporar directamente la irritación de tu interlocutor a tu circuito de la insistencia: «Entiendo muy bien que te sientas irritado al ver que repito siempre lo mismo. No quiero pelearme contigo. Quiero arreglar este asunto de un modo pacífico. De verdad que para mí es muy importante que en este despacho no se fume. Ya he expuesto varias razones y argumentos, y seguiré insistiendo si te empeñas en seguir fumando aquí». Con este tipo de frases puedes explicar a tu oponente que no deseas perjudicar la relación entre vosotros, pero que seguirás insistiendo en tu exigencia.

Si eres consecuente en tu autoafirmación, es posible que no todo el mundo te quiera. Tal vez los demás ya no te estimen tanto como cuando eras «simpática y agradable». En cierto modo, eras como una prenda «fácil de cuidar» para los demás, porque tenías la costumbre de dar enseguida un paso atrás en cuanto te encontrabas con un «no». Por tanto, debes estar preparada en tu interior para que tu interlocutor se irrite y exprese su disgusto al ver que sigues dando vueltas a tu circuito de la insistencia. También debes estar segura de que aceptas que reine un mal ambiente a cambio de imponer tu deseo o exigencia. Debes tener muy claro a partir de qué momento es para ti más importante la buena relación con los demás que la imposición de algún deseo momentáneo. No ocurre nada si prefieres ceder antes que soportar la carga de haberte enemistado con la gente que te rodea. Debes decirles entonces que prefieres tirar la toalla, al menos de momento, porque para ti es más importante tener una buena relación con ellos.

¿Y si tu oponente es también muy insistente? Observa si está aplicando la misma estrategia que tú, es decir, si repite los mismos pasos de insistencia. Si es así, felicítale por su tenacidad y pregúntale dónde la ha aprendido o dónde ha leído que debe proceder así. A continuación proponle acortar el procedimiento, asegurándole que eres capaz de estar horas dando vueltas a tu circuito de la insistencia. El otro tal vez se asuste y ceda. Si no es así, puedes optar por:

• Seguir adelante hasta que te canses.
• Aplazar la conversación hasta el día o la semana siguiente, y seguir entonces con la misma tenacidad.
• Ofrecer una alternativa o un compromiso, si se te ocurre alguno.

Para acabar con este tema, quiero reproducir una conversación anotada a lo largo de un entrenamiento de la autoestima. He acortado un poco las frases. Se trataba de lo siguiente: una de las participantes estaba deseosa de cambiar de tarea y quería convencer a su jefe de esta necesidad. Nos describió al jefe como un individuo difícil, ante cuyos comentarios mordaces e irónicos se sentía un tanto temerosa. En el curso del seminario nos describió la situación real, repitiendo la conversación sostenida con su jefe, en cuyo transcurso había aplicado su estrategia de autoafirmación. Otra participante en el seminario interpretó el papel de jefe.

La participante entra en el despacho de su jefe y se detiene ante su escritorio. No se disculpa, sino que expone claramente su deseo.

–*Señor González, quiero hablar con usted de mi trabajo. ¿Le va bien ahora?*

–*Sabe que siempre la atenderé con mucho gusto* –contesta el jefe–. *¿Qué le preocupa? ¿Algo no va bien?* –*Sin levantar la vista, señala el asiento que hay frente al escritorio*–. *Siéntese.*

Ella se sienta, muy erguida, en la silla que hay frente al escritorio. Adopta su postura de valentía y mira al jefe a la cara:

–*Señor González, me gustaría participar en la organización de la reunión anual de nuestros directores de sucursal. Quiero pedirle que me confíe esa tarea.*

El jefe se inclina hacia atrás, cruza los brazos sobre el pecho y mira por la ventana.

–*¿Cómo se le ocurre semejante idea? No entiendo por qué debería encargarle esa tarea. Además, usted tiene su puesto de trabajo, ¿o no?* –*La mira y sigue*–: *No, eso no es posible. Hace años que el señor García se ocupa de esto y lo hace muy bien, así que creo que las cosas deben seguir como están. Bueno…, hemos terminado, ¿no?*

El jefe vuelve a concentrarse en sus expedientes y da la vuelta a unos papeles.

–*Pues sí, tengo una tarea asignada aquí y me gusta. Hago mi trabajo bien [autodescripción positiva]. Desde su punto de vista, es posible que haya pocos motivos para cambiar las cosas [primer paso de la estrategia de insistencia]. Pero me gustaría ayudar a organizar la reunión anual [repetición del deseo] porque este tipo de trabajo es el que de verdad me atrae y estoy segura de poder hacerlo bien. Me di cuenta de ello el año pasado, cuando el*

señor García se puso enfermo y tuve que sustituirle
[motivación].

El jefe eleva la voz y se muestra irritado:

—¿Cómo se imagina usted que puedo hacer una cosa así?
¿Qué quiere que haga con el señor García? No puedo
decirle que ahora se ocupará usted de todo. Estoy muy
satisfecho de cómo han ido las cosas hasta ahora
y no veo motivo para cambiarlas sólo porque usted
me lo pide.

Ella sigue con su postura de valentía y mira al jefe:

—Ya hablaré yo con el señor García. No creo que surjan
inconvenientes si colaboro con él [autodescripción positiva].
Comprendo su punto de vista: hasta ahora todo ha ido
perfectamente y... [primer paso de la estrategia
de insistencia].

El jefe la interrumpe:

—Si lo comprende todo tan bien, no sé por qué estamos
hablando todavía. ¿Qué pretende?

—Me gustaría ayudar a organizar la reunión anual
[repetición del deseo]. El trabajo de organización se
me da muy bien y podría ser de gran ayuda para el señor
García. A cambio, él podría centrarse en preparar mejor
la parte de los discursos [autodescripción positiva y
razonamiento].

El jefe golpea con las manos los brazos de su sillón y habla
con un tono de irritación y disgusto en la voz:

—¿No se entera de lo que estoy intentando decirle?
Se lo repetiré de nuevo: el señor García no necesita ayuda.
La reunión anual se seguirá organizando como se ha
hecho hasta ahora. De verdad, no sé para qué seguimos
hablando.

Ella sigue con su postura de valentía. Mantiene la mirada
fija en los ojos del jefe y habla más lentamente:

—Usted no quiere cambiar la distribución de los trabajos de
organización porque hasta ahora todo ha ido bien. Lo
entiendo. Pero a mí me gustaría colaborar en la
organización de la reunión anual porque ahí se me ofrece
una oportunidad para cualificarme en este tipo de tareas.
La verdad es que necesito algo que me exija mayores
esfuerzos que hasta ahora.
—Bueno, no podemos seguir así. A usted se le ha metido esa
idea en la cabeza y eso es algo que no puedo decidir de
buenas a primeras. Hablaremos otro día del asunto.
—Lo comprendo muy bien. ¿Podemos volver a hablar
mañana del tema? ¿Le va bien a las dos o prefiere a primera
hora de la mañana? [insiste en fijar una fecha y una hora
concretas para proseguir la conversación].
—Mañana a las tres de la tarde, después de la reunión que
tengo con los jefes de sección. Bueno, ya está.
—Muy bien. Hasta mañana.

A la participante en el seminario le resultó difícil soportar la
creciente impaciencia y la irritación de su jefe; pero también
fue importante para ella darse cuenta de que, a pesar de las
palabras un tanto agresivas de él, había sido capaz de mantenerse tranquila y seguir insistiendo en su petición. No pudo
imponerse del todo en la primera ocasión, pero ganó terreno
y no admitió que le denegaran enseguida lo que quería. Con-
servó la calma y la tenacidad (insistencia local) y no se conten-
tó con que su jefe quisiera hablar en otro momento del tema,
sino que procuró que la conversación se concretase en una nueva cita. Eso le permitía seguir en el campo de juego (insistencia global) y, al mismo tiempo, daba a entender a su jefe que
no consideraba liquidada la cuestión. Ser tenaz significa no
admitir que la primera ráfaga de viento en contra te derribe
fácilmente; significa dar a los propios intereses, deseos y nece-

sidades la importancia que tienen, de modo que la estrategia puede incluir varios intentos.

Los límites de la insistencia

La capacidad de ser tenaz e insistente tiene que incluir también el arte de soltar amarras. Este arte representa en cierto modo la otra cara de la moneda. La expresión «soltar amarras» implica, entre otras definiciones:

• Dejar de exigir cosas a alguien que no te las puede conceder.

• Dejar de golpearte la cabeza contra la pared, cuando sólo consigues chichones cada vez más dolorosos.

• Renunciar a querer educar o a hacer cambiar a otras personas.

• Prescindir de lo que te hace desgraciada.

Hay mujeres que en algunas facetas de su vida mantienen durante mucho tiempo una situación que las hace desgraciadas. Son capaces de sacrificar su bienestar manteniendo una relación en la que lo pasan mal. Se quedan junto al compañero que las maltrata porque no renuncian a la esperanza de que el otro cambie. Se agarran a un trabajo que hace tiempo que realizan a disgusto. En todos estos casos emplean su tenacidad en defender su sitio en el infierno.

Si quieres aprender a insistir en la defensa de tus deseos y necesidades, tienes que aprender también a deshacerte de aquello que te hace sentirte desgraciada.

Al hablar del tema de «saber soltar amarras», me acuerdo de Eva, una de las participantes en un curso de entrenamiento de la autoestima.

Eva criaba sola a sus dos hijos aunque con ayuda de su madre. Sin embargo, la madre no estaba de acuerdo con el estilo de vida que llevaba Eva. No le gustaba su modo de educar a los niños, cómo llevaba la casa ni cómo pensaba proseguir su carrera profesional, y criticaba también a los hombres con los que Eva entablaba relaciones. En pocas palabras, la madre no aceptaba la forma de vida que llevaba Eva. La hija se sentía muy desgraciada por esta causa. Ella deseaba tener una madre con la que poder convivir de una manera amistosa y, en lugar de eso, mantenían constantes discusiones. Hacía años que Eva intentaba convencer a su madre de que los niños estaban bien, la casa funcionaba y los hombres con los que salía no eran malas personas. Sin embargo, su madre seguía con sus opiniones de lo que es una forma de vida «decente y formal». Quería que su hija se casara cuanto antes, renunciara a su profesión y se ocupara solamente de los niños. Eva, en cambio, luchaba desde su infancia para que su madre la aceptara tal como era, y se mostraba realmente tenaz en intentarlo. No renunció hasta los treinta y dos años. Después de tanto tiempo de haberse esforzado inútilmente por convencerla sin conseguir ninguna mejora en la relación con su madre, Eva aceptó que su madre no era tal como a ella le habría gustado que fuese. Totalmente agotada y resignada, renunció a querer cambiar a su madre. Ya no le explicaba nada de la vida que llevaba y no hacía caso de sus observaciones críticas. La madre se dio cuenta del cambio de comportamiento que se había producido en su hija y le preguntó el motivo.

Eva explicó a su madre con tranquilidad y sin irritarse que había renunciado a que reconociera su derecho a tener un estilo de vida propio. En un primer momento, su madre pareció ofendida, pero unas semanas después la relación entre ambas mejoró. Cuando Eva dejó de querer convencer a su madre, también la madre prescindió de sus esfuerzos

por querer hacer de su hija una persona «decente». A partir
de esas premisas, ambas pudieron proseguir su buena
relación familiar sin estar peleando
y discutiendo continuamente acerca de cómo debían ser la
una y la otra.

Soltar amarras significa muchas veces aceptar una verdad dolorosa. Si dejamos de agarrarnos desesperadamente a una situación o a una persona perjudicial para nosotras, casi siempre nos tendremos que enfrentar a lo que de verdad es nuestra realidad. Al mismo tiempo, dejaremos de hacernos ilusiones vanas. En ocasiones esto significa comprobar que otras personas no nos pueden dar el amor o el reconocimiento que nos gustaría haber recibido.

También es posible que después de soltar amarras consideres que habías estado atracada demasiado tiempo en el muelle equivocado. Es una sensación similar a la que te invadiría si hubieras estado luchando por conseguir un camarote de lujo en un crucero y después te dieras cuenta de que se trataba del *Titanic*. Algo parecido le sucedió a Ana.

Ana encontró empleo como jefa de distribución en una
empresa familiar de tamaño medio. Esa empresa vendía
puertas y ventanas de material sintético, y contrató a Ana
porque esperaba abrir nuevos mercados y circuitos
comerciales. Ella se empeñó mucho en esta tarea. Analizó
los circuitos de distribución existentes, los tipos de clientela
que tenía la empresa y las posibilidades que se ofrecían de
conseguir nuevos clientes. Después presentó a la empresa un
informe en el que exponía cómo se imaginaba ella la
distribución del producto. Estaba dispuesta a discutir
abiertamente con todos los interesados, pero pronto
comprobó que sus propuestas no parecían importarle a

nadie. No aflojó y siguió insistiendo, deseosa de conseguir que alguien le expusiera su punto de vista acerca de la nueva propuesta de distribución que había elaborado. La consolaron, asegurándole que su informe era muy interesante y que sus propuestas merecían una consideración a fondo, que se haría más adelante. Mientras, la empresa no modificó en absoluto su estrategia de ventas, de modo que el trabajo de Ana no servía para nada. Las ventas fueron mermando, pero nadie hacía caso a Ana. La dirección de la empresa parecía sorda y los demás empleados preferían que todo siguiera igual. Ana se preguntó para qué la habrían contratado y, cuando observó que las ventas se iban reduciendo cada vez más, acudió a hablar con el gerente. Dijo claramente que se sentía engañada y exigió que la dirección de la empresa dedicara alguna atención a sus propuestas. A su vez, la dirección empezó a reprocharle su falta de actividad y llegó a asegurar que la disminución
de las ventas era culpa de ella. Ana tardó casi tres años en darse cuenta de que se había equivocado de empresa. Se despidió y poco después encontró un puesto de trabajo en el que pudo aplicar sus conocimientos profesionales y su capacidad de trabajo.

La insistencia y el aguante pueden llegar a ser perjudiciales si intentas que la gente te ofrezca algo que no está dispuesta a dar o a conceder. Esta manera un tanto dolorosa de insistir puede compararse al intento de pedirle peras al olmo. Aunque resulte obvio, para conseguir peras hay que buscar un peral. Sé que a veces en la vida diaria es difícil distinguir un olmo de un peral y que alguien puede querer engañarte al respecto, pero, después de algún tiempo, no te quedará más remedio que darte cuenta de tu error. Lo más importante es que no gastes tus energías en vano. En mi experiencia, soltar amarras y renunciar al autoengaño allanan con frecuencia el camino hacia un cambio saludable. Tú misma te sentirás más serena, más relajada interiormente, si renuncias a esos esfuerzos inútiles. Así creas espacio libre para que entre algo nuevo en tu vida. ¿Qué mejor que renunciar a seguir atada a una situación que no funciona?

En la vida cotidiana, adoptar la decisión adecuada significa muchas veces correr el riesgo de moverse sobre el filo de una navaja, sobre todo cuando hay que decidirse entre seguir mostrándose hábil e insistente, o renunciar y retirarse de algo que no te acaba de hacer feliz. Si quieres que sea sincera, no tengo una receta patentada para saber cuándo tiene sentido seguir insistiendo y cuándo es mejor renunciar. En cualquier caso, no te permitas caer en esa especie de trampa en la que sólo tienes dos salidas contrapuestas: insistir o renunciar. En todo caso, antes podrías intentar las dos cosas: seguir insistiendo, pero al mismo tiempo ir buscando otra oportunidad, una solución más conveniente. A veces tendrás que renunciar y retirarte, y entonces debes buscar con toda tu tenacidad mejores oportunidades para conseguir lo que deseas en la vida.

Para acabar este capítulo, quiero decirte algo más referente a la seguridad en el modo de presentarse: una presencia segura siempre implica una ración adecuada de inseguridad. No me refiero a esa clase de inseguridad que proviene de una falta de autoestima, en la que no crees tener derecho a conseguir lo que te gustaría tener. Existe también una inseguridad positiva y útil. Esta inseguridad se produce porque jamás podremos proyectar ni controlar del todo cualquier situación que puede surgir entre seres humanos. Nadie sabe al ciento por ciento lo que hará otra persona. Esa inseguridad es una especie de puerta abierta a la novedad. Exige que observemos con atención cómo está el panorama y dejemos de creer que podemos imponer sin más lo que se nos ocurre en un momento dado. Una mujer que estuviera permanentemente segura de sí misma tendría que haber dejado de aprender y de desarrollar su personalidad.

Por tanto, no intentes extirpar o expulsar de tu mente toda sensación de inseguridad. Saluda esa inseguridad como una especie de puerta abierta y de postura flexible ante lo nuevo que pueda presentarse. La necesitarás en cualquier situación en la que quieras afirmar tu personalidad, tanto como necesitas una cierta sensación de seguridad. Muchas veces podrás experimentar, en una situación difícil, ambas cosas a la vez, seguridad e inseguridad. Por ejemplo, te puede suceder que sepas muy bien lo que quieres conseguir, pero estés aún insegura acerca de cómo encauzar la conversación para acercarte a tu objetivo. La seguridad te servirá para describir convincentemente lo que pretendes, y tu inseguridad te mantendrá alerta y receptiva ante la reacción de tu interlocutor. Tu inseguridad te avisará, por ejemplo, de que necesitas algún tiempo más para pensarlo. Te indicará si el ofrecimiento de tu interlocutor es lo que más te conviene o no. En último término, tu inseguridad es indispensable como contrapeso de tu seguridad. Sin esa experiencia de sentirte de vez en cuando un tanto insegura, no te darías cuenta de lo segura que te sientes normalmente.

SABER TRAZAR FRONTERAS

¿Te sientes a veces molesta por haber dicho que sí cuando en realidad te habías propuesto firmemente decir que no? ¿Te toca siempre hacer determinados trabajos de los que se podrían ocupar perfectamente otras personas? ¿Tienes a veces la sensación de que algunas personas se aprovechan de tu buena disposición a ayudar a los demás? ¿Te sientes agobiada porque te rondan por la cabeza muchas cosas que se quedan siempre sin resolver? ¿Te queda poco tiempo para ti misma? Si respondes afirmativamente aunque sólo sea a una de estas preguntas, te conviene leer este capítulo. Trata de las estrategias de autoafirmación que te ayudarán a poner límites, a trazar fronteras. En el fondo, esto no significa otra cosa que disponer a conciencia, y sabiendo lo que haces, de tu energía, tu tiempo, tus afectos y tu dinero. Tú misma debes decidir qué y cuánto quieres ceder de todo esto a los demás.

En este capítulo vamos a ver por qué resulta a veces tan difícil trazar fronteras nítidas, y cómo puedes evitar en el futuro que otras personas sigan cargando sobre tus espaldas lo que son en realidad problemas suyos. Junto con la capacidad de establecer unos límites claros con respecto a las personas que te rodean, es importante saber dirigir a los demás críticas pertinentes sin ofenderles. También forma parte de este conjunto de problemas la cuestión de cómo manejar con seguridad la desautorización y la crítica dirigidas contra tu propia persona. Empezaremos a hablar de todo esto comentando una palabra que a las mujeres les resulta casi siempre muy difícil de pronunciar: la palabra «no».

El valor de decir «no»

Las mujeres a las que les resulta difícil decir que no se encuentran frecuentemente bajo el hechizo de normas antiguas, sobre todo de esa norma que les impone «mostrarse siempre amables y dispuestas a ayudar». Ya hemos dicho que esta fórmula implica el temor que experimentan muchas mujeres ante la acusación de egoísmo: temen que las consideren egoístas si no se muestran amables y dispuestas a ayudar, por ejemplo cuando niegan un favor a otra persona. A la mayoría de las mujeres las han educado desde pequeñas para que se preocupen de los demás, comprendan sus necesidades y adivinen sus deseos. Éste es sin duda uno de los aspectos más positivos de la mujer y el que le da más fuerza. Sin embargo, para que esta fuerza pueda ser vivida como tal en toda su amplitud, es indispensable respetar también su otra cara, que exige, ni más ni menos, saber establecer un límite y decir que no.

Con frecuencia, las mujeres que siempre dicen que sí ni siquiera sirven de ayuda. Se exigen demasiado a sí mismas, cargan con un exceso de tareas y siempre están dispuestas a ayudar. Sin embargo, ese deseo de contentar a todos suele conducir a que muchas cosas se queden por hacer o a medias. Una parte de las obligaciones que se han echado sobre sus espaldas no podrán cumplirlas. Podemos comparar este hecho con una masa de pastelería que vamos estirando y estirando hasta que, al final, empiezan a abrirse agujeros.

El resultado es que esas mujeres acaban teniendo mala

conciencia porque no han podido hacer todo lo que se habían propuesto y habían prometido. Empiezan a tapar agujeros y, mientras rellenan uno en un extremo de la masa estirada, se abre otro en el extremo opuesto.

Para saber decir que no, hay que empezar por saber cuáles son nuestros propios límites y confesarnos a nosotras mismas qué queremos y no queremos hacer. Esto les resultará más fácil a las mujeres que se han hecho propuestas a largo plazo. Estas propuestas pueden consistir en estudiar una carrera o alcanzar determinada categoría profesional, o bien en decidir cómo quieren vivir en el futuro; por ejemplo, se puede tener el propósito de vivir en el campo o de abrir un taller con otras personas para ejercer allí con toda libertad una actividad artística. Las mujeres que se proponen este tipo de cosas y se toman en serio sus proyectos, suelen tener más facilidad a la hora de trazar fronteras. Un proyecto a largo plazo representa una fuerza, un impulso que permite establecer prioridades y separar lo que es importante de lo que no lo es, con lo cual esa persona no se hundirá tan fácilmente en las exigencias de la vida cotidiana.

Las mujeres que no hacen más que responder a lo que la vida les exige son como una hoja expuesta al viento. Unas veces vuelan a un extremo y otras se ven atrapadas en otro extremo. Como no tienen objetivos ni perspectivas, y sólo se dedican a complacer a los demás, creen que no tienen motivos suficientes para decir que no. El motivo más sencillo y más convincente para establecer un límite –la necesidad de ocuparse de su propia persona y procurarse una relajación indispensable– normalmente no cuenta. Creen que los demás nunca aceptarán ese motivo, cuando en realidad son ellas las que no quieren aceptarlo. No se conceden a sí mismas la necesidad de descansar de vez en cuando, de mimarse y de tener tiempo para hacer lo que les gusta.

Un «no» a medias no se entiende

Algunas mujeres querrían decir que no, pero en el último minuto les entra el miedo de que una negativa resulte demasiado dura. Por eso dicen un «no» a medias, más o menos con estas palabras: «¿Sabes?, en realidad..., tal vez..., en fin..., no sé...». Tienen la esperanza de que el otro intuya que le han dado una negativa y que reaccione más o menos así: «Bueno, ya veo que no te hace ninguna gracia lo que te he propuesto. No pasa nada; está bien». En realidad, mucha gente no muestra demasiado talento para adivinar lo que el otro desea, por lo que entienden ese «no» a medias como un «sí» a medias y responden de esta manera: «Ah, muy bien; veo que estás de acuerdo. Sabía que te harías cargo del problema y que no me dejarías en la estacada».

Asimismo, hay mujeres que intentan disculparse ante su interlocutor exponiendo larguísimas justificaciones. No son capaces de decir sencillamente: «¡No, no quiero hacerlo!», o bien: «No, tengo otros planes», sino que exponen con todo detalle cuáles son esos otros planes y qué las induce a decir que no. Estas explicaciones irán además adornadas con esas fórmulas tan típicas de pedir disculpas, como, por ejemplo, las siguientes: «Lo siento muchísimo, pero...», o bien: «Sé que no te gustará, pero...».

Algunas mujeres muestran incluso tendencia a rebajarse, como si se consideraran unas malas personas por rechazar una petición. Existen fórmulas muy corrientes para despreciarse a sí mismas, como, por ejemplo: «Ya sé que soy muy egoísta, pero tengo que darte una negativa...», o bien: «Seguramente pensarás que no tengo corazón, pero no puedo acceder a tu petición porque...». Todo esto indica al interlocutor que la mujer que habla así no está del todo convencida interiormente de que hace bien negándose. Con esas palabras invita al peticionario a intentarlo de nuevo y hacerla cambiar de opinión.

Quedémonos un momento con esto y reflexionemos acerca de lo que puedes hacer cuando tu interlocutor no acepta tu negativa. Si esta negativa va dirigida a una persona perteneciente al mundo de los negocios, un mundo de valores más bien masculino, seguro de su posición social, es más que probable que tu negativa no sea aceptada de buenas a primeras. Recuerda que en ese mundo rige la regla: «Con un "no" empieza de verdad la negociación». Puedes contribuir a que tu negativa sea tomada en serio si tienes en cuenta las siguientes premisas:

• Debes pronunciar el «no» empleando un tono normal y corriente, como si fueses a decirle a alguien qué hora es o en qué día de la semana estamos.
• Cuenta desde el principio con la posibilidad de que el otro no acepte enseguida tu negativa, pero esto no debe inducirte a mostrarte agresiva o enfadada.
• Redondea tu negativa con un argumento breve y convincente. Evita pedir disculpas y exponer largas justificaciones. Esto no haría más que causar al peticionario la impresión de que tienes mala conciencia y le invitaría a seguir insistiendo.
• No te empeñes en conseguir que el otro entienda tus motivos y esté de acuerdo contigo. Puedes seguir negándote aunque las demás personas no lo entiendan en absoluto.

Tu negativa no es aceptada: ¡cuidado con la manipulación!
Aunque hayas expuesto tu negativa con una serenidad y una claridad absolutas, tu interlocutor quizá pretenda hacerte cambiar de idea. Tal vez intente convencerte mediante la aplicación de ciertos métodos destinados a manipular tu ánimo. ¿Cómo conseguir que acabe cediendo una mujer que ha dicho que no? Existen varios métodos:

• **El intento de apelar a tu comprensión y misericordia.** Es posible que te digan alguna de las siguientes frases:

 – «Sin tu ayuda no saldremos del embrollo.»
 – «¿Cómo quieres que nos arreglemos sin ti?»
 – «Por favor, no nos dejes ahora en la estacada.»

Las mujeres tienen una gran capacidad para comprender a sus semejantes. Éste es uno de sus talentos positivos. Por el contrario, les resulta muy difícil distanciarse de los problemas de los demás. La culpa la tiene esa antigua máxima dirigida a ellas: «Tu obligación es preocuparte de los demás. No te puede ser indiferente su vida». Las mujeres que padecen falta de autoestima tienden a ampliar el círculo de sus obligaciones. Se sienten responsables de personas, asuntos y relaciones que en realidad quedan fuera del alcance de sus posibilidades. Se hacen cargo del trabajo y la responsabilidad de otros. Aparentemente consiguen de este modo hacerse indispensables. Sin ellas nada funciona, o al menos no tan bien como debería hacerlo. Este sentimiento permite que sean manipulables. La frase «sin tu ayuda no saldremos del embrollo» hace blanco en esa supuesta imposibilidad de funcionar sin su asistencia. La mujer se siente halagada cuando se le asegura lo importante que es y que sin su ayuda todo se hundirá. La frase hace diana en su sentido de la responsabilidad. ¡Cómo iba a quedarse atrás y asistir al fracaso total de un proyecto! Al fin y al cabo, puede ayudar a evitarlo. Le resultará muy difícil retirarse del escenario y decir simplemente que no.

• **La mujer es tachada de egoísta.** Te pueden decir lo siguiente:

 – «Sólo piensas en ti. ¿Has pensado alguna vez en los demás? ¿Te has preguntado alguna vez qué pasará con la empresa?»

– «No, si con tal de pasarlo bien...»
– «Ya veo que sólo te importa tu bienestar. Los demás, que se fastidien.»

Estas observaciones apuntan directamente a la diana representada por esta norma: «No debo ser egoísta», o bien: «Debo mostrarme comprensiva con los demás». El automatismo funcionará también en este caso. La mujer que siga aferrada a las antiguas normas probablemente cederá a los intentos de manipulación, ante el temor de que la tachen de ser egoísta.
• **La desilusión humana.** Se expresa casi siempre con palabras como éstas:

– «Y yo que había confiado en ti... Veo que demasiado.»
– «Nunca habría esperado que reaccionaras así. Me has desilusionado.»
– «Hasta ahora pensaba que podía confiar siempre en ti. Lástima que esto haya tenido que acabar así.»

La mujer se ve sometida a un auténtico chantaje. «Me has desilusionado» significa en el fondo: «Hasta la fecha siempre habías respondido bien y ahora me doy cuenta de que no eres una mujer tan estupenda y digna de admiración como pensaba». La mujer que depende en exceso del reconocimiento que le dispensan los demás suele sentirse muy afectada por este tipo de observaciones. No desea que nadie se sienta desilusionado por su culpa. Detrás de este temor se esconden asimismo algunas normas muy antiguas, como, por ejemplo: «Debo preocuparme de que la gente de mi entorno se encuentre bien. Nadie debe sufrir ni estar triste. Debo evitarlo a toda costa». Muchas veces basta con que alguien agache la cabeza y adopte una expresión triste o un tono de voz deprimido para despertar un sentimiento de culpabilidad en la mujer. ¿Cómo ha podido ser tan dura e insensible para negarse? ¿Es que no le importa el sufrimiento de los demás? Ante esta situación, la mujer cede y procura arreglar todo para que nadie se sienta deprimido ni desgraciado. Al final aceptará una nueva carga y se sentirá desgraciada.

• **No se aceptan los argumentos en que se basa la negativa.** Oiremos, por ejemplo, estas palabras:

> – «Tus razones no son tales. Lo que dices no tiene sentido.»
> – «En el fondo no tienes argumento válido alguno en que basar tu negativa. Dices que no por simple capricho.»
> – «Aceptaré tu negativa si la argumentas de una manera razonable. Hasta el momento no me has convencido.»

Estos intentos de manipularte suelen ser los más difíciles de identificar. El motivo es que muchas mujeres creen que deben aportar razones convincentes e importantes para decir que no. Más aún, están convencidas de que su interlocutor reconocerá como tales lo que a ella le parecen argumentos de peso. Muchas mujeres no se conceden el derecho de decir que no simplemente porque no tienen ganas de hacer algo. Creen que deben aportar un motivo contundente, lógico y razonable para su negativa. Si tienen delante a alguien que les dice: «Lo que afirmas no tiene lógica, no es razonable», se creen obligadas a buscar un argumento nuevo, mejor y más convincente para fundamentar su negativa. Si no lo encuentran, piensan que tienen que ceder, sin ver que se han doblegado a la voluntad de su interlocutor y han aceptado su opinión sobre lo que es razonable y lógico.

¿Cómo responder en un caso de manipulación mediante la palabra? En primer lugar, debes tener en cuenta que cuanto más segura estés de tus razones, menos probabilidades tendrá el otro de torcer tu voluntad y manipularte. En muchas ocasiones podrás defenderte de cualquier intento de manipulación simplemente limitándote a insistir en tu negativa. Vuelve a tu circuito de la insistencia y repite el no inicial tantas veces como haga falta. Si te interesa mantener la buena relación con tu interlocutor, dile claramente que no quieres ser manipulada, aunque sin convertirlo en un reproche. Bastantes personas echan mano de esos intentos de manipulación porque no saben comunicarse con los demás. Puedes decirle a tu oponente, con tranquilidad y sin rodeos, que su actitud te llama mucho la atención; por ejemplo: «¿Pretendes tacharme de egoísta sólo porque en esta ocasión te he dicho que no?». Si haces una referencia directa a sus intentos de manipulación, tu interlocutor pasará enseguida a negarlos y quizá te responda: «No, no era eso lo que quería decir», o bien: «No, no. En realidad me refería a otra cosa». No debes discutir con tu oponente acerca de si ha intentado manipularte o no. Limítate a llamar a la cuestión por su nombre y dale la oportunidad de retirarse dignamente de la discusión. En el fondo, lo más importante no es el intento de manipulación, sino el hecho de que te hayas negado a hacer algo y te hayas mantenido en la negativa.

Por lo demás, si cambias de opinión y finalmente decides decir que sí, no te sientas culpable. Tienes todo el derecho a cambiar de parecer. Tal vez tu interlocutor te haga una buena propuesta o te transmita alguna información nueva que te haga reflexionar y modificar tu postura. No tienes por qué ser consecuente a toda costa y quedarte con la negativa cuando en realidad el otro te ha convencido de que lleva la razón: tienes derecho a contradecirte a ti misma. Si alguien te lo reprocha, responde que eres una persona flexible que sabe razonar.

Te ofrezco una ilustración de estos intentos manipuladores, describiendo un ejemplo sacado de uno de los cursos de entrenamiento de la autoestima que suelo organizar.

Una de las participantes, a la que llamaremos Beatriz, tenía dificultades para negar algo a una compañera de trabajo. Beatriz quería entrenarse en nuestro seminario para ser capaz de mantener a raya a esa compañera. Ambas se encargan de los trámites burocráticos en la sección de ventas. Con frecuencia ocurre que entran pedidos urgentes que hay que despachar después del horario laboral de oficina. Beatriz tiene dos niños pequeños y le cuesta bastante compaginar el horario laboral con el de la guardería.

A menudo debe hacer horas extra y buscar un canguro para los niños, al que, como es lógico, tiene que pagar. Enseguida me di cuenta de que Beatriz se aviene a realizar esas horas extra porque su compañera se las carga siempre a ella y para conseguirlo aplica una especie de abordaje por sorpresa. Sentí curiosidad y le propuse a Beatriz representar una escena de ésas, repitiendo la conversación que suele desarrollar en dichas ocasiones con su compañera de trabajo. Me hice cargo del papel de esa colega y pedí a Beatriz que reaccionara tal como solía hacerlo en la oficina. Me explicó cómo solía abordarla la otra, qué palabras empleaba habitualmente y en qué tono le hablaba. La táctica de abordaje consiste en que la compañera entra en el despacho y le espeta a Beatriz en voz alta y con tono enérgico: «Bea, hoy tendrás que quedarte alguna hora más. Hay unos pedidos importantes que los clientes deben recibir mañana mismo. Aquí tienes toda la documentación».

Con esas mismas palabras me planté delante del escritorio de Beatriz y la miré desde arriba, mostrando una expresión de no esperar ni tolerar oposición alguna. La reacción de Beatriz fue la siguiente: «Bueno, pero..., quiero decir que... ¿no se podría arreglar de otra manera? ¿Sabes?, yo...». La interrumpí sin más. «No, no hay otra manera de arreglarlo. Los clientes necesitan esos pedidos. No pretenderás que la competencia se los lleve...» Beatriz siguió sentada dándole vueltas al bolígrafo. Me miró desde abajo e hizo un último intento a la desesperada: «La verdad es que precisamente hoy quería llegar pronto a casa». Yo despaché su reticencia con esta simple observación: «Lo siento, pero estos pedidos tienen que salir hoy mismo». Di media vuelta y me alejé, simulando salir del despacho. Beatriz se quedó visiblemente deprimida. Después reveló a las demás participantes en el seminario que, en efecto, ese tipo de conversaciones solían transcurrir exactamente como lo habíamos representado. A las demás les llamó enseguida la atención, igual que a mí, que Beatriz en ningún momento había pronunciado un «no» claro e inequívoco.

Lo único que se atrevió a formular ante su compañera fue un «pero» vago e inseguro.

Inmediatamente se planteó la cuestión de la conveniencia de acudir al dueño de la empresa para informarse de si Beatriz, como empleada, tenía derecho a negarse a hacer horas extra. No obstante, independientemente de si acudía a hablar con él y de si tenía o no derecho a rechazar las horas extra después del horario laboral oficial, persistía el hecho de que tendría que haber expresado con mayor claridad y decisión que no estaba dispuesta a realizar ese trabajo extra. ¿Cómo podía expresar Beatriz su rechazo? Reprodujimos de nuevo la escena. Yo hice nuevamente de colega y Beatriz debía ejercitarse en decir que no. Se repitió la misma situación: entré en el despacho y le dije, con las mismas palabras, que tenía que quedarse para acabar una tarea determinada. En esta ocasión, Beatriz no se quedó sentada. Se puso de pie, muy tranquila, y se plantó frente a mí, asegurándome en tono muy amable: «Lo siento, pero no puede ser. No puedo quedarme después de la hora de salida». Yo, en mi papel de compañera, me hice la sorprendida ante esta actitud desconocida en Beatriz, pero no me di por vencida. «Pues tendrás que organizarte de alguna manera. Son pedidos de los clientes y tienen que salir hoy mismo por correo urgente.» Beatriz siguió de pie, me miró directamente a los ojos y contestó: «Lo entiendo perfectamente. Quieres que esos pedidos salgan hoy mismo, pero hoy no puedo quedarme. Supongo que el asunto de los pedidos se puede arreglar de otra manera. ¿No puedes ocuparte de ello tú misma?». Yo, en mi papel de colega, me di cuenta de que llevaba las de perder y decidí adoptar una nueva estrategia. «Siempre hemos colaborado perfectamente. Nunca me has dejado plantada con el trabajo. La verdad, no sé cómo podría arreglármelas sin tu ayuda.» Beatriz, en su primer ensayo de mantenerse firme frente a su compañera, vaciló un poco ante el intento de manipulación. Sus ojos miraron al cielo, suspiró hondo y durante un breve instante pareció que no sabía cómo salir adelante. Estaba a punto de doblegarse ante mi petición de ayuda y comprensión. Cuando me di cuenta de ello, añadí en tono de súplica: «Por favor, no me dejes en la estacada. No me defraudes así». Sin embargo, he aquí que Beatriz consiguió mantenerse firme y respondió: «Es verdad. Hasta ahora he hecho siempre lo que me has exigido. Sin embargo, debes saber que esto me resulta muy difícil por los niños. No suelo decir que no, pero te repito que hoy me es del todo imposible quedarme». Yo, en el papel de *compañera, ya no sabía que alegar. Mis intentos de manipulación habían fracasado, pero, como no quería ceder así como así, procuré despertar en ella un fuerte sentimiento de culpabilidad y abandoné el escenario con estas palabras: «Me has defraudado muchísimo. No lo hubiera creído jamás de ti. Siempre pensé que eras una buena compañera». Agaché la cabeza y seguí hablando, adoptando ahora un tono de tristeza: «Ya me las arreglaré de alguna manera sin contar contigo». Cuando ya me había retirado, Beatriz respiró hondo y comentó: «Dios mío, la rabia que me va a tener a partir de ahora».*

Beatriz consiguió imponerse, al menos en este simulacro, y mantener su rechazo a hacer horas extra. Sin embargo, ahora se le planteaba el problema de soportar el mal ambiente creado por la ruptura de la aparente buena armonía que reinaba hasta entonces entre ella y su compañera de trabajo. Al menos, eso hacía prever la actitud de ésta al término de la conversación.

Las mujeres suelen mostrarse fácilmente impresionables ante este tipo de situaciones. Se creen incapaces de soportar durante mucho tiempo un mal ambiente laboral, y ante cualquier pequeña divergencia de opiniones sospechan que se producirán grandes catástrofes en sus relaciones humanas. Las atenaza el temor porque creen que se cortarán completamente los lazos de afecto y compañerismo, y que esta situación durará toda la eternidad.

Yo no prometo a nadie que su negativa será aceptada sin generar conflictos. Sin embargo, creo que Beatriz, como muchas otras mujeres, ha vivido engañada al confundir una relación aparentemente armoniosa con el respeto y el aprecio sinceros. La verdad es que las personas que no saben decir que no y no saben trazar fronteras no suelen merecer mucho respeto y aprecio por parte de los demás. Evidentemente, es fácil convivir con una mujer paciente y dispuesta siempre a hacer favores. En un ambiente así suelen reinar la paz y la armonía. Sin embargo, ese ambiente tan pacífico engaña: una persona que no sabe mantener su dignidad no suele merecer respeto. Más bien, los demás se aprovecharán de ella; eso sí, dedicándole sonrisas muy amables.

Si trazas claramente una frontera hacia el exterior, los demás sabrán a qué atenerse y te considerarán una persona sincera. Lo mismo que vale para una negativa clara, debe servir también para una respuesta positiva. Ahorra a los demás el esfuerzo de tener que interpretar tus palabras y leer entre líneas, porque no saben si tu respuesta positiva es sincera o se trata en realidad de una negativa disfrazada.

ESTRATEGIA DE AUTOESTIMA:
DECIR «NO» SIN PERDER LOS ESTRIBOS

• **Reacción retardada.** Si no estás segura de querer rechazar o aceptar una propuesta, o de si te convendría exigir alguna condición a cambio, pide un tiempo de reflexión. No reacciones enseguida y no tengas reparos en hacer esperar a tu interlocutor. Asegúrale que quieres pensarlo con calma y emplea frases como: «Tengo que pensarlo bien» o «Quiero sopesarlo con calma», o bien no digas nada, pero tómate el tiempo que necesites para reflexionar. Pueden ser unos minutos o unos días.

• **Habla con claridad.** Si no te apetece aceptar una propuesta, di que no. No le des más vueltas si sientes en tu interior que la propuesta no te gusta. Procura que tu voz suene natural y distendida, y que la expresión de tu rostro y la postura de tu cuerpo expresen esa misma negativa.

• **Puedes decir que no sin tener que dar explicaciones.** El simple hecho de que no quieras hacer algo es motivo suficiente paradecir

---

que no. Si buscas justificaciones para explicar las razones de tu negativa, es posible que tu oponente desmenuce esas razones y te demuestre que estás equivocada y que tu negativa no está justificada.

• **Insiste en tu convicción.** La tenacidad y la insistencia son especialmente importantes cuando tu negativa no es aceptada. Es posible que tu oponente intente presionarte para hacerte cambiar de parecer, o insista de una manera suplicante o aduladora para que acabes consintiendo. Si adviertes que te están acorralando, acuérdate del circuito de la insistencia. Muestra comprensión por la petición que te dirigen, pero repite tu negativa, aunque sea siempre con las mismas palabras. El número de veces que digas «no» debe superar en uno al número de veces que tu interlocutor intente convencerte de lo contrario. Si insiste cinco veces, tendrás que decir «no» seis veces.

Una de las participantes dijo al respecto: «Antes siempre evitaba decir abiertamente que no. Prefería expresar mi respuesta de una forma vaga para que nadie se sintiera ofendido. Y como mis respuestas eran vagas y poco claras, para complacer a los demás tenía que hacer cosas que no hubiera querido hacer jamás. Ahora sé decir escuetamente que no y mi negativa es definitiva. Cuando digo que sí, es porque estoy convencida de mi asentimiento. Me he vuelto más sincera y honesta, incluso ante mí misma. Ya no arrastro tanto resentimiento ni cargo con tanto rencor no explicitado, y la verdad es que supone un gran alivio».

¿Soportas alguna carga que le corresponde llevar a otro?
Las mujeres que no saben trazar fronteras se sienten inclinadas a responsabilizarse de problemas que no son suyos. Al hablar de este tema, me acuerdo siempre de Carolina.

Carolina solía hacerse cargo casi automáticamente de los problemas de los demás y hacerlos suyos. Cuando la conocí, yo no era consciente de que tenía ese problema: aún no habíamos iniciado a fondo el entrenamiento de la autoestima. Las participantes en el cursillo y yo misma acabábamos de ocupar nuestras habitaciones en el hotel en el que se iba a desarrollar el curso, y nos reunimos para hacer por primera vez una comida en común. Después de comer íbamos a iniciar el seminario. Mientras charlábamos, sentadas a la mesa, una de las mujeres preguntó si existía la posibilidad de cambiar de habitación, pues le habían asignado una que daba a la calle y temía no poder dormir bien, ya que solía hacerlo con la ventana abierta y quizás hubiera demasiado ruido. Inmediatamente le respondió Carolina, asegurándole que estaba dispuesta a cambiarle la habitación. Ella tenía una habitación que daba a la parte de atrás, donde era probable que hubiera menos ruido, incluso con la ventana abierta. De momento, el problema parecía superado. Sin embargo, Carolina me dijo más adelante, en un descanso durante el cursillo: «¿Sabes? En realidad a mí también me gusta dormir con la ventana abierta y tampoco duermo bien si hay ruido en la calle». La miré, sorprendida, y le pregunté: «¿Por qué te prestaste a cambiar de habitación?». Me respondió: «Ése es precisamente mi problema. Si alguien está en un aprieto, me siento responsable y creo que tengo que hacer cuanto esté en mi mano para resolverlo. Enseguida ofrezco ayuda. El caso es que, al hacerlo, me perjudico a mí misma».

En el caso de Carolina, como en el de muchas otras mujeres, la imposibilidad de trazar fronteras está basada en tres condicionantes:

• **Se sienten automáticamente responsables de los problemas que se presentan y de las tareas que hay que realizar.** A algunas mujeres les resulta muy difícil no cargar con una responsabilidad. En cuanto surge algún problema o alguien tropieza con una dificultad, salta en ellas de inmediato algo así como un mecanismo automático de protección: adoptan enseguida las dificultades de la otra persona y las convierten en suyas. Solamente hace falta que algún compañero diga, sin intención concreta y sin dirigirse a nadie en particular: «No encuentro leche para mi café cortado», para que la mujer que no sabe trazar fronteras salte del asiento y vaya en busca de la leche, o bien diga: «Parece que se ha acabado la leche; voy a comprar un paquete».

• **No tienen en cuenta sus intereses y necesidades.** Dedicadas en cuerpo y alma a ayudar a otras personas y a solventarles los problemas, descuidan muchas veces sus intereses y necesidades. Están tan ocupadas con los problemas de los demás, que no se dan cuenta de lo que necesitan ellas y de dónde residen sus dificultades. Cuando sus necesidades e intereses chocan con los de otras personas, casi siempre ceden y esperan a que los demás pasen por delante. Las demás personas siempre tendrán preferencia.

• **Se empeñan en ofrecer soluciones y ayuda en todo momento.** No les basta con hacerse responsables de lo que pueden. A veces se empeñan en solucionar asuntos que no les competen en absoluto. No admiten que algún problema sobrepasa sus posibilidades de solucionarlo o que, de momento, no hay nada que hacer. Las mujeres que no saben trazar fronteras muchas veces no son capaces de admitir sus propias limitaciones o su indefensión ante determinadas situaciones. Creen que no deben darse reposo antes de arreglar tal o cual problema, con el resultado de que cargan sobre sus espaldas asuntos que sobrepasan su capacidad.

De fronteras intactas a fronteras inseguras

Para poder trazar fronteras frente a los demás, es importante en primer lugar situar los propios límites. Por decirlo con otras palabras: hay que intuir dónde acaban las propias capacidades. Para algunas mujeres, esto no es difícil. Tienen una especie de mal presentimiento cuando algún reto sobrepasa sus posibilidades. Se sienten incómodas y hacen caso de su rechazo interno. Esto significa que su frontera personal está intacta o, mejor dicho, que su guardia fronteriza funciona. Cuando alguien quiere violar esa frontera, se les dispara una especie de alarma: obedecen a sus sentimientos y reflexionan acerca de cuál sería la reacción más adecuada. Tal vez sea mejor decir que esa frontera está formada por una especie de verja que marca exactamente nuestro territorio de soberanía personal. Esta verja no nos separa del todo de las demás personas; en ella hay una puerta que podemos mantener abierta o cerrada. Disponer de una frontera intacta significa que tú misma decides qué cargas admites que dejen delante de tu puerta, cuándo quieres abrirla y cuándo mantenerla cerrada porque estás indecisa y necesitas un tiempo de reflexión. Siempre debes disponer de la posibilidad de decir que sí, que no o que tienes que pensarlo.

Las mujeres que tienen sobrecarga de preocupaciones, o dejan que otras personas se aprovechen de ellas, no saben trazar fronteras. No sienten la necesidad de estas fronteras. La imagen sería entonces la de una verja rota, derribada en algunos lugares. Todo el mundo puede cruzarla, incluso sin darse cuenta de que está violando la frontera de otra persona. Por el contrario, este tipo de fronteras desprotegidas actúan con frecuencia sobre los demás como una invitación a entrar y descargar allí sus problemas.

Derribo precoz de las fronteras

¿Cómo es posible que esa verja acabe rota y derribada? La mujer que tiene este problema suele haber crecido en una familia que no le ha permitido trazar una frontera segura y estable en algún aspecto determinado. Esta falta de frontera se observa muchas veces en familias desunidas, que no funcionan debidamente y en las que se practican métodos educativos inapropiados. Una criatura a la que no se concede un espacio de libertad, que crece en el descuido o que incluso padece abusos, no sabe qué es el debido respeto que merece toda persona. Esa criatura no aprende a obedecer a sus sentimientos íntimos y no se atreverá a decir: «No quiero hacer esto» o «Ahora no me apetece». Le faltará la intuición de saber dónde se sitúan sus límites internos; por tanto, se verá incapaz de defenderlos. Muchas mujeres que tienen dificultades para trazar fronteras recuerdan escenas de su infancia en las que sus sentimientos más íntimos fueron despreciados o lesionados. Una participante mayor recuerda: «Siempre me obligaban a besar a todos los parientes y conocidos de mis padres. Una vez, cuando tenía cuatro o cinco años, nos vino a visitar un tío al que yo aborrecía. Tenía unas manos enormes y siempre me trataba con cierta brutalidad, además de apestar a tabaco y alcohol. Yo no quería besarle y mi madre me dio una bofetada. Aquella tarde, mi tío me animó a que le contara algo. Yo no quería, pero mis padres insistieron en que debía portarme bien e incluso me obligaron a sentarme encima de sus rodillas. Aquello me dio mucho asco». En este caso no se respetaron los límites físicos de la niña. Los niños, aunque sean pequeños, sienten placer o rechazo cuando entran en contacto físico con alguien, y saben quién les gusta que les toque y quién no. Sin embargo, casi todos hemos aprendido desde pequeños que debemos ser amables y educados con los adultos. Esto significa muchas veces dejarse besar o dar un beso, dar la mano a alguien, admitir que te toquen la cabeza, te acaricien o te cojan en brazos, y tener que sentarse en las rodillas de una persona, aunque nos resulte desagradable. Actualmente sigue sin permitirse a muchos niños trazar sus fronteras corporales. Ahí es donde falta la verja intacta. Las personas cuyos límites internos nunca han sido respetados suelen tener dificultades para decidir si deben admitir lo que los demás pretenden de ellas, por lo que se sienten inseguras y no saben si pueden mostrar su rechazo. La mujer que me explicó la historia de su tío me contó también lo siguiente: «A veces veo a gente que se abraza y se besa, y no me gusta presenciar esas escenas. Antes nunca sabía si me estaba permitido rechazar el abrazo de otra persona. Ahora tengo un poco más de seguridad interior: cuando saludo a alguien que no me apetece que me bese o me abrace, le tiendo simplemente la mano. Ahora sé que no tengo por qué admitir algo que no me gusta».

La falta de fronteras puede afectar también a otros aspectos de la vida. He conocido a mujeres que no saben establecer límites en cuestiones de dinero. Lo prestan sin ton ni son, incluso a personas de poca confianza que nunca se lo devolverán. Apoyan a su compañero con sumas considerables, financian sus caprichos más costosos o le hacen regalos demasiado caros. La experiencia me dice que esta falta de fronteras nítidas afecta sobre todo al hecho de que muchas mujeres no saben decir que no cuando se trata de problemas laborales y de convivencia. Les falta la suficiente autoestima. Muchas mujeres creen que tienen que hacerse indispensables para merecer respeto y consideración, pero no suelen recibir jamás ese reconocimiento tan esperado. «Al principio pensaba que el jefe y los compañeros se darían cuenta de que soy una joya y del esfuerzo que hago, pero hasta la fecha jamás me lo ha agradecido nadie», dijo una de las participantes en uno de mis cursos al comentar su trabajo en una pequeña empresa. Otra nos habló de la sobrecarga que padece en el hogar: «Cuando me fui a vivir con mi compañero, me propuse no pelearme con él por las tareas domésticas y siempre hacía algo más que él en la casa. Pensaba que en algún momento se equilibraría la carga entre los dos y que él se iría ocupando de más trabajos. Sin embargo, hasta ahora no ha ocurrido así, y ya llevamos tres años juntos».

El beneficio oculto de la sobrecarga

La ausencia de fronteras intactas no sólo conduce a que las mujeres trabajen más y a que muchas de ellas se hagan indispensables. Tenemos el ejemplo de Marta, una de las participantes en mis seminarios.

> *Marta es madre de dos hijos, a los que ha criado sola, y también trabaja. Esta doble tarea profesional y doméstica significa una pesada carga para ella, pero, cuando nos habló de la vida que lleva, nos contó que su hijo, con dieciséis años, no sabe lavar la ropa. Esta tarea la ha hecho siempre su madre, que no le ha enseñado a cargar y poner en marcha la lavadora. En la oficina donde trabaja, Marta ha reorganizado con éxito el reparto del correo, pero el resultado es que es la única que sabe cómo hacerlo para que funcione. El jefe y los compañeros ya no se preocupan de la distribución de la correspondencia; todos dependen de ella. Así pues, tanto en casa como en el trabajo, nadie puede prescindir de Marta.*

«Todo el mundo me necesita»: éste suele ser el beneficio oculto de la sobrecarga de trabajo. Saberse indispensable es un sentimiento placentero que asoma también en el relato de las mujeres a la hora de explicar lo torpe que es su marido o su compañero. «Tengo dos hijos, pero es como si tuviera tres –afirmaba una mujer que acudió a mi consulta–. Mi marido se porta en casa como si fuese una criatura. No es capaz de encontrar unos calcetines y siempre tengo que dejárselo todo preparado.» Lo más probable es que, en el curso del día, este hombre tome numerosas decisiones importantes en el terreno profesional, responda a retos considerables y desarrolle grandes y novedosos proyectos. Sin embargo, su mujer le considera incapaz de sacar unos calcetines del cajón de la cómoda. Es posible que tenga razón, pero quizás esta imagen sea un tanto superficial. Si escarbamos un poco, probablemente obtendremos una impresión muy diferente.

En el fondo de este tipo de relaciones subyace un acuerdo oculto, jamás expresado, que reza así: «No sabes arreglártelas solo y necesitas ayuda; por eso, tengo que preocuparme de ti». Para la mujer esto significa: «No sobro aquí. Mientras tenga que ocuparme de los demás, me estarán necesitando». El marido que no sabe buscar unos calcetines limpios no hace más que cumplir su parte en ese acuerdo secreto. Se muestra incapacitado para las tareas domésticas y necesita que alguien se ocupe de él. Le resulta muy cómodo y la mujer, a su vez, ve confirmado su deseo íntimo de ser indispensable. Lo que pasa es que también consigue cargar un fardo sobre sus espaldas.

Ha llegado el momento de estudiar uno a uno los pasos que llevan a la mujer a hacerse cargo de multitud de tareas pesadas. La situación en su conjunto se ha ido configurando pasito a pasito, y cada uno de estos pequeños tragos ni siquiera ha sido demasiado amargo.

La amargura que cualquier sobrecarga comporta surge en toda su plenitud al final, cuando se completa el panorama, es decir, cuando la mujer se ha hecho cargo de todas las tareas y será para siempre responsable de las mismas.

Para explicar de una manera comprensible cómo las mujeres admiten esa maniobra que las lleva a soportar una carga excesiva, voy a dibujar (y a caricaturizar en algún caso) los pasos característicos que completan el cuadro, tal como se nos presenta al final.

Por tanto, te ofrezco unas instrucciones detalladas para conseguir que al final tengas una sobrecarga garantizada. Aquí tienes los seis pasos que conducen a una sobrecarga:

1. Te sientes responsable. Mira a tu alrededor: verás las tareas que te esperan y pensarás que eres tú quien debe realizarlas. Acepta todos los encargos y peticiones de ayuda. Interésate por cualquier problema que se presente e intenta ayudar a resolverlo; al final sabrás perfectamente cómo solucionar cualquier dificultad con mayor rapidez, facilidad y eficacia que nadie. La sobrecarga que padecerás descansará sobre la base siguiente: «Eres tú la responsable. Es a ti a quien toca bregar con esos problemas. Eres la más competente a la hora de resolverlos y quien lo hace mejor».

2. Lo mejor es hacerlo todo una misma. Podrías comprar las galletas en la tienda, pero prefieres hacerlas en casa: no es nada complicado. Podrías comprarle al niño una chaquetita que has visto en un escaparate, pero no te cuesta nada confeccionarla tú misma: hacer punto se te da muy bien. Podrías pagar a alguien para que te limpie las ventanas, pero prefieres ahorrar ese dinero y limpiarlas tú misma. En ningún caso debes ceder a tu impulso de buscar la comodidad.

3. No pidas ayuda a los demás. Por principio debes hacer sola todo lo que puedas y no delegar nunca en otras personas lo que es responsabilidad tuya: sólo conseguirías dar pie a las habladurías y quizás a algunas discusiones. Por tanto,

prefieres hacerlo todo tú misma; total, no te cuesta ni la mitad del tiempo que necesitan los demás, ¿o no? No te apartes de la consigna: «Antes de tener que hablar y hablar, prefiero hacerlo todo yo misma».

4. Debes hacer todo a la perfección. Si te exiges a ti misma un máximo en todos los detalles, incrementarás aún más tu sobrecarga. No basta con despachar las cosas así como así. En lugar de pelar simplemente las patatas y dejarlas tal cual, puedes darles una forma más apetecible, perfectamente ovalada, por ejemplo. Hay que limpiar el baño todos los días; no debe quedar ni una gota de agua porque el agua deja manchas de cal. Sólo tú sabes cómo hacer funcionar la fotocopiadora de la oficina de modo que no se atasque. Los demás siempre acaban ocasionando algún desastre. No te apartes jamás de tus normas y exigencias, y no permitas que nadie se interponga en tus responsabilidades.

5. No hables jamás de tus logros: los demás se darán cuenta por sí solos del esfuerzo que realizas. Lo mejor es esperar en secreto a que algún día te lo agradezcan y comprendan lo que vales. ¿Que no se dan cuenta? ¡No desesperes por eso! Sigue cumpliendo con tu deber, pues sólo si realizas tú misma todas esas tareas que tan bien sabes hacer, tendrás una garantía de que todo quede como debe ser. Éste es el paso más importante que tendrás que dar para que todas esas tareas únicas constituyan una sobrecarga permanente y duradera.

6. Por supuesto, puedes quejarte y lamentarte. De vez en cuando puedes decir que siempre tienes muchísimo trabajo, que no dispones de tiempo para tus propios intereses y que todo el mundo no cesa de pedirte cosas. Estas quejas acerca de la sobrecarga que padeces forman parte del programa. Como se trata únicamente de palabras, de las que nadie saca consecuencias, los que te rodean las soportarán sin problemas.

Tal vez sonrías ante lo que acabo de exponerte, y es posible que hayas reconocido alguno de esos pasos porque los has dado a lo largo de tu vida. Nosotras mismas somos las que cargamos demasiadas cosas sobre nuestras espaldas. Los demás tal vez nos hablen de sus problemas y sus tareas, pero somos nosotras las que nos hacemos cargo de las cosas. Eres tú la que no sabe decir que no, la que acepta resolver los problemas, casi siempre porque te dices a ti misma: «Alguien lo tiene que hacer». Tú misma eres la que te exiges demasiado. Pretendes que todo esté perfecto: quieres ser una madre perfecta, una empleada perfecta, una esposa perfecta y una compañera perfecta. Aparte de eso, hay que ofrecer una imagen agradable y mostrarse siempre amable y encantadora. Te resulta muy difícil, casi imposible, decir simplemente: «¡No, ya basta!».

Piensa primero en ti misma

Ahora que hemos detallado cómo se producen las sobrecargas, pasemos a considerar cómo puedes protegerte en el futuro de caer víctima de una situación semejante.

• **No te hagas cargo enseguida de todo lo que queda por hacer.** No saltes rápidamente de la silla cuando alguien pregunta si queda un poco de café. Aprende a soportar las tensiones que se producen cuando no te apresuras de inmediato a resolver la cuestión.

Reflexiona antes de aceptar un esfuerzo que te piden otras personas; sopesa si quieres y puedes hacerlo. Antes de poner manos a la obra, pregúntate a ti misma:

– ¿Es importante que lo haga precisamente yo?
– ¿Lo puede hacer otra persona? ¿Quién, por ejemplo?
– En el peor de los casos, ¿qué pasa si me niego a hacerlo?

No cargues más cosas en tus espaldas de las que puedas resolver y considera de un modo realista las posibilidades que tienes. Deja de querer demostrar lo eficiente que eres ofreciéndote a cumplir un exceso de obligaciones. Esa presión permanente no hará más que llevarte al agotamiento.

Acostúmbrate a dedicar tus fuerzas a realizar una sola tarea en cada momento y a hacerla paso a paso. Concédete más tiempo del que normalmente necesitas para poner en práctica cada uno de los pasos. Desarrolla un sentimiento de placer por el simple hecho de tomarte las cosas con calma.

• **Presta atención a la necesidad de intercalar descansos regulares.** Debes descansar antes de sentirte agotada y vencida, sobre todo cuando aprietan las prisas y queda mucho trabajo por hacer. Tanto en el quehacer profesional como en las tareas domésticas, debes tomarte pequeños respiros que te relajen de verdad. Un descanso que dedicas a realizar unas llamadas telefónicas urgentes, a hacer alguna compra rápida o a ordenar una habitación, no es un verdadero respiro: sólo es pasar de un trabajo a otro. Descansar significa ocuparte de tu propia persona, procurarte un reposo y relajarte, tal vez cediendo al deseo de estar un rato sin hacer nada en absoluto. Es posible que necesites moverte un poco después de haber estado mucho tiempo sentada. Intenta que ese movimiento te sirva para respirar hondo y desconectar de tu tarea. Quizá te convenga cerrar los ojos y relajar los músculos y los nervios.

• **Procura evitar tu tendencia al perfeccionismo.** Sin duda alguna existen tareas que conviene realizar con la máxima perfección posible, pero también hay otras que no lo exigen. Aprende a establecer prioridades. Separa lo que es importante de lo que no lo es. Abandona esa pretensión de querer aportar en todo momento tu mejor esfuerzo. Hay muchos trabajos en los que basta un esfuerzo de segunda o tercera categoría. Haz lo que tengas que hacer y pon a tiempo punto final a tu tarea.

• **Procúrate ayuda y apoyo.** Abandona la ambición de querer hacerlo todo tú misma y sola. Incluso en el caso de que seas capaz de realizarlo, nunca estará de más pedir ayuda. Eso no significa que seas una incapaz o que no sepas hacer las cosas, sino que es una demostración de que sabes distribuir bien tus fuerzas. Una ayuda en las tareas domésticas significa que tendrás más tiempo para ti misma y para relacionarte con otras personas. Si tus medios económicos te lo permiten, echa mano de algún apoyo profesional: contrata a una asistenta que te ayude en el hogar, recurre a una costurera, acude a la lavandería, etc. Reflexiona acerca de la posibilidad de compartir ciertas tareas o de delegar en otras personas parte de las obligaciones que tienes en tu vida profesional. Si no te empeñas en hacer todo tú sola, comprobarás que algunas personas realizan esas mismas tareas de otra manera. Es posible que no trabajen tan rápidamente como tú: tal vez tu compañera necesite diez minutos más para buscar unos documentos en el archivo que tú habrías localizado a la primera. Quizás otras personas no sean tan meticulosas como tú. Si tu marido pasa la aspiradora, es posible que por enésima vez se deje sin repasar el hueco de detrás de la puerta o el trozo de alfombra que queda debajo del sofá. Si te hace daño verlo, aparta la mirada. Nadie tendrá nada que objetar por el simple hecho de que intentes facilitarte el trabajo y conseguir una vida más cómoda. No tienes por qué sacrificarte.

Sigamos con la estrategia de repartir cargas y trazar fronteras para facilitarte la vida. ¿Qué pasa con esas tareas que aceptaste en su día o de las que te hiciste cargo en algún momento?

Algunas mujeres creen que nunca podrán quitarse de encima las obligaciones que todo el mundo se ha acostumbrado a descargar en ellas. Desde su punto de vista rige la norma de que una vez que se ha dicho que sí hay que mantener la palabra. En realidad, incluso las cargas y las actividades que aceptaste en su día, por las razones que fuera, pueden redistribuirse de nuevo.

Ante una situación como ésta, muchas veces oigo decir que las mujeres suelen bloquearse y asegurar que es imposible reorganizar las tareas. Esto puede ser verdad en algún caso aislado, pero, en el fondo, la mayoría de las mujeres se prohíben a sí mismas aliviar su vida. Creen que son unas egoístas si se empeñan en procurarse tiempo libre para ellas. Por supuesto, no es fácil desenredar este tipo de situaciones, pero sí es posible modificar decisiones y costumbres, aunque estén enquistadas desde hace años. En la página anterior te ofrezco una estrategia de autoestima para conseguirlo.

ESTRATEGIA DE AUTOESTIMA:
CÓMO REDISTRIBUIR LAS CARGAS

• Repasa mentalmente tu día a día profesional y privado. Haz una lista de las tareas, grandes y pequeñas, de las que te has ido haciendo responsable pero que podría realizar otra persona.
• Empieza con una de las tareas de la lista. Adopta tu postura de valentía y explica a las personas de tu entorno (en el trabajo o en casa) que de ahora en adelante no te haces responsable de esa tarea. Argumenta el porqué de tu decisión. Habla con objetividad. Procura mantener un tono tranquilo y decidido. Evita adoptar un discurso cargado de reproches, acusatorio o quejumbroso.
• Explica también que estás dispuesta a negociar alguna solución, pero señala al mismo tiempo dónde has trazado tu frontera. No permitas que después de esa conversación todo siga igual.

- Probablemente las personas que te rodean no se muestren entusiasmadas. Cuenta con alguna que otra reacción de mal humor en el momento de anunciar tu propósito de redistribuir las cargas. Te conviene blindarte interiormente y aceptar el ambiente tenso en el que se desarrollará la conversación. Sin embargo, debes insistir en tus pretensiones de cambio hasta que compruebes que has conseguido aliviar tu carga de una manera efectiva.
- Es posible que quienes se hagan cargo de alguna de tus anteriores tareas no las realicen con la habilidad, la racionalidad y el orden con que las has hecho tú. Rebaja tus normas de calidad y los niveles de eficacia que te habías trazado. Acepta que existen diferentes formas de realizar un trabajo o de ejecutar una tarea.
- No intervengas enseguida cuando algo no salga bien. Cultiva una postura de no intervención, sin perder la amabilidad. Necesitarás mucha tolerancia mientras observas cómo alguien experimenta con esas tareas que tú realizabas con tanta habilidad y ligereza. Da un consejo si te lo piden, pero si se producen pequeñas desgracias y catástrofes caseras, no tienes por qué saltar enseguida y hacerte de nuevo con el timón. Te bastará con demostrar la convicción de que al final todo se arreglará.
- Adopta una postura de optimismo inquebrantable. Parte del supuesto de que tus hijos, tu marido, tus jefes, tus compañeros y las demás personas que te rodean son capaces de aprender lo que haga falta.

¿Qué sucede cuando una mujer se da cuenta de que sufre una sobrecarga y deja de ocuparse de que todos los detalles se resuelvan a la perfección? Te ofrezco un par de experiencias reveladas por mujeres que han pasado por ese trance. En un primer momento necesitaron bastante valor para romper con la vieja norma de que eran responsables de todo y tenían que hacer todo perfectamente.

Una de las participantes en un curso para el entrenamiento de la autoestima me lo explicó tiempo después en una carta.

«He aprendido poco a poco a decir que no y a no hacerme cargo enseguida de resolver cualquier problema. Acordé con mi marido y mis hijos que, al menos los fines de semana, no tendría que cocinar. La verdad es que me costó muchísimo ver cómo él y los niños revolvían los armarios de la cocina buscando especias y otros ingredientes. El primer día, mi marido estaba cocinando una salsa espesa y oscura y, al remover la cazuela, goteó un poco sobre la cocina y en el suelo. Me resultó difícil ver cómo transformaban mi cocina en un campo de batalla. Por suerte, habíamos acordado también que ellos la limpiarían después. Me retiré al salón y cerré la puerta para no oír las maldiciones que profería mi hija mientras cortaba la verdura. Sentada allí, en el salón, no sabía qué hacer. Había conquistado tiempo libre para mí, pero me sentía completamente inútil. Por la cabeza me rondaban dos pensamientos que no conseguía apartar de mi mente: "Ya no me necesitan para nada" y "Me están manchando la cocina". Estuve a punto de correr hacia ellos y decirles que les ayudaría, pero conseguí frenar ese impulso. Tuve que confesarme a mí misma que no podía estar sin hacer nada. Tenía que volver a aprender a pasar un rato sin actividad alguna.»

Otra mujer me explicó, durante una sesión en mi consultorio, cómo había conseguido trazar mejores fronteras en su puesto de trabajo.

«Después de haber pasado por el curso de entrenamiento para recuperar la autoestima, me sentí llena de entusiasmo,

de modo que, sin pensarlo más, me lancé de inmediato a poner límites en la empresa donde trabajo. Antes, solía ofrecerme en cuanto se presentaba una emergencia y casi siempre acudía a salvar la situación cuando el trabajo amenazaba con desbordarse. Esto ha cambiado. Ya no represento el cajón de sastre para que los demás depositen en él sus dificultades y problemas. Tampoco existe ya ese permanente "despacho de puertas abiertas", como era el mío, en el que todo el mundo podía entrar a cualquier hora para descargar sobre mi mesa una emergencia o una tarea urgente. He dispuesto que por la mañana todo el mundo respete una hora durante la cual no quiero que me molesten, para poder despachar los asuntos importantes. Sólo la jefa tiene permiso para entrar a molestarme, pero debo decir que hasta ella respeta mi deseo. Cuando cerré por primera vez la puerta de mi despacho, experimenté un fuerte sentimiento de culpabilidad. Había proclamado que no quería que me molestaran para nada y me sorprendió que los compañeros se limitaran a asentir con un gesto. Tuve una sensación muy mala. Pensé: "A partir de ahora te considerarán poco solidaria. Creerán que no eres una buena compañera". Me sentí muy mal y muy egoísta. Sé que es una tontería, pero me asaltaron auténticos remordimientos sólo por pretender trabajar durante una hora sin que nadie me molestara.»

La mala conciencia

Cuando empieces a redistribuir las tareas del hogar o dejes de hacerlas con tanta perfección, es posible que aparezca de inmediato la mala conciencia y hasta que te sientas culpable. Vamos a ver el origen de esos remordimientos y esa mala conciencia. Los que en primer lugar contribuyen a ella son el crítico y el jefe que llevamos dentro. Esas dos facetas de nuestra mente ayudan a la formación de unos principios en los que se basa nuestro comportamiento. Consideremos, por ejemplo, el papel de una madre. Ser madre, es decir, criar unos hijos, es una misión que representa un perfecto caldo de cultivo para que crezcan los sentimientos de culpabilidad y la mala conciencia. Nos exigimos en ese aspecto unos niveles extremadamente altos.

Una participante en el curso de entrenamiento lo formuló así: «Antes pensaba que una madre no debe ofrecer a sus hijos, cuando llegan de la escuela, una comida recalentada en el microondas, pues me parecía una actitud muy desaprensiva. Por eso siempre he procurado cocinar algo bueno y recién hecho, sin tener en cuenta las dificultades que se me atravesaban en el camino».

Otra participante dijo: «Siempre he considerado normal que una madre que se preocupa de sus hijos también se haga cargo de alguna tarea en la escuela. Durante muchos años colaboré en los viajes de fin de curso, en las estancias en colonias y en las tómbolas escolares. Creía que, si no lo hacía, sería considerada una mala madre».

Otra más explicó: «Antes jamás se me habría ocurrido comprar el disfraz de carnaval para mis hijas, a pesar de que una de ellas me pidió en dos ocasiones que lo comprara en una tienda. Pensaba que una buena madre tenía que confeccionar ella misma los disfraces de sus hijos. Y eso que no me gusta nada coser. Por tanto, me torturaba intentando entender los patrones y peleándome hasta altas horas de la noche con la máquina de coser».

Los sentimientos de culpabilidad nacen cuando instauramos (casi siempre inconscientemente) alguna norma que representa una obligación personal, como ésta: «Una buena madre debe hacer esto o aquello por sus hijos». Al mismo tiempo, ponemos el listón muy alto: «La comida debe estar siempre recién hecha», o bien: «Los disfraces de carnaval deben hacerse en casa».

No sólo desarrollamos mala conciencia en nuestro papel de madres. Siempre que tengamos que soportar la presión de una norma y hayamos puesto el listón tan alto que nos resulta difícil saltar por encima, estamos creando un caldo de cultivo ideal para la mala conciencia. Posiblemente te habías propuesto llevar un modo de vida ecológico, pero no consigues separar a la perfección la basura de casa o sigues cogiendo el coche para acudir al trabajo en lugar de utilizar el transporte público o ir en bicicleta. Te gustaría alimentarte bien y comprar sólo comida sana, pero de vez en cuando no aguantas más, entras en una pastelería, compras algún pastelito de esos que te gustan tanto y lo comes ansiosamente. Estás empeñada en llevar una vida más espiritual, pero no consigues meditar regularmente por la mañana y por la noche, tal como te habías propuesto. Normalmente somos capaces de justificar de una manera plausible estas debilidades ante nosotras mismas y ante los demás. Sin embargo, no podemos engañar tan fácilmente a nuestro crítico interior, que no tardará en hacernos ver, sin compasión alguna, nuestros defectos y fallos. Por lo tanto, nos sentimos culpables en nuestro fuero interno porque no respondemos a nuestras propias exigencias.

Lo más normal es que no seamos plenamente conscientes de este proceso; por eso afirmamos que los demás nos exigen demasiado y nos hacen tener mala conciencia, pero hay que indagar un poco más. Es posible que tus hijos, tu marido, tus amigos, tus vecinos, tus compañeros y hasta tus propios padres hayan depositado en ti demasiadas esperanzas. Tu entorno defiende determinados puntos de vista acerca de lo que está bien y está mal. En ocasiones, los que te rodean te exigen un comportamiento específico. Sin embargo, tú misma debes decidir si quieres cumplir estas exigencias y esperanzas. No estás en el mundo para vivir según las normas y las expectativas de los demás. Tienes derecho a contemplar críticamente las exigencias que te plantean otras personas, y decidir aceptarlas o rechazarlas. Si alguien pretende enfrentarte con las exigencias y esperanzas de otras personas, puede resultarte útil plantearte estas preguntas:

- «¿Qué clase de normas y mandamientos estoy defendiendo?»
- «¿Qué se espera de mí?»
- «¿Qué es bueno para mí?»
- «¿Qué quiero?»

Los sentimientos de culpabilidad rebajan a la persona y la hacen fácilmente manipulable. Por eso debes prestar atención a no dejarte atrapar en una de esas trampas de culpabilidad cuando hablas con otra persona. Reconocerás la existencia de esas trampas en frases como las siguientes:

- «Si me quieres de verdad, no me negarás...»
- «¡Eso es imposible! Cualquier madre responsable haría...»
- «Es lo que haría una buena madre.»
- «Una hija que quiere a sus padres no hará una cosa así.»
- «Una esposa que ama a su marido jamás consentiría...»
- «Por poca compasión que sientas, no podrías...»
- «¡Es horroroso! ¿Cómo puedes...?»

Esta clase de observaciones suelen indicar que se introducen en la situación expectativas ocultas, normas y prescripciones, y que el tema va de acusaciones y culpabilidades. Por tanto, debes estar precavida cuando se empleen este tipo de acusaciones y ver si tú sueles atacar a otra persona con estas palabras u otras similares. Las mujeres que padecen un complejo de culpabilidad están muchas veces demasiado dispuestas a trasladar sus dificultades a otra persona y hacerla responsable de todo.

La forma más sencilla de desmontar un sentimiento de culpa consiste en dejar que los demás carguen con sus normas e imposiciones, y no intentar hacer las cosas de modo que todo el mundo quede automáticamente satisfecho. Empieza a rebajar tus propias normas y sitúa el listón de lo que te exiges a ti misma un poco más bajo para evitar que fracases porque tus pretensiones son exageradas.

Aunque hayas perjudicado a otras personas o cometido un error, esto no significa que tengas que «pagar» forzosamente sintiéndote siempre culpable. Aprende de tus errores, pide excusas o perdón a quien proceda y arregla lo mejor posible el perjuicio que hayas causado. Sin embargo, ahórrate cualquier tipo de complejo de culpabilidad. Eso no te ayudará a mejorar como persona.

Si te es posible, analiza el sentimiento de culpa que albergas. Tal vez se base en la activación de normas antiguas, procedentes de tu infancia. Tras los sentimientos de culpa, no pocas veces se esconde el enfado por no verte aceptada y apreciada tal como eres o por creer que estás obligada a redimir alguna deuda antigua. Tu enfado puede ser una ayuda importante a la hora de cortar ese complejo nudo de culpabilidades que te atenaza: te mostrará si sigues atada a imposiciones y no llevas una vida elegida por ti misma.

Si redistribuyes las cargas y bajas un poco el listón, es posible que en tu entorno no todos estén contentos por esta forma de proceder. Algunas personas se sentirán desilusionadas contigo o reaccionarán con enfado. Incluso puedes cosechar críticas y condenas. ¿Cómo soportarlo? ¿Serás capaz de vivir serenamente con las críticas y las condenas de tus semejantes?

«¡Me están criticando!»

«No me gusta que mis compañeros o mis superiores critiquen mi trabajo. Cuando oigo alguna expresión negativa referida a mi rendimiento laboral, pienso de inmediato: "Estás acabada". Enseguida me da la impresión de que soy un fracaso total. Si surge la más mínima crítica dirigida a mi modo de cumplir con mis tareas, permanezco varios días hundida. No puedo apartar esa obsesión de mi mente y me siento realmente deprimida.» Muchas mujeres tienen miedo de que los demás las critiquen. Me voy a permitir iluminar con más detalle cómo han llegado a semejante situación. La mayoría hemos recibido en la infancia un mensaje central que se resume en una sola frase: «Eres lo que seas capaz de hacer». No se le dice así, directamente, a una criatura, sino que se le transmite con el tipo de educación que se le inculca.

Los padres y los maestros suelen elogiar y prestar una atención especial a los niños que tienen un buen rendimiento en la escuela; se les sonríe y se les abraza cuando obtienen buenas calificaciones, cuando han dibujado un cuadro bonito o cuando han puesto un esfuerzo especial en alguna tarea. A la vez, se les regaña y se les aprecia menos cuando cometen una falta o no cumplen las expectativas. De este modo, desde muy temprana edad se produce una ligazón entre cariño y rendimiento. El niño descubre muy pronto que recibirá tanto amor como buenos rendimientos sea capaz de ofrecer, y que obtendrá menos afecto y reconocimiento si rinde poco y comete errores. Muchos hemos crecido bajo los efectos de este mensaje central y lo hemos interiorizado. De ahí que la mayoría de las personas unan de una manera automática su sentimiento de autoestima con lo que son capaces de hacer. Creen que son valiosas y eficaces si rinden mucho y cometen pocos errores. Al revés, creen profundamente en su fuero interno que son seres poco valiosos si cometen errores. Y como la eficacia y el sentimiento de autoestima van tan estrechamente ligados, la crítica o la desaprobación que alguna persona nos dirija suele afectarnos en lo más profundo de nuestra alma.

«¿Gusto a los demás?»

Para muchas mujeres, el temor a la crítica implica también un sentimiento de sensibilidad exagerada con el que reaccionan ante una simple desaprobación. Tenemos el ejemplo de Mariana, que participó en uno de mis cursos de autoestima.

Mariana organizó un día una gran fiesta familiar para celebrar que su hija cumplía dieciocho años. «Me esforcé para que resultase una fiesta realmente bonita –nos relató–. Se me ocurrió montar una mesa muy larga a la que pudieran sentarse todos nuestros parientes y amigos. En la cabecera se sentaría mi hija. Ideé una decoración preciosa que incluía una serie de ramilletes de flores colocados a distancias regulares a lo largo de la línea central de la mesa. Yo misma dediqué toda la tarde anterior a confeccionar esos ramos. Quedó realmente muy vistoso. Cuando nos sentamos y empezaron a llegar las fuentes de comida, la mesa empezó a llenarse mucho y, de repente, una de mis cuñadas dijo en voz alta: "¿Por qué no retiramos ese montaje florido de la mesa? Así tendremos más sitio para la comida". Esta frase me dolió muchísimo. Ese "montaje florido", como lo llamaba mi cuñada, eran los ramilletes que tanto trabajo me había costado confeccionar. ¿Cómo era posible que alguien le dedicara unas palabras tan despectivas? Me deprimí mucho.»

Mariana había unido intensamente su sentimiento de autoestima a su esfuerzo y, por encima de todo, a que ese esfuerzo fuese reconocido por los demás. Las personas como Mariana se fijan mucho en la reacción de otras personas ante sus logros. En sus relaciones con los demás, están constantemente al acecho para verificar si obtienen una respuesta positiva a la pregunta que se suelen plantear de un modo inconsciente: «¿Gusto a los demás?», o bien: «¿Valoran mi esfuerzo?». El hecho de estar de una manera permanente al acecho implica a su vez que cualquier pequeña observación estúpida, que tal vez se haya formulado de pasada y sin mala intención, amenace con asestar un golpe a ese sentimiento de autoestima, que supuestamente queda en entredicho. Las personas que siempre están al acecho refieren enseguida a sí mismas lo que no pasa de ser una opinión de otros. Volvamos al ejemplo de Mariana. Una de las invitadas al banquete dijo: «¿Por qué no retiramos ese montaje florido de la mesa?». De entrada, esta frase nos revela que esa pariente considera que sería más práctico retirar los ramilletes a la hora de comer. Al darle el nombre de «montaje florido» podemos deducir que es una persona eminentemente práctica y poco aficionada a la decoración. En el fondo se trata de una opinión muy personal: no tiene nada que ver con el hecho de que Mariana considere bonita la decoración que ha preparado. Si una persona liga su sentimiento de autoestima al esfuerzo que realiza, tenderá a interiorizar y acabar profundamente afectada por cualquier crítica que otro pueda pronunciar.

Ilustraré este exceso de sensibilidad con otro ejemplo.

Otra de las participantes en el curso relató un suceso en cuyo transcurso comprendió que estaba siempre al acecho de lo que decían los demás y tendía a referir a su persona cualquier observación ajena. Nos explicó que una mañana acudió a su empresa y una de sus compañeras pasó a su lado sin saludar. La mujer intentó explicarnos qué le pasó por la cabeza en aquella ocasión.

«Cuando vi que mi compañera de trabajo no me saludaba y ni siquiera me miraba, pensé enseguida: "Me ha cogido rabia por alguna causa. Seguramente he cometido algún error y está enfadada conmigo. El caso es que no sé qué puedo haber hecho mal". Estuve mucho rato reflexionando sobre lo sucedido, tratando de recordar si había metido la pata en algún momento y había habido antes alguna señal de que aquella compañera estuviese disgustada conmigo. Pasé toda la mañana dándole vueltas en la cabeza a ese problema.»

Todos conocemos este tipo de situaciones en las que relacionamos el comportamiento de una persona con nosotros mismos. Ni siquiera se nos ocurre pensar que la otra persona quizá tuviera la mente ocupada en algún asunto y que su actitud no tenía nada que ver con nosotras. Es posible que esa compañera tuviera prisa por ir al lavabo, o estuviese recordando algún suceso de la noche anterior o preparándose mentalmente para pedir al jefe un aumento de sueldo.

Qué críticas aceptar

Lo más notable y característico de una situación así es que una mujer pueda pasarse toda la mañana pensando si ha cometido algún error, en lugar de acercarse a su compañera de trabajo y preguntarle qué le pasa. Es frecuente que una mujer sienta reparos en hacer ver a otra persona que ha cometido una falta de atención o de otro tipo. La causa es que la mayoría de nosotras jamás hemos aprendido a aplicar un tratamiento constructivo a los propios errores y flaquezas. ¿Cómo tratar de una manera constructiva y con la seguridad adecuada el tema de «cometer errores» y «aceptar críticas»? Me permito ofrecerte tres principios dignos de recordar en estos casos:

• **Cometer errores forma parte del desarrollo personal.** Sólo si renuncias por completo a hacer algo nuevo en tu vida, podrás vivir aparentemente sin cometer errores. Digo aparentemente porque bloquear tu propio desarrollo sería el mayor error de todos. Si te sientes capaz de hacer algo nuevo o pretendes conquistar nuevos terrenos vitales y profesionales, cometerás errores.

Éstos son, al igual que los logros, facetas unidas indefectiblemente a tu desarrollo personal. Sólo donde no sucede nada no se cometen errores. Un error no es más que un indicio de que algo no funciona o que sería mejor emprender otro camino. Algunas fuentes de errores son fáciles de identificar, pero, cuando se trata de tareas complejas, suelen presentarse diferentes formas de proceder. El hecho de que cometas o no un error depende de dónde sitúes el listón o de dónde lo sitúen los demás. Si se cambia la posición del listón, un error puede convertirse en un acierto, y a la inversa. La valoración más acertada que puedes aplicarte a ti misma y a tus esfuerzos es que te permitas cometer errores y aprender de ellos.

• **Las críticas pueden ayudarte en tu desarrollo personal.** Las críticas que te dirigen otras personas pueden representar un auténtico tesoro para ti porque te proporcionan una imagen de tus conocimientos y tus logros. También pueden espolearte y darte un nuevo impulso. Sin las críticas que nos dirigen los demás no tendríamos conocimiento del efecto causado por nuestras actuaciones. Muchas veces nos quedaríamos con la apreciación que hacemos nosotros mismos, que no tiene por qué ser la más correcta. Por tanto, si conoces a alguien que domina el arte de hacer una buena crítica, felicítate y aprovéchalo.

• **Tú misma decides qué críticas quieres aceptar.** Muchas personas no tienen la intención de mantener una conversación seria contigo para exponer sus críticas. Lo único que pretenden es quitarse de encima su propio enfado y sus frustraciones. Quizá no busquen más que una víctima a la que regañar y rebajar de palabra. Es fácil reconocer a esas personas por el hecho de que nada les parece bien y sueltan una queja tras otra. Apenas aclarada una queja, ya pasan a la siguiente. Otra característica es la ausencia total de elogios o reconocimiento: la persona criticona se abalanza exclusivamente sobre lo que encuentra negativo, defectuoso e imperfecto. Este tipo de personas jamás suelen mencionar lo que está bien y funciona a la perfección. Es muy difícil mantener con ellas una conversación constructiva. A veces es mejor responder a una persona de este tipo con un simple encogimiento de hombros, en lugar de tomarse demasiado a pecho sus críticas.

También debes saber que no todas las personas dominan el arte de hacer una crítica constructiva. Es importante intuir si detrás de una crítica grosera o una observación impertinente se esconde alguna propuesta valiosa o la insinuación de posibles mejoras.

A veces una persona presenta una propuesta útil o una corrección ingeniosa, disfrazada de reproche. Por ejemplo, cuando te dicen: «Vamos a ver si has vuelto a meter la pata», o bien: «No te has enterado de nada, como de costumbre, ¿verdad?». Es una forma de envolver su desilusión o su enfado porque algo te ha salido mal. Lo que tienes que hacer en estos casos es apartar el envoltorio y ver si queda una observación útil y objetiva, que te sirva de ayuda para no equivocarte de nuevo.

En último término, eres tú la que decides si aceptas una crítica o no, si esa crítica está justificada o no lo está. Te indico a continuación una estrategia de autoestima para que aprendas a desenvolverte mejor cuando te llega una crítica.

ESTRATEGIA DE AUTOESTIMA:
SABER ACEPTAR UNA CRÍTICA

• No permitas que un tercero te transmita una crítica. Enfréntate directamente a quien te ha criticado.

• Debes intervenir en la fijación del lugar y el momento en que ha de celebrarse la entrevista en la que se hablará de lo que es criticable en tu persona. Procura que se produzca en un marco que te resulte cómodo. Es preferible mantener la conversación en un ambiente sereno, cara a cara entre dos personas, y no de pasada, como en el umbral de una puerta.

• Adopta desde el comienzo de la conversación tu postura de valentía. Muéstrate atenta al relato de la crítica que te dirigen, sin pretender defenderte o justificarte enseguida. Permite que tu oponente suelte primero todo lo que alberga en su mente sobre ti.

• Esfuérzate por mantener una distancia con respecto a lo que se está diciendo y cómo se está diciendo. En primer lugar, formúlate esta pregunta: ¿Hay algo de verdad en esa crítica? En este caso, plantéate qué listón se aplica a tu persona y a tu comportamiento. Ten en cuenta que tú eres quien decide si la crítica es procedente, si quieres aceptarla o no. Aunque esté justificada, no tienes por qué cambiar de actitud ante la vida. Tienes todo el derecho a decidir si aceptas y estás dispuesta a cambiar lo que te exponen como una crítica.

• Si alguna crítica te parece acertada y aceptable, será importante para ti conocer con detalle todos sus extremos. Muchas personas no son capaces de criticar de un modo preciso y constructivo, por lo que es necesario insistir para averiguar en qué comportamiento o asunto concreto se centra esa crítica. De este modo obtendrás informaciones que te permitirán cambiar en algo o mejorar el hecho o la actitud que te critican. Al informarte con exactitud distinguirás lo que son reproches, ataques personales y demás agresiones verbales, del contenido objetivo de la crítica.

• Si quieres, explica tu punto de vista referido a la situación concreta; no es indispensable que lo hagas. También puedes tomar nota de la crítica, agradecerla y hacer después lo que consideres más acertado. Sin embargo, puede suceder que a tu oponente le parezca importante conocer tu opinión al respecto. En este caso debes hacer saber a tu crítico sobre qué aspectos quieres reflexionar, qué piensas cambiar o mejorar, o qué pretendes hacer o dejar de hacer.

• Pon fin a la conversación estableciendo un balance. Haz un resumen de lo que has comprendido de la crítica que te dirigen, y de lo que te parece importante y digno de ser tenido en cuenta.

Evitar los rumores

A veces no nos enteramos de una crítica directamente por boca de la persona que la emite, sino a través de terceros. Éste es el caso de Isabel.

Isabel y una compañera, a la que llamaremos Olivia, se encargaban de un grupo de alumnos de preescolar en una guardería. Olivia no estaba del todo de acuerdo con los métodos educativos que aplicaba Isabel, pero la primera en enterarse de ello no fue esta última, sino otras compañeras de trabajo de la guardería. Isabel no se enteró del tema hasta que otra compañera se lo confió «en secreto». Isabel hizo lo único que es correcto en estos casos: preguntó directamente a Olivia. Una conversación sincera entre las

dos permitió aclarar ciertas divergencias que eran
importantes para su tarea y su colaboración.

Cuando una crítica nos llega a través de terceros, no siempre acaban las cosas tan bien, pues esta vía de la crítica oculta puede dar fácilmente pie a una intriga. Si ves que estás siendo víctima de una crítica de este tipo, entérate de dónde parte la primera mención al respecto. Si te lo revela una tercera persona, pregúntale dónde se encuentra el origen de la trama. Si se niega a decírtelo, es posible que ella misma sea la fuente de la crítica y quiera representar el papel de transmisor inocente. Si sospechas que es así, díselo o pregúntale si comparte esa crítica dirigida a tu persona. En cualquier caso, invita a quien te critica a una conversación cara a cara.

Si la persona que te informa lo niega todo y asegura que no tiene nada que criticarte, posiblemente sólo quiera comprobar hasta qué punto te enfadas y/o te interesa el tema. En este caso muéstrale tu rechazo hacia ese tipo de actitudes.

Por lo demás, es importante cerrar el paso enseguida a cualquier ambiente en el que se cultiven rumores. En los seminarios para aprender a solventar y evitar conflictos, como los que imparto en empresas y centros institucionales, suelo dar los siguientes consejos a las participantes para que les sirvan de prevención:

• Pide ser informada directamente de cualquier conflicto.
• No hables mal de una persona que no está presente.
• Si tienes que criticar a alguien, enfréntate cara a cara con esa persona.
• No transmitas a otras personas los detalles negativos que te hayan dicho de alguien.
• Si oyes decir algo negativo de una tercera persona que no está presente, añade algo positivo de ella.

• Procura que las desavenencias y los conflictos no se oculten bajo la alfombra, sino que se resuelvan en una conversación sincera.

Por lo demás, es obligación de las empresas, sobre todo de sus directivos, evitar que se forme un caldo de cultivo que favorezca la proliferación de intrigas. En los lugares donde se observa esa proliferación, gran parte de la culpa recae en el nivel directivo del conjunto.

El personal directivo suele cometer dos errores característicos:

• **Caldear el ambiente donde se cuecen los rumores.** Pueden surgir rumores acerca de posibles cambios en la estructura de la empresa o del departamento –cierre de secciones o cuestiones similares–, sin que los empleados sepan a quién dirigir una pregunta concreta al respecto. Esto favorece una situación en la que algunos individuos despliegan toda su fantasía y sustituyen la falta de información veraz por auténticas películas de terror. Lo negativo goza del privilegio de que se difunde con la velocidad del viento, de modo que todo el mundo se entera de las desgracias que están a punto de caer sobre ellos. También suelen pronunciarse nombres: se habla de quién hará en el futuro lo que sea, con quién y dónde; quién ascenderá de categoría, quién será despedido, a quién se intentará despojar de su cargo y quiénes son ahora amigos aunque antes no se podían ver. Una información veraz contribuiría a mantener a raya los rumores, pero esa información veraz suele brillar por su ausencia donde se cuece el chismorreo.

• **Basar en el miedo la colaboración de los empleados.** Es habitual en nuestros días que las empresas quieran reducir el coste que representa el personal mediante despidos y traslados. Los afectados lo saben, pero no se les informa directamente de quién corre peligro de ser despedido. Los directivos mantienen el secreto porque creen equivocadamente que el miedo animará a los empleados a rendir al máximo en su trabajo. Sin embargo, el ambiente laboral empeora y se incrementa la circulación de rumores. Cuanto más abierta y sincera sea la información dirigida a los interesados, tanto menos posibilidades habrá de que el mal ambiente afecte al clima laboral. Una apreciación constructiva de la crítica puede contribuir a que no surjan intrigas.

Hasta este momento hemos hablado de tus posibilidades para aplicar un trato sereno a las críticas que puedas estar padeciendo, reforzando tu autoestima. Vamos a explicar a continuación cómo tienes que decir a otra persona qué es lo que no te gusta de ella, es decir, cómo dar salida a las críticas que vienen de tu parte.

Cómo criticar sin ofender

En uno de nuestros entrenamientos de la autoestima habíamos llegado al tema «Criticar a los demás». Expliqué las reglas pertinentes para exponer una crítica y repasamos algunas conversaciones típicas de estos casos. El seminario transcurría con una tranquilidad que me pareció casi excesiva. Una vez acabado el tema, me quedó la sensación de que nos habíamos dejado algo en el tintero y que tal vez las participantes no se habían aclarado del todo. Por tanto, les pregunté si se habían quedado satisfechas con la manera en que había tratado el tema de la crítica. Una de las participantes empezó a hablar con timidez: «En términos generales, creo que lo que nos has expuesto de la crítica constructiva está muy bien. Creo que sé criticar a otra persona de una manera correcta y constructiva. Ése no es mi problema. Mi problema reside más bien en que no consigo hacerlo, en que no lo pongo en práctica». Sus palabras me llamaron la atención y pregunté a mi vez: «¿Por qué no lo pones en práctica?». La participante respondió: «Cuando mi marido, mis hijos o mis compañeros de trabajo me hieren de alguna manera o simplemente cometen algún error que me afecta, me ofendo enseguida. Y cuando me ofendo, me cierro en banda, me retiro de la conversación y tardo a veces días enteros en tranquilizarme».

Otra de las participantes asintió a las palabras de la primera y expuso su caso: «A mí me pasa algo parecido, sólo que no me cierro en banda, sino que adopto la actitud contraria: estallo en el acto. Si algo no me gusta, me enfado tanto que ya no hay conversación posible. No se puede hablar tranquilamente del caso conmigo. Lo único que hago es enfadarme y gritar». Muchas de las participantes en el curso de entrenamiento confesaron entonces que solían caer automáticamente en algún comportamiento similar cuando no se sentían bien tratadas o cuando alguien las hería o no les prestaba atención. Si había que mantener una conversación sosegada, o exponer de una manera serena y objetiva una crítica concreta, mostraban un comportamiento que impedía cualquier aclaración. Lo que las inducía a estos comportamientos era el reflejo automático con el que reaccionaban. Tenían incluso la sensación de no dominar sus reacciones. ¿Cómo se llega a esto?

Ofenderse o perder los nervios: el terrorista interior
Cuando una persona comete un error que nos afecta, nuestra niña interior se siente ofendida y el crítico interior reacciona. Esa parte de nuestra mente suele mostrarse muy crítica y advierte enseguida cuándo otra persona comete una equivocación. Cuando algo va mal, nuestro crítico interior es capaz de perder los estribos. Voy a explicarlo con un ejemplo.

Ana María, que participaba en un curso de entrenamiento de la autoestima, nos relató la siguiente historia: «Mi marido y yo tenemos un hijo de dos años. Hemos adoptado la costumbre de que los viernes yo voy con una amiga al gimnasio y él regresa de la oficina un poco más temprano que de costumbre. Ese día, él da la cena al niño y lo acuesta. Un viernes, estaba esperando a mi marido, con la bolsa de deporte preparada, pero él no llegaba. Enseguida sentí una gran preocupación: pensé que podría haberle ocurrido un accidente o algo parecido. Mi amiga se adelantó y marchó al gimnasio, y yo seguí esperando y esperando. Al final llamé a la empresa y me dijeron que mi marido había ido a visitar a un cliente. Yo estaba estupefacta. Mi marido llegó a casa más o menos una hora después de lo acordado. Yo ya le había dado la cena al pequeño y lo había metido en la cama, pero ya era demasiado tarde para ir al gimnasio. Me sentía muy disgustada. ¿No podía haberme llamado para que al menos no me preocupara? Le puse la cena en la mesa con gesto desabrido y no hablé más con él. Seguí sin hablarle todo el fin de semana. Con mi silencio quería castigarle y herirle para que comprendiera que me había ofendido al no informarme de que le había surgido un imprevisto». Pregunté a Ana María cómo se había sentido todos esos días sin hablar con su marido. Me respondió: «En realidad, no me gusta nada la situación. Ese ambiente tan tenso es horrible. De niña ya lo odiaba, porque mi madre se pasaba a veces una semana entera sin decir palabra cuando se enfadaba por alguna causa. Mis padres tenían dificultades para entenderse, pero pocas veces había gritos en casa. Lo que sucedía es que no se hablaban durante días y días, lo que era mucho peor que una pelea a gritos».

Nuestra reacción, cuando una persona se equivoca, procede con frecuencia de la reacción de la niña y el crítico que llevamos dentro. Ambos han adoptado unos modelos de comportamiento que les fueron inculcados en la niñez. Es posible que en nuestra familia hubiese con frecuencia críticas y enfados, o que se oyesen muchos gritos cuando algo no iba bien. Sin embargo, estos modelos de comportamiento no son convenientes en nuestra vida cotidiana: no sirven para criticar a los demás con respeto y de una manera efectiva. Por eso es importante conocer estas reacciones automáticas de nuestro crítico interior y saber contrarrestarlas. Ana María analizó su modelo de comportamiento basado en un silencio sostenido para castigar al otro y descubrió sus raíces. Se dio cuenta de que su crítico interior emitía reacciones como ésta: «Le trataré como a un cero a la izquierda y, si me habla, le daré la impresión de que está hablando con una pared. Tiene que darse cuenta de lo doloroso que es sentirse ofendida». Ana María comprendió que ese modelo de comportamiento se disparaba en su interior de una manera automática y, en lugar de callarse, explicó a su marido los sentimientos que la embargaban, es decir, empezó a hablar en lugar de enmudecer.

Parece muy sencillo cuando se explica así, pero la verdad es que Ana María necesitó más de un año para modificar su comportamiento. Dijo al respecto: «Mi marido me apoyó mucho. Habíamos acordado que, antes de decir nada, me escucharía atentamente. Lo más importante no era que él dijera algo, sino que yo me liberara de la tendencia a cerrarme en banda. Una vez superada esta fase, pude escuchar sus comentarios. Antes me resultaba imposible hacerlo».

Tengo que puntualizar que el silencio en sí no implica un comportamiento erróneo, pero muchas personas, como Ana María, emplean un esquema automático de comportamiento cuando se encuentran ante un conflicto. Es un automatismo en el que caen sin poder elegir otra forma de reaccionar porque se ha convertido en una costumbre. Concretemos ahora las modalidades que existen para modificar estos modelos automáticos de comportamiento. Los pasos siguientes nos ayudarán a conseguirlo.

• **¿Cómo se manifiesta ese comportamiento?** Tómate el tiempo necesario para analizar la reacción que no deseas que se produzca tan automáticamente en el futuro. Estudia el comportamiento que sueles adoptar, pero no acudas a tu crítico interior, que posiblemente te riña. Es mejor fiarse en este caso de tu niña interior. Trata de apuntar exactamente y con detalle cuándo y cómo se manifiesta ese comportamiento. Puede resultarte útil imaginarte a otra persona queriendo adoptar e imitar esas mismas actitudes. En un momento así, ¿cómo responde tu cuerpo, qué tono adquiere tu voz, qué sueles decir y qué pensamientos te pasan por la cabeza?

• **Observa qué dispara tu reacción.** ¿Qué tiene que suceder para que reacciones automáticamente de la manera en que sueles hacerlo? ¿Qué hace o dice la otra persona para que respondas de ese modo? ¿Qué factores desencadenantes internos existen? ¿Qué piensas y te dices a ti misma? ¿Qué sentimientos o sensaciones te invaden? Estudia a fondo los factores desencadenantes internos. Si no recuerdas qué pasa por tu mente en esos instantes, no te quedará más remedio que esperar a que se presente una nueva ocasión. Si vuelves a caer en un comportamiento automático del género descrito, procura reaccionar con lentitud para comprobar qué piensas en una ocasión así.

• **Instala una señal de alarma interna.** Te conviene desarrollar una sensibilidad específica para advertir cuándo se inicia una reacción automática. Considera las sensaciones que te invaden previamente como una especie de alarma interna.

• **Frena la evolución ulterior del esquema.** ¿Cómo imponer un freno a la evolución acostumbrada? Modifica tu postura corporal o interrumpe la actividad que estás realizando (por ejemplo, si estás de pie, vete a caminar; si estás sentada, levántate; si estás haciendo algo, interrumpe la tarea). Imagínate que te encuentras en lo alto de un tobogán y que estás a punto de deslizarte hacia abajo, pero no deseas hacerlo. Necesitarás bastante fuerza y habilidad para frenar ese deslizamiento y retirarte del lugar. Algunas mujeres que han asistido a mis cursos de entrenamiento empiezan a aplaudir o entonan una canción cuando llega el momento crítico; otras respiran hondo varias veces seguidas. No es importante que lo que hagas parezca razonable o muy inteligente. Se trata de impedir a toda costa que empieces a deslizarte por el tobogán. Tendrás que hacer pruebas para averiguar qué te sirve de ayuda. Ten en cuenta que el alcohol, las pastillas u otras drogas no te serán útiles. No te proporcionarán la posibilidad de vivir más libre y conscientemente, sino que te producirán otra dependencia.

Lo más importante en todos estos procedimientos es que tengas paciencia contigo misma. Las reacciones automáticas son el resultado de muchos años de costumbre y no desaparecen de la noche a la mañana. Tómate el tiempo que necesites. Procura que tu jefe interior no te presione y te estrangule con sus exigencias. Los esquemas de comportamiento basados en la costumbre y el hábito serán más fáciles de modificar cuando hayas aprendido a adoptar una postura más favorable ante cualquier conflicto o crítica.

En el próximo capítulo describiré cómo puede desarrollarse una conversación encaminada a aclarar y resolver un conflicto. En este momento todavía estamos comentando el comportamiento aconsejable frente a una crítica y las fórmulas verbales que tiene sentido emplear.

Errores frecuentes de la crítica y cómo evitarlos

Muchas conversaciones en torno a una crítica salen mal porque se cae en errores a la hora de comunicarse. A continuación te ofrezco una lista de los puntos débiles y las dificultades más frecuentes:

• Se ha dejado pasar demasiado tiempo antes de formular una crítica, por lo que, en el momento de hacerlo, se descarga sobre el otro una lluvia de reproches.

> – «¿Eres tú quien deja siempre abierto el tubo de pasta de dientes en el baño? Claro que eres tú. Y ya que estamos en ello: siempre dejas la ropa tirada donde te la quitas. Por cierto, hace medio año que estás hablando de arreglar y limpiar el garaje, y hasta la fecha sigue imperando allí un caos total.»
>
> – «No me había informado usted de que pensaba asistir a un cursillo de formación profesional. Ya hizo lo mismo en 1995, en el otoño de 1997 y en mayo de 1999. Hasta ahora no había dicho nada, pero creo que se está pasando de la raya.»

Si sometes a tu víctima a una lluvia de reproches y acusaciones, se cerrará en banda y adoptará una actitud defensiva. *Así lo harías mejor:* La crítica debe ir dirigida a un único tema o a un suceso determinado. Si hay más de un asunto que criticar, es mejor entablar una conversación nueva para cada caso. Por ejemplo:

> – «Me he propuesto hablar contigo del asunto de la pasta de dientes, puesto que siempre dejas el tubo abierto.»
>
> – «Nadie me ha informado de que iba usted a asistir la

semana próxima a un curso de formación profesional. ¿Le parece que hablemos un momento de este asunto?»

• **La crítica es expresada de una manera global y muy generalizada.** Unos cuantos ejemplos:

> – «Nunca estás en tu despacho cuando te busco.»
> – «Cada vez que quiero hablar contigo, te marchas.»
> – «Estás permanentemente de mal humor. ¿Vas a seguir siempre así?»

Las generalizaciones como «siempre», «continuamente», «nunca» o «eternamente» no son acertadas. Si alguien ha llegado tarde tres o diez veces, sólo pasa eso: que ha llegado tarde tres o diez veces. En cambio, si le dices «siempre llegas tarde», esta exageración tendrá el efecto de un ataque directo.
Así te iría mejor: Tienes que describir con exactitud y concreción lo que te ha molestado en una ocasión determinada. He aquí unos ejemplos:

> – «Ayer te llamé por teléfono cinco veces a tu despacho y no conseguí hablar contigo.»
> – «Ayer quería hablar contigo, pero no tenías tiempo. Esta mañana lo he intentado de nuevo y tampoco lo he conseguido.»
> – «Las tres últimas veces que nos hemos citado me ha parecido observar que estabas de mal humor.»

• **Algunas sospechas o interpretaciones personales se describen como hechos consumados.** He aquí unos ejemplos:

> – «Me estoy dando cuenta de que no te interesa en absoluto colaborar conmigo.»

- «Podrías haberme dicho enseguida que no querías asistir a esa fiesta.»

Si criticas a alguien, es importante que tu sospecha se exprese como lo que es, sin interpretar que lo que te imaginas es un hecho irrefutable.

Antes de que el interesado te lo comunique directamente, no puedes saber lo que intenta conseguir con su comportamiento: desconoces las razones que le mueven a ello.

Sería mejor expresarlo así: Formula claramente tus sospechas o suposiciones, señalándolas como lo que son:

- «Supongo que tienes poco interés en colaborar conmigo.»
- «Estoy pensando que no tienes ganas de asistir a esa fiesta.»
- «Creo que no quieres asistir a esa fiesta: al menos, tu comportamiento me lo hace pensar así.»

• **Algún sentimiento propio se expresa en forma de ataque o reproche.** Por ejemplo:

- «¡Eres el colmo del desorden! Y yo que pensaba que podía confiar en ti...»
- «Tu cuarto es una leonera. Haz el favor de ordenarlo un poco.»
- «Nunca cumples lo que prometes. Dijiste que el fin de semana era sagrado, que lo pasaríamos juntos, y ahora quieres escabullirte.»

No quiero decir que la crítica no pueda contener algún sentimiento, pero tienes que saber distinguir entre expresar y desahogar un sentimiento. Desahogar significa darle salida con gritos, gestos airados y puñetazos encima de la mesa. Estos desahogos producen con frecuencia un efecto amenazador sobre los demás.

Si te pones a gritar o se te nota furiosa, tu interlocutor quizá no sea capaz de entender cuál es tu queja. Por eso conviene que esperes a expresar tu crítica hasta que se te haya pasado un poco la emoción.

Así te irá mejor: Expresa tus sentimientos sólo con la palabra. Explica claramente qué ha motivado tu desilusión, tu enfado o la ofensa que sientes, pero habla directamente y sin rodeos, por ejemplo así:

- «Confiaba en que podrías mantener esa fecha. He sufrido una gran desilusión al ver que no has respetado lo que habíamos acordado.»
- «No me gusta el desorden que reina en tu cuarto.»
- «Contaba firmemente con que disfrutaríamos juntos este fin de semana y ahora me siento triste al ver que no podrá ser.»

Cuando apliques la estrategia de autoafirmación que voy a explicar ahora, no permitas que tu crítico interior intervenga en la conversación que sostengas para exponer una crítica. Es cierto que representa la parte de tu alma que descubre de inmediato los defectos y los fallos de los demás y los tuyos propios, pero su asistencia no es muy útil en esta ocasión. Si criticas a otra persona partiendo del punto de vista de tu crítico interior, corres el peligro de lanzar un sermón a tu oponente o, por el contrario, de caer en un tono de lamentaciones. Cuando intentas mantener una conversación de crítica buena y constructiva, es más conveniente que intervenga tu objetividad. Esta parte de tu mente prefiere atenerse a los hechos objetivos; si te limitas a ello, también tu voz adoptará automáticamente un tono más neutro. De este modo, tu interlocutor no se sentirá atacado ni castigado.

ESTRATEGIA DE AUTOESTIMA:
CÓMO CRITICAR SIN OFENDER

• No dejes que se acumulen durante mucho tiempo motivos de crítica en tu memoria. No dejes pasar un plazo excesivo para expresar una crítica.

• Espera el momento oportuno y escoge un lugar adecuado para mantener una conversación en la que vas a expresar una crítica. En general, será más acertado hacerlo cara a cara, sin la presencia de testigos.

• Al expresar tu crítica, refiérete a un único caso. No sometas a tu oponente a una lluvia de todos los reproches que has ido acumulando.

• Explica detalladamente cuál es el motivo de tu crítica. Describe un comportamiento concreto y las consecuencias que se derivan del mismo.

• Tu interlocutor aceptará mejor tu crítica si adoptas las siguientes estrategias:

  – Prescindir de pronunciar reproches globales.

  – No dar por hecho lo que es una suposición o sospecha tuya.

  – Expresar directa y claramente tu enfado o desilusión, es decir, hablar de tus sentimientos como cosa tuya.

• Explica inequívocamente qué criterios y directrices aplicas a lo sucedido. Esto permitirá a tu oponente saber con exactitud cómo enjuicias determinado comportamiento.

• No sostengas largos monólogos. Debes dar a tu interlocutor la oportunidad de exponer, a su vez, sus propias opiniones con respecto a tu crítica.

- Intenta exponer, en lo posible, algún aspecto positivo. Puedes decir lo que te parece bien del comportamiento de la persona que tienes enfrente, en qué coincides con ella y qué te gusta de su actitud.

- Al final de la conversación, comenta posibles soluciones que se puedan aplicar en el futuro: pide a tu interlocutor una propuesta concreta e intenta llegar a un acuerdo satisfactorio para ambas partes, o bien propón tú misma una solución y expresa una petición concreta.

El objetivo de una conversación en la que expresas una crítica es mejorar la situación y no atribuir una culpa. No se trata de que ganes y te muestres superior, mientras el otro, arrepentido, confiesa su falta o se siente culpable. Una crítica constructiva pretende conseguir una mejor colaboración o convivencia para el futuro.

Cómo criticar a tu jefe

En los cursos de autoestima me preguntan con frecuencia si un empleado puede criticar a su jefe. Yo creo que sí, pero sé que en la práctica esto puede constituir un gran problema. Lo explicaré poniendo un ejemplo de unos cursos que realicé en una empresa. Se trataba de cursos para mejorar la comunicación entre las personas que trabajaban allí. Eran mixtos, es decir, asistían hombres y mujeres. Estos entrenamientos suelen hacerse sección por sección, lo que significa que asisten todos los empleados de un determinado departamento de la empresa. No suelo iniciarlos exponiendo una teoría de la comunicación o el ideal que representa una buena política comunicativa, sino que empiezo a hablar de los problemas que se presentan en el lugar donde me encuentro. Se trata de dificultades y problemas que afectan cotidianamente a las personas que tengo delante. Pues bien, uno de los departamentos representaba un ejemplo impresionante del desastre que puede significar la falta de crítica dirigida contra un directivo. Los empleados me expusieron el mayor problema de comunicación al que se veían enfrentados.

Ese departamento se dedica a la construcción de instalaciones, de modo que su trabajo se sitúa en cierto modo entre el departamento de investigación y desarrollo y el de producción; de ahí que tenga una importancia capital la comunicación rápida y ágil con esas dos secciones. El problema era el jefe. Este hombre solía dirigir el departamento con un estilo de antiguo militar: era el jefe supremo, el que mandaba. Todo debía pasar por su mesa y trataba a sus empleados como si fuesen recaderos: les daba instrucciones exactas acerca de lo que debían o no debían hacer. Él distribuía las tareas, y ordenaba y verificaba los resultados. Eso era lo que dificultaba la coordinación rápida y sin roces con las demás secciones. Una empleada lo describió con las siguientes palabras: «Nuestro jefe es un estorbo más que una ayuda. Todo tiene que pasar por sus manos y muchas veces se quedan demasiados asuntos estancados en su mesa porque sólo trata con carácter urgente lo que a él le parece importante. La realidad es que no conoce ni puede conocer a fondo todos los proyectos. Si queremos que éstos salgan adelante, tenemos que negociar a sus espaldas con los compañeros de otros departamentos».
En efecto, en el transcurso de los años, los empleados de esa sección habían desarrollado una hábil estrategia que les permitía obviar al jefe y llegaron a establecer vías de comunicación informales con otros departamentos, todo ello «para conseguir que las tareas se cumplan en un tiempo

razonable», como me aseguraron. En el departamento
había dos personas dedicadas a «tratar con él». Le
suministraban información, hacían copias, le mantenían al
corriente y procuraban incluso que las ideas de los demás
aparecieran como si fueran del jefe. Escuché con gran
interés los detalles de semejante estrategia para inutilizar al
jefe y dibujé un esquema sobre un pliego grande de papel.
Al final resultó que tenía sobre el papel un gráfico
impresionante de las vías y medidas informales mediante las
cuales los empleados del departamento gestionaban la
realización de los trabajos sin originar fricciones molestas.
Las estrategias que aplicaban para obviar al jefe
me parecían una corriente de agua que rodeaba un
obstáculo y proseguía después tranquilamente su recorrido.
De ahí que planteara a los empleados la pregunta de si
consideraban a su jefe una persona inútil o superflua.
Las respuestas fueron muy variadas. «Con su actitud,
supone más una molestia que una ayuda», dijo alguien.
«El jefe no es mala persona ni tonto –me aseguró una
empleada–. Al contrario; es un técnico excelente, pero no
sabe mandar. Nos trata como si él fuese el cabeza de familia
y nosotros unos críos inmaduros.» «Debería darse cuenta
de lo que sabemos hacer bien nosotros y dejar de meterse en
nuestros asuntos –afirmó otra persona–. En lugar de eso,
podría ocuparse de que nos instalaran otro ordenador en el
que trabajara un buen informático. Esto es muy necesario.»
La siguiente pregunta que les planteé fue ésta: «¿Habéis
intentado alguna vez decirle todo esto al jefe?». Todos se
echaron a reír. Una de las empleadas me respondió: «El jefe
se comporta como el "padrino" de una mafia. Si alguien le
critica, lo echa de su puesto de trabajo. Todos queremos
progresar en nuestra profesión y nadie tiene ganas de
quemarse metiéndose con el jefe». Todos los presentes

corroboraron con un gesto de asentimiento lo dicho por la empleada. El personal se mostraba flexible, muy motivado por su trabajo y con ganas de tomar iniciativas. Sin embargo, gran parte de su inteligencia, creatividad y motivación se consumía en aplicar un «tratamiento» al jefe, es decir, en obviarle hábilmente para trabajar de una manera efectiva. El resultado era un gran derroche de capacidad de imaginación.

Cuando les tocó el turno a los directivos de la empresa de asistir al curso de comunicación, fue ese jefe precisamente el que más insistió en que él no tenía dificultad alguna con el personal de su departamento. Lo expresó con las siguientes palabras: «Yo no veo que existan problemas de comunicación en mi departamento. Todo funciona de maravilla. Sé muy bien cómo manejar a la gente». Yo no tenía claro si se estaba engañando a sí mismo o me quería engañar a mí. Tal vez no tuviese idea de lo que sucedía a sus espaldas, puesto que nadie le había criticado jamás. Es posible que su ilusión de que todo funcionaba a la perfección fuese sincera. Los directivos trabajan a veces en una especie de limbo porque ni sus empleados ni sus compañeros de dirección les proporcionan un cuadro veraz de los resultados de su gestión del personal. Hay muy pocos directivos tan conscientes de su papel profesional que pidan a sus empleados que expongan sus críticas y sus propuestas de mejora.

Hablemos ahora concretamente de la cuestión de cómo dirigir una posible crítica al jefe.

Una de las barreras más altas que se oponen a una crítica de este tipo se basa en el principio jerárquico. Esta jerarquía funciona dentro de un orden descendente y representa una cadena de mando. El que está arriba da las órdenes y éstas se dirigen a los que se sitúan más abajo. En la jerarquía tradicional no está previsto que puedan darse instrucciones en sentido opuesto, es decir, de abajo arriba. Creo que este principio jerárquico tradicional es bastante problemático; incluso puede resultar inservible, sobre todo teniendo en cuenta los retos futuros a los que habrán de enfrentarse las empresas. Sin embargo, el principio se sigue aplicando prácticamente en todas partes. Por tanto, si quieres criticar a un superior, debes averiguar primero si ha mostrado en alguna ocasión una buena disponibilidad para hablar del tema. ¿Ha manifestado en alguna ocasión que está a disposición de los empleados que quieran hablar con él? ¿Se ha tomado en serio alguna propuesta de sus subordinados y la ha puesto en práctica al menos en parte? Si es así, tienes probabilidades de que tu jefe te escuche y tal vez tome en serio tu crítica. Pero si ese directivo no admite que le critiquen y bloquea toda conversación al respecto, tendrás que desarrollar otra estrategia más complicada. No cometas jamás el error de quejarte a alguien que ocupa una categoría superior a la de tu jefe: podría parecer que se trata de una intriga. En todo caso, si no te queda otro remedio que acudir a una instancia superior, informa de esta intención a tu jefe y pídele que asista a una reunión a tres bandas.

Si se produjera esta conversación que acabo de apuntar, no acuses a tu jefe ni vacíes todo un cubo de reproches sobre su persona. Explica en tono objetivo cuál es la situación actual, sin repartir culpabilidades. Con ese mismo tono objetivo, pide al jefe superior que ayude a solucionar el problema que has descrito. Incluso puedes ofrecer propuestas concretas para solucionarlo. Habla sólo en tu nombre, aunque te sientas respaldada por el resto de la plantilla. De este modo evitarás causar la impresión de que existe una conjura. Y muéstrate insistente. Valdrá la pena. En los cursos de entrenamiento de directivos, he oído decir muchas veces estas palabras: «Mis empleados me lo vienen diciendo hace tiempo: lo he oído cinco o seis veces. Tal vez tengan razón».

Tanto en tu profesión como en tu hogar, siempre es posible que hasta la crítica más objetiva y la conversación más razonable no sirvan de nada y nada cambie. ¿Vale la pena mantener una reunión para expresar una crítica? Pues sí, porque esa conversación no va dirigida únicamente a hacer cambiar a tu oponente, sino que sirve también para que tú puedas descargar tus preocupaciones. Por esta razón, te recomiendo que expreses esas críticas aunque estés segura de que el otro no va a cambiar en absoluto. Es muy importante decir una vez más que es imposible cambiar a una persona si no tiene la voluntad de modificar sus actitudes. Una buena crítica, presentada con toda objetividad, no pasa de ser una invitación al cambio. No está en nuestro poder forzar a nuestro interlocutor a aceptar esa invitación. Lo mismo vale para ti. Tú tampoco tienes que cambiar sólo porque otra persona te critique.

Desmontar los conflictos

En este capítulo deseo ofrecer algunas pistas para reconocer un conflicto y aclarar la situación con una charla. Un aspecto de importancia capital para conseguirlo es distanciarnos un poco del conflicto y mirarlo, por así decirlo, desde arriba. Si no establecemos una distancia y nos implicamos de lleno en la situación, quizá veamos todo como a través de un túnel. Sólo veremos los aspectos negativos de la parte contraria, aquello que nos hiere y nos ofende personalmente. Caeremos en una reacción casi automática que significa devolver el golpe, poner fin a una relación personal o ceder con una rapidez excesiva. Situarnos por encima del conflicto nos permitirá ver la divergencia desde fuera del campo de batalla y nos ofrecerá la oportunidad de reconocer, y en su caso modificar, nuestra contribución a la evolución del mismo.

Para interpretar bien un conflicto, en primer lugar hay que resistirlo. En este capítulo expongo una estrategia que te permitirá soportar en buenas condiciones un ambiente tenso. A esta estrategia de autoafirmación le he dado el nombre de «escudo protector».

Los enfrentamientos personales y el mal ambiente en casa o en el trabajo suelen desembocar en insultos gratuitos, en auténticos ataques verbales con ánimo de herir y ofender. Muchas de las mujeres que asisten a mis seminarios expresan el deseo de adquirir la capacidad de dominar este tipo de situaciones ofensivas, controlándolas con serenidad y ecuanimidad. Mi intención es enseñarte a enfrentarte a agresiones de menor o mayor calibre sin sufrir un desgaste nervioso excesivo.

El capítulo termina con el tema de la ira. Muchas mujeres no sólo sienten reparos y no se permiten que nazca en ellas el sentimiento de la ira, sino que son incapaces de expresar su disgusto de una manera constructiva frente a otras personas. Para estos casos ofrezco una estrategia de autoestima que puede resultar útil para aceptar y aprovechar la rabia como un potencial importante de energía.

Evitar las peleas

En nuestra sociedad existen pocos ejemplos y normas que nos permitan reaccionar de una manera positiva y constructiva en caso de conflictos interpersonales. En cambio, se nos ofrecen con bastante frecuencia malos ejemplos de cómo se intentan solucionar ciertos conflictos. Sólo hace falta oír los boletines de noticias para darnos cuenta de que muchas veces las personas no son capaces de solucionar sus divergencias con el diálogo y la negociación. Cada guerra nos demuestra que gran parte de la humanidad sigue creyendo que la violencia es un medio adecuado para resolver los conflictos. En los debates que vemos en la televisión, observamos cómo los oponentes se enfrentan con palabras injuriosas, se quitan la palabra unos a otros, se interrumpen y descargan su ira pasando al insulto más denigrante. Pocas veces tenemos la oportunidad de ver cómo se intenta solucionar un conflicto mediante un diálogo constructivo.

La mayoría de las personas han aprendido a comportarse de una manera determinada en caso de accidente. Saben que, cuando se ha producido una pequeña colisión, no es aconsejable dar marcha atrás y ocasionar un segundo choque con el mismo vehículo contra el que se ha colisionado antes. Todas las personas que conducen un vehículo, o participan de algún modo en el tránsito rodado, han aprendido también que, en caso de accidente, no deben darse a la fuga o actuar como si nada hubiese sucedido. Cuando se produce una colisión, hay que delimitar una zona de seguridad colocando triángulos rojos en torno al lugar del accidente, a fin de que no se produzcan más colisiones; hay que ocuparse de los heridos, avisar a la policía y llamar a una ambulancia si es necesario. Muchas personas saben actuar correctamente en un accidente de tráfico, pero muy pocas saben solucionar una pelea entre vecinos, cuando la verdad es que en nuestra vida cotidiana sufrimos un número mucho mayor de conflictos interpersonales que de accidentes de tráfico. Voy a exponer a continuación las posibilidades que tenemos de resolver esos conflictos.

El deseo de armonía y de paz

La experiencia me dice que, cuando se trata de resolver conflictos, uno de los mayores problemas reside en la incapacidad para confesar un error. Precisamente las mujeres muestran una gran tendencia a barrer cualquier disputa del escenario y ocultarla bajo la alfombra. Con tal de mantener la paz, están dispuestas a renunciar a que prevalezcan sus intereses y deseos. En algunas ocasiones, esto está justificado: no siempre tenemos que imponer nuestra voluntad. También es importante reconocer cuándo y frente a quién vale la pena mantener el combate. Sin embargo, cuando el ceder se convierte en un proceso permanente, tenemos un problema. ¿Qué causas subyacen tras ello? Para algunas mujeres es importante mantener buenas relaciones con su entorno, porque basan en ellas su identidad y su sensación de seguridad. Para encontrarse bien necesitan un ambiente de armonía, al menos en su entorno más próximo. Este deseo de armonía da lugar a que se intente poner freno a todo atisbo de desavenencia. La interesada no se atreve a provocar que caiga una sombra sobre cualquiera de las relaciones personales que mantiene, y prefiere vivir con un nudo en la garganta antes que manifestar claramente que algo no le gusta. La verdad es que su silencio no remedia la situación conflictiva; al contrario: en ocasiones incluso la empeora. Cuando finalmente estalla la confrontación abierta, a muchas mujeres les entra un miedo que las conduce a querer acabar cuanto antes con la pelea, en lugar de aguantar y buscar una solución al problema. En estos casos suelen ceder demasiado pronto: se apean de la defensa de sus intereses o se desdicen de afirmaciones anteriores. Lo más importante para ellas es que se restablezca la paz cuanto antes y vuelva a reinar una buena armonía generalizada. En ocasiones están dispuestas a pagar un elevado precio por la paz: renuncian a sus derechos y a que se tengan en cuenta sus intereses.

El miedo a un conflicto también puede expresarse de otra manera. Algunas personas, en lugar de ceder, prefieren romper una relación, incluso antes de analizar el conflicto a fondo. ¿Cómo se produce este miedo a la confrontación? La causa reside casi siempre en una serie de malas experiencias acumuladas ya en la época de la infancia, en el hecho de que en nuestra familia de origen no existiera un comportamiento ejemplar en cuanto a la solución adecuada de los conflictos. Tal vez hayamos visto en nuestra infancia que una divergencia acababa en pelea y conducía a un final violento. Habría gritos, amenazas, golpes y portazos. Estas experiencias nos llevan a identificar cualquier pelea con irritación, ruidos y dolor emocional o físico, y pueden habernos convencido de que al final gana el más fuerte y que siempre hay vencedores y vencidos.

Otras personas habrán crecido en familias en las que era habitual reprimir los conflictos y ocultar las divergencias bajo un denso silencio. Nadie explica abiertamente el porqué de la discusión y, a partir de ese momento, reina una tensión lamentable y un silencio funesto, de los que todos se resienten. Es posible que al final, después de algún tiempo, se produjera una gran explosión y, como consecuencia de ella, se rompieran muchas cosas. La lección que hemos sacado es que no debemos consentir que se produzca una pelea. No hay que reñir: más vale reprimir las divergencias. Si no podemos impedir que estalle el conflicto, nos asalta el temor de que el final resulte desastroso.

Estos modelos de cómo acaban las desavenencias han sido los primeros ejemplos que hemos tenido en cuanto al trato con los conflictos. Hemos visto cuál suele ser el comportamiento de las personas en caso de diferencia de opiniones y, si en el transcurso de nuestra vida de adultos no hemos aprendido otras formas de controlar los conflictos, es posible que esos modelos antiguos sigan vigentes en nuestra mente. Lo más probable es que, enfrentadas a cualquier tipo de discusión, reaccionemos como hemos visto reaccionar a nuestros padres y a nuestros hermanos mayores. Sin embargo, la verdad es que muchos de estos antiguos modelos de comportamiento ya no tienen vigencia: no nos sirven en la actualidad. Lo que necesitamos ahora es saber aplicar un tratamiento constructivo a los conflictos. Una de las condiciones para poder hacerlo es aprender a modificar nuestra postura interna y a considerar las divergencias como algo normal en la vida, que no tiene por qué desembocar en una situación impregnada de dolor y sensación de derrota. Tener un conflicto con otra persona no significa nada malo; únicamente da fe de que estamos vivas. Los muertos son los únicos que no tienen conflictos. Las divergencias forman parte de la vida, igual que respirar. En muchos casos constituyen un presagio de que se avecinan cambios. Sirven para demostrarnos que existen diferencias en la apreciación que merecen determinados valores e intereses, y que es necesario que indaguemos con mayor precisión y nos expresemos con mayor claridad. Tal vez haya que trazar unas fronteras más nítidas, explicar mejor qué deseamos o ejercer una crítica a tiempo. Sin embargo, los conflictos también nos demuestran con frecuencia dónde residen nuestros puntos flacos, nuestro talón de Aquiles, y en qué tema nos sentimos especialmente afectadas o somos en extremo vulnerables.

Una relación buena y pacífica con otras personas no se produce cuando se evitan los conflictos, sino cuando existe la voluntad y la capacidad de resolverlos. Donde conviven o trabajan juntas varias personas, siempre existe la posibilidad de que se produzcan cambios. Esto significa que pueden surgir discusiones. Si aceptamos que esto es así, no seguiremos aferrándonos a una imagen idealizada, pero poco realista, de una paz y una armonía que existirán siempre. Estar dispuesta a pelear significa contar con las incidencias naturales de la vida, incorporar la posibilidad de un cambio a nuestro concepto vital y defender abiertamente que puede haber dificultades para convivir. Esto quiere decir que tanto en nuestra vida privada como en nuestra vida profesional la divergencia es parte integrante de la relación que mantenemos con las personas de nuestro entorno.

Para poder solventar los conflictos con otras personas, es importante ver qué conduce a que la divergencia degenere en pelea. ¿Cómo se llega a una pelea? ¿Qué es lo que hace que nos irritemos? ¿Cómo es posible que se agudice una riña y acabe desastrosamente?

Cómo y por qué riñen las personas

Para poder explicar cómo evoluciona un conflicto, te voy a presentar un caso del que tuve conocimiento a través de mi trabajo. Se trata de una pelea entre dos mujeres que eran colegas. La evolución de este conflicto tiene características típicas y suele reproducirse incluso en las riñas entre amigos o entre personas que mantienen una relación amorosa.

En el transcurso de un seminario de entrenamiento en métodos de comunicación, destinado a los directivos de una empresa, me abordó durante el descanso uno de los participantes en el cursillo. Era jefe de un departamento, y me dijo que tenía a sus órdenes a dos mujeres que no cesaban de atacarse la una a la otra. Ambas empleadas trabajaban en el mismo despacho y no había manera de conseguir que se llevaran bien. Me preguntó si yo podría mediar en el conflicto. Una vez me hube enterado de algunos pormenores, prometí intentarlo. Sin embargo, para poder aclarar y resolver de verdad una situación tan conflictiva, necesitaba que las dos mujeres afectadas estuviesen de acuerdo.

La mayor de las dos empleadas, a la que llamaré Adela, llevaba quince años trabajando en la empresa y hacía más de cinco que dirigía un sector comercial de la misma. Se trataba de una empleada muy callada y amante del orden, siempre atenta a que no se cometiera ningún error y a que nadie pudiera reprocharle nada. De vez en cuando se quejaba de que toda la responsabilidad de ese sector comercial tan importante recaía exclusivamente sobre su persona. Por otra parte, jamás pidió al jefe de su departamento alguna ayuda que la descargara de determinadas tareas. La señora Adela, como solían llamarla, disponía de un amplio despacho para ella sola.

La empresa obtenía buenas ventas y la dirección pensaba ampliar el negocio; de ahí que empezaran a contratar a más empleados. El jefe del departamento insistió ante la dirección en que Adela debía tener una ayudante. Por desgracia, no se le ocurrió pedirle su opinión, sino que un día la llamó a su despacho y le comunicó que habían contratado a otra empleada, que compartiría el trabajo con ella. El jefe del departamento creía haberle hecho un favor a Adela. Ésta se sintió herida, pero no dijo nada. En su fuero interno sospechaba que querían deshacerse de ella: suponía que la consideraban demasiado vieja.

La nueva empleada, a la que llamaremos Mariona, contaba veintitrés años y tenía un temperamento sociable y divertido. Era muy animosa y tenía muchas iniciativas relacionadas con el trabajo. En general, su carácter era diametralmente opuesto al de Adela, pero también Mariona tenía su talón de Aquiles: a lo largo de su vida había experimentado en repetidas ocasiones la sensación de que los demás –casi siempre la gente mayor– no la tomaban en serio. Muchas veces se había visto asaltada por la sospecha de que la trataban como a una jovencita. Ése era un tema que le producía un gran rechazo y, por eso, se propuso desde el primer momento trabajar de la manera más independiente posible.

Estaba previsto que Mariona se instalara en el despacho de Adela, de modo que pusieron un escritorio junto a la mesa en la que hasta entonces Adela había trabajado sola. Ésta no dijo nada, pero, al ver la nueva mesa cerca de la suya, se sintió desplazada, incluso marginada. No sólo tenía que compartir con la otra el trabajo, sino el espacio en el que durante muchos años había reinado ella sola, un espacio propio en el que se había sentido muy a gusto.

El primer día que Mariona acudió al trabajo, lo primero

que hizo fue instalarse cómodamente. Colocó en el alféizar de la ventana unas macetas que había llevado de su trabajo anterior, y colgó de la pared unos cuadros y un calendario. Puso la radio encima del armario y un tazón junto a la cafetera de Adela. Ésta la estuvo observando sin decir palabra, pero con la sensación de que la joven la estaba desplazando paso a paso. Muy pronto, al iniciar el trabajo, se produjo la primera pelea abierta entre las dos mujeres. Mariona puso manos a la obra con total independencia, tal como se había propuesto. Abrió el armario, sacó unos documentos y empezó a estudiarlos. Para Adela, esta actitud representaba el último golpe. Estaba convencida de que la otra le iba a quitar el puesto, de ahí que contestara con aire mordaz cuando la joven, que debía ser su ayudante, le formuló algunas preguntas relacionadas con los archivos y con ciertos procedimientos. Mariona, a su vez, obtuvo la impresión de que Adela la trataba como a una criatura inmadura y no la tomaba en serio. No lo dijo, pero dio alguna que otra respuesta un tanto insolente, lo que acabó de confirmar los temores de Adela. Para ésta estaba claro que la joven pretendía apoderarse de toda la tarea y que acabaría por desbancarla. Sin darse cuenta, las dos mujeres habían tocado el punto flaco de la otra. No hablaron de sus problemas, sino que empezaron a adoptar la actitud del erizo cuando se siente amenazado, que es la actitud típica de alguien que desea protegerse para no sufrir más heridas y ofensas. La reacción de la una frente a la otra quedó teñida de aspereza y enemistad, y cada una de ellas observaba a su compañera con una predisposición del todo negativa.

Pongamos un ejemplo: Adela sale a comer y suena el teléfono encima de su mesa. Mariona coge el auricular, atiende al cliente y escribe una nota destinada a Adela.

Pero justamente cuando ha acabado de hablar por teléfono, regresa Adela y, al ver a Mariona sentada ante su mesa escribiendo la nota, la asalta una vez más la fuerte sospecha de que la otra hace todo lo posible por desbancarla. ¡Hasta ocupa su sillón! Hasta entonces, Adela se había esforzado por no perder la compostura, pero esa vez no lo pudo remediar. Pidió explicaciones a Mariona y le reprochó que estuviera hojeando los papeles de una mesa que no era la suya. Por supuesto, Mariona debió de sentirse tratada muy injustamente, pues, al fin y al cabo, al contestar el teléfono sólo pretendía hacer un favor a su compañera. Y en vez de darle las gracias, ésta le gritaba como si fuese una niña pequeña que ha cometido una travesura.

La venganza de Mariona consistió en no hablar más con Adela, a no ser que fuese absolutamente indispensable para el trabajo diario. Adela, a su vez, que conocía palmo a palmo y paso a paso todos los recovecos de la empresa, prescindió de decir nada a la joven, ni de ayudarla en lo más mínimo en su tarea. Esto condujo a que Mariona, para quien todo aquello era nuevo, cometiera algún pequeño error. Hasta entonces Adela lo había ido arreglando, pero dejó de hacerlo; por el contrario, empezó a coleccionar los fallos de Mariona para presentarle después una lista al jefe. Su deseo era demostrar que Mariona era una persona inmadura e incapaz de cumplir con su tarea, y que ella seguía siendo indispensable. El conflicto fue agudizándose. Ambas mujeres padecían con la situación, hasta el punto de que empezaron a tener molestias físicas: se quejaban de insomnio, irritación, dolor de cabeza y otros trastornos nerviosos. Acudir todas las mañanas al trabajo se convirtió para ambas en una obligación odiosa.

El jefe del departamento se veía enfrentado a una situación que no sabía cómo resolver. Había hablado con las dos *mujeres e intentado solucionar el conflicto «desde un punto de vista objetivo y evitando todo tinte emocional», según me dijo. No lo consiguió. Como ya no sabía qué hacer, decidió en una última conversación «apelar a la conciencia» de las dos empleadas, exigiéndoles que hicieran un esfuerzo y fueran razonables. Incluso insinuó que si el problema no se arreglaba y no hacían las paces, se vería obligado a tomar medidas más contundentes.*

Más adelante explicaré qué hice para solucionar el problema entre las dos mujeres. Antes vamos a utilizar el caso para analizar por qué se agudiza un conflicto.

• **Primero se esconde el conflicto.** Muchas personas creen que un conflicto al que no se presta atención se disuelve con el tiempo por sí solo. Esto no sucede casi nunca. Negando un problema o apartando la vista, lo mejor que podemos conseguir es reprimir el problema durante algún tiempo. Sin embargo, basta un soplo de aire para que las brasas vuelvan a arder con fuerza. La represión no funciona, al menos a largo plazo.

Mucho tiempo antes de que estallara abiertamente el conflicto entre Adela y Mariona, ambas sabían que algo no funcionaba en su convivencia laboral. Había un ambiente tenso entre ellas, pero ninguna quiso confesarlo abiertamente. Se esforzaron por ocultar esa situación ante los demás, pero, en su fuero interno, las dos estaban al acecho, se observaban con mirada crítica, se mostraban desconfiadas y eran incapaces de hablar con franqueza y sinceridad de sus problemas. Las dos tenían la misma sensación de incomodidad, pero ninguna lo confesaba. Reprimían el conflicto.

• **Temperamentos opuestos se repelen.** El ejemplo de Adela y Mariona nos permite afirmar que se trata de dos temperamentos opuestos en muchos aspectos. Mariona es extrovertida: una mujer alegre y despreocupada, incluso demasiado. Le gusta cambiar las cosas cuando alguna novedad la convence. Le gusta que a su alrededor haya movimiento y actividad vital. Adela es todo lo contrario. Es callada y seria, siempre preocupada de que sus papeles estén ordenados. Le gusta trabajar sola y odia que otra persona estropee el orden que ella ha establecido.

Sin embargo, los temperamentos opuestos no tienen por qué repelerse; no en vano hay una frase que afirma: «Los contrarios se atraen». A veces vemos parejas enamoradas en las que una persona encuentra en la otra lo que le falta. Un hombre callado e introvertido puede enamorarse de una mujer vital, que tiene muchos amigos y a la que le encanta divertirse. A él le gusta esa vitalidad desbordante, ese carácter sociable, y a ella, lo que cree que le falta: la tranquilidad interior y la capacidad de descansar en sí mismo.

¿Cuándo se atraen y se repelen dos temperamentos opuestos? Creo que el hecho de que se atraigan o se rechacen depende de que ambas partes acepten o no la forma de ser del otro. Lo opuesto nos atrae si apreciamos en la otra persona lo que implica ese carácter contrapuesto al nuestro. Los temperamentos opuestos se repelen cuando esa propiedad que muestra otra persona nos disgusta, cuando el otro es como jamás quisiéramos ser nosotros mismos.

Tanto si la persona de temperamento opuesto nos gusta como si no, el hecho es que, con frecuencia, lo que nos es contrario y no nos gusta forma parte también de nuestro ser. Lo que consideramos simpático en el otro también lo llevamos nosotros dentro, pero no lo tenemos bien desarrollado. Esa cualidad que odiamos en la otra persona es casi siempre un rasgo que no nos gusta de nosotros mismos y que, por esa razón, reprimimos y combatimos con ayuda de nuestro crítico interior.

Lo intentaré explicar mejor con un ejemplo.

Hace unos años me fui de vacaciones con un pequeño grupo de personas. Nosotros mismos nos preparábamos las comidas durante el viaje. Formaba parte del grupo una mujer, a la que llamaré Violeta, con la que no me llevaba bien. No la conocía de nada antes de iniciar las vacaciones. Tenía más o menos la misma edad que yo y la primera impresión que me causó fue que se trataba de una persona bastante simpática. Sin embargo, al segundo día sucedió lo siguiente: yo estaba preparando el desayuno y poniendo la mesa, y Violeta se acercó con la intención de ayudarme. Mientras poníamos la mesa, cogió un cuchillo, cortó un trozo de queso y se lo comió. La miré y me quedé estupefacta. ¡Se comía el queso sin pan! Ni siquiera se le ocurrió esperar a que todos nos sentáramos a desayunar; simplemente cogió algo que le gustaba y empezó a comer. Yo jamás haría una cosa así. ¡Comer el queso sin pan y antes de que los demás se sentaran a desayunar! Imposible. Crecí en una familia numerosa y aprendí a no coger nada de la mesa sin saber si los demás tendrían también su parte. En mi infancia siempre tuve que esperar y compartir con los demás. Además, ¡era impensable comer el queso y el embutido sin acompañarlos con pan! Y he aquí que se presenta Violeta y hace una cosa que de niña yo tenía terminantemente prohibido. Cogió lo que le gustaba y ni siquiera intentó ocultarlo. Debo confesar que no le causaba daño a nadie: había queso de sobra, pero yo registré el gesto como una provocación. Desde mi punto de vista, se trataba de una persona egoísta y que actuaba sin miramientos. Desde aquel mismo instante empecé a observarla con desconfianza y comprobé que también tomaba dos raciones de postre. Aunque había postre en abundancia y a mí no me gusta el dulce, Violeta quedó cataloga-

da en mi mente como una persona despreciable. Todo lo que hacía me parecía revelar un carácter desconsiderado y acaparador. Sin darse cuenta de ello, Violeta se había convertido en mi enemiga preferida. Mi crítico interior estaba deseoso de descuartizarla mentalmente porque se permitía hacer lo que yo no me habría permitido jamás. Ella vivía de un modo que yo reprimía en mi interior mediante la conocida norma que dice: «Eso no se hace». La verdad es que, cuando era niña, sentí muchas veces la tentación de coger algo de la mesa y comérmelo sin más. Cuando fui mayor, me pasó muchas veces lo mismo, pero me empeñaba en dar ejemplo, prestaba atención a que les tocara a todos lo mismo y me ponía a mí misma en el último lugar de la cola. Y ahora venía Violeta y me mostraba la cara opuesta de lo que era yo. En aquel viaje todavía no sabía nada acerca de los temperamentos opuestos que se repelen. No sabía que muchas cosas que no nos gustan de los demás son en realidad nuestras propias tendencias, que las tenemos reprimidas porque les aplicamos unas normas prohibitivas. En aquel viaje odié a Violeta y tuve la sensación de que estaba en mi derecho de hacerlo. La verdad es que desperdicié una ocasión magnífica, pues podía haber aceptado a Violeta como ejemplo, en lugar de convertirla en mi enemiga preferida. Ella podría haberme mostrado una forma de vivir que me hacía falta. Yo tenía en cuenta a los demás y me preocupaba de que a nadie le faltara nada, pero carecía de la libertad interior de concederme de vez en cuando algún extra, de gozar con espontaneidad de algo bueno que se te cruza en el camino, como un trozo de queso sin acompañarlo con nuestro pan cotidiano. Habría podido aprender todo eso con el ejemplo que me daba Violeta, pero en aquel entonces yo seguía presa de mis normas internas y no quería, a ningún precio, ser o volverme como ella. Tardé mucho en disfrutar

de «un trozo de queso sin pan». Hoy me siento contenta de
las dos cosas: de ser considerada con los demás y poner mis
deseos en la cola, y de saber aprovechar una buena ocasión
y gozar de un placer imprevisto.

Si alguna vez te encuentras con alguien a quien consideras antipático, o reaccionas con alergia ante determinados rasgos del carácter de otras personas, es posible que se trate de un indicio de ciertas normas que tienes interiorizadas. Quizás odies en otras personas aquello contra lo que estás luchando en tu interior. Unas normas internas, de las que posiblemente ni siquiera eres consciente, te arrastran a padecer unos conflictos que siempre se parecen, o que son los mismos aunque con otro vestido. Cuantas más cosas te prohíba tu crítico interior, cuanto más convencida estés de que tus normas son buenas y adecuadas, tanto mayor será el potencial de conflictos a que te expones. Todas esas prohibiciones y obligaciones interiorizadas nos convierten en personas intolerantes con nosotras mismas. Y en todas las cosas en las que no queremos ser tolerantes con nosotras mismas, casi nunca podremos ser tolerantes con los demás.

• **Una persona nos hiere en nuestro talón de Aquiles.** A veces una persona nos hiere sin querer porque ha tocado por casualidad uno de nuestros puntos débiles. Se trata casi siempre de antiguas heridas psíquicas que no se han curado del todo. Muchas provienen de la infancia, es decir, de una época en que éramos demasiado jóvenes para protegernos de otras personas. ¿De qué clase de heridas psíquicas se trata? La experiencia me dice que se trata de vivencias dolorosas, como la de sentirse marginada o excluida, ser objeto de burla, creer que te han dejado sola y padecer una sensación de impotencia. Cuando estas heridas psíquicas no cicatrizan, solemos establecer normas que nos protegen.

Estas normas son de diferentes tipos, pero todas giran en torno a un núcleo central que dice así: «¡No permitiré que me vuelva a suceder eso tan malo por lo que he pasado!». Sin embargo, si una persona toca ese problema por casualidad, sin ser consciente de su existencia, es decir, si la persona afectada vuelve a tener la sensación de haber sido excluida o de ser objeto de burla, se dispara de inmediato una alarma interna y se moviliza una especie de sistema de protección. En muchas personas, este sistema de protección se manifiesta por medio de una violenta reacción de rechazo. Por ejemplo, una persona que tiene la sensación de que se prescinde de ella y se la margina, tal vez reaccione retirándose de la escena y sintiéndose muy triste, pero también es posible que reaccione con rabia, y entonces puede haber gritos e incluso golpes.

El ejemplo que hemos descrito de Adela y Mariona nos permite explicar la existencia de heridas antiguas y puntos débiles y sus correspondientes reacciones de defensa. Adela tenía una herida relacionada con el temor a verse marginada. Sin tener conocimiento de este punto débil, el jefe puso el dedo en la llaga. Lo hizo al imponerle una compañera nueva y joven, sin darle explicaciones en cuanto a su intención de que le sirviera de apoyo. Para Adela, esa nueva empleada, que supuestamente debía ayudarla, no era más que una prueba de que la empresa pretendía desbancarla porque era vieja. Y sin quererlo, también la nueva empleada, Mariona, tocó el mismo punto débil. Quería descargar a Adela de un exceso de trabajo y pretendía familiarizarse con su nueva tarea desde una postura de independencia. Tomó la iniciativa de buscar en los archivos los datos que creía necesarios sin consultar sus dudas con la compañera mayor, por lo que ésta se sintió aún más marginada. Para protegerse, Adela hizo lo que hacen la mayoría de las personas cuando alguien incide en una herida mal cicatrizada o reciente: reacciona con un sentimiento de rechazo, incluso de desprecio.

Hay que decir que también Mariona sufría como mínimo una herida interna. Cuando era jovencita, los adultos de su entorno no la tomaban en serio. Este sentimiento de «no ser tomada en serio» fue justamente el punto débil que tocó Adela con su actitud de tratarla de un modo más bien despectivo, por lo que Mariona (una vez más) se sintió relegada al puesto de persona a quien no hay que tomar en serio. También ella decidió defenderse y adoptó una postura de insolencia. Sin saberlo, las dos mujeres habían tocado cada una la herida de la otra y no hablaron con franqueza del problema; al revés, iniciaron una guerra larvada que desembocó en un conflicto abierto.

Cuando conviven o trabajan juntas varias personas, es habitual que toquen algún punto débil o una herida profunda del otro, casi siempre sin darse cuenta. Puede ocurrir con unas simples palabras, un gesto inocente de por sí, una risa un poco desbocada o una supuesta acción de ayuda. La desgracia reside en que la mayoría de las personas no son conscientes de sus puntos débiles y de las heridas que arrastran. Simplemente se sienten heridas y afectadas, y reaccionan de una manera automática, partiendo de su emoción momentánea. En el mismo instante se inicia la pelea, sin que se produzca (o no se aproveche) la ocasión de informar al otro de esa herida, de ese punto débil. La otra persona, que probablemente no tuvo en ningún momento malas intenciones, al verse rechazada o despreciada reacciona casi siempre según la consigna «si me fastidias, yo también te fastidiaré». Esto pone en marcha un conflicto en espiral que cada vez se agudiza más y que sólo podría rebajarse si las partes contendientes hablasen enseguida de lo que han vivido como una ofensa, en lugar de pasar de inmediato a una postura defensiva.

Sin embargo, esto presupone que cada persona sea consciente de sus puntos débiles, de su talón de Aquiles, y conozca las heridas que lleva grabadas en el alma; en resumen: sea consciente de su paisaje interior.

• **Se ve a la otra parte siempre de un modo negativo.** Otra agudización del conflicto se produce cuando la parte contraria aparece siempre desde un punto de vista negativo. Cuando una desavenencia se ha convertido ya en auténtica pelea, todo lo que hace o dice la parte contraria acaba siendo mirado con lupa, desde una postura crítica despiadada, y todo lo que nos molesta del otro aparece ampliado al máximo. Los aspectos positivos o las buenas cualidades de la otra persona caen en el olvido o se pasan completamente por alto.

Cuando Mariona cogió el auricular del teléfono que sonaba en la mesa de Adela, ésta contempló la actuación negativamente. Para ella no se trataba de un gesto de ayuda entre compañeras de trabajo, sino de una injerencia en sus asuntos personales.

Cuando nos ponemos los anteojos que nos hacen ver a la otra parte siempre de un modo negativo, tanto da que esa otra parte adopte una actitud neutral o tenga un gesto amable: siempre nos parecerá un truco despreciable o una maniobra maliciosa. Esto puede llegar hasta el extremo de que ninguna de las dos partes contendientes pueda mirar tranquilamente a la otra sin que ésta reaccione más o menos así: «¡Vaya cara de tonta que pone!», o bien: «¡Me mira con una cara...!».

Esta apreciación negativa supone otro problema más: nadie quiere escuchar a nadie. Ninguna de las dos partes se esforzará por entender a la otra, sino que se limitará a responder a un determinado signo que la toca en su punto más sensible. Mientras una de las partes todavía está hablando, la otra prepara mentalmente la respuesta. Si una observa que la otra no entra en su razonamiento, repetirá lo dicho anteriormente, pero subiendo el tono de voz y haciendo que suene más impertinente. Así puede suceder que en una discusión se repitan siempre las mismas cosas y, mientras los afectados giran en torno a los mismos argumentos, pasan a enfadarse y a gritar más y más con la pretensión de que el otro acabe de enterarse de una vez.

• **Se reparten las culpas y se busca un culpable.** Cuando se produce una riña, aparece casi siempre alguien que intenta aclarar quién tiene la culpa y quién la razón. En caso de conflicto, mucha gente procede según la antigua norma conocida desde su infancia y que solía aplicarse en la familia: alguien dotado de poder decide quién es el culpable y, por tanto, quién debe sufrir el castigo correspondiente. Este modelo se aplica todavía en muchas empresas. El ejemplo que he descrito de Adela y Mariona nos demuestra que todo conflicto es un proceso en el que colaboran ambas partes; es un baile en el que participan los dos contendientes. Es evidente que las dos partes están convencidas de que la otra es la culpable. Adela cree que Mariona tiene la culpa de todo y ésta piensa lo contrario: las dos podrían aportar numerosas pruebas para reforzar su postura. Nosotras, como personas ajenas al conflicto, podemos sonreír porque comprendemos que ambas mujeres se han embarcado en un conflicto que se desarrolla en espiral y las dos hacen que la pelea suba de tono. Sin embargo, cuando somos nosotras las que nos encontramos inmersas en una situación de este tipo, tendemos a considerarnos inocentes y a culpar a la otra del problema.

Una vez atribuida la culpa y encontrado el culpable, estamos ya muy cerca de dar el próximo paso: el castigo. Esta norma de castigar a quien ha cometido una falta se basa en el principio de que el castigo debe servir de escarmiento al culpable, para que aprenda y se reforme, es decir, para que corrija su conducta. Desde el punto de vista racional, sabemos que el castigo no suele mejorar a nadie, sino que convierte a la persona en una amargada y la empuja aún más hacia la marginación. La verdad es que el principio del castigo obligatorio es más bien perjudicial, porque en los conflictos interpersonales es frecuente que ninguna de las partes tenga ella sola toda la culpa. De ahí que el castigo y la venganza no conduzcan casi nunca a solucionar un problema.

Qué hacer si estás atrapada en un conflicto

Antes de que intentes aclarar una divergencia con otra persona, conviene que adquieras conciencia de ti misma y conozcas bien tu paisaje interior. En otras palabras: primero tienes que comprender lo que pasa en tu fuero interno. La gran utilidad de los conflictos reside en el hecho de que nos hacen tropezar con alguna faceta oculta o reprimida de nuestra personalidad. Gracias a ellos nos enteramos de aspectos nuestros con los que jamás nos veríamos enfrentados en épocas «de paz». No desperdicies esta oportunidad y atrévete a echar un vistazo a tu vida interior.

Para facilitarte la tarea de aclararte contigo misma, he reunido unas preguntas que te pueden servir de ayuda.

• ¿Has negado o reprimido la existencia de un conflicto?

¿Tienes tendencia a ocultar los conflictos? ¿Te has callado cuando habría sido mejor expresar abiertamente qué te disgusta? ¿Qué pasaría si declararas con franqueza que estás enfadada o que tienes que expresar una crítica? Si te sientes a disgusto cuando estás en contacto con alguna persona, analiza ese sentimiento y no lo reprimas. ¿Qué te molesta tanto del otro? ¿Qué te hace enfadar? ¿Qué te ofende y te hace sentirte herida?

- **¿Algún rasgo del otro te provoca aversión?** Cuando riñes con una persona, debes indagar si presenta algún rasgo específico que te provoca rechazo o incluso odio. ¿Existe algún comportamiento ante el cual reacciones negativamente? ¿Hay algo que te prohíbes a ti misma y que te molesta en otras personas? Recuerda que lo que rechazamos en otra persona muchas veces no es más que una parte (oculta o reprimida) de nuestra propia personalidad.

- **¿Cuáles son tus puntos débiles?** Intenta aclararte a ti misma si la otra parte contendiente ha tocado, tal vez sin querer, algún punto débil de tu personalidad. La otra parte ¿ha expresado palabras o actitudes que te han hecho enfadar o te han infundido miedo? ¿Qué es lo que más te ha dolido y por qué? ¿Ha surgido alguna situación frente a la cual has reaccionado de una manera exagerada? ¿Qué punto débil de tu personalidad han tocado? ¿Qué puntos débiles de la parte contraria has tocado con tus palabras o tu actitud?

- **¿Observas al otro sólo desde un punto de vista negativo?** ¿Sólo ves los aspectos negativos de la persona a la que te enfrentas en un conflicto? Si no admites que la otra parte pueda tener alguna cualidad buena, si está mal todo lo que dice o hace, esto significa que la observas negativamente. Para desprenderte de esa forma negativa y unilateral de ver las cosas, haz esta prueba: imagínate que quieres comunicar a tu oponente las buenas cualidades que le ves. ¿Qué le dirías? ¿Qué puntos a favor tiene?

Antes de iniciar una conversación que sirva para aclarar el conflicto, analiza tu visión del mismo. Muchas veces fracasa todo intento de solucionar un problema porque la conversación se inicia partiendo de una convicción íntima que a su vez representa una carga inicial que propicia el fracaso.

Una convicción más bien obstaculizadora para llegar a

aclarar cualquier conflicto es iniciar el intento estando convencida de tener toda la razón. Si nos empeñamos en tener la razón, seremos las primeras en argumentar, en pretender hacer cambiar a la otra parte, en querer aconsejarla, convencerla y, de paso, quedar muy bien una misma. Se suele pasar por alto que las personas no cambian contra su voluntad ni se dejan aconsejar o convencer a la fuerza. Al revés, cuanto más intentemos vapulear al otro, más probable es que esa persona se oponga y adopte una postura opuesta a nuestras pretensiones. Querer tener la razón a toda costa destruye la relación con la parte contraria. Mucho más acertado que exponer argumentos será escuchar con atención a la otra parte para enterarse de qué le pasa. También será útil prescindir de cualquier defensa férrea de la posición propia y exponer con franqueza los deseos y los temores de una misma.

En una conversación destinada a aclarar un conflicto, se trata de sacar a la luz todo lo que hasta entonces se ha mantenido oculto. Eso significa explicar las propias susceptibilidades y tratar de comprender las del oponente. Hay que escuchar a la otra parte sin sentirse ofendida de entrada y sin condenarla de antemano. Si la conversación da buen resultado, cada contendiente sabrá qué desea y aborrece la otra persona. Habrán salido a la luz los deseos y las necesidades de ambas partes; habrá quedado claro qué consistencia tiene la relación entre ambas, qué puede esperar una de la otra y qué pretensiones son poco realistas o imposibles de poner en práctica. Aclarar y resolver un conflicto significa que las dos partes comprueban cuál es la situación real que existe entre ellas. A veces, el resultado puede ser una verdad amarga.

Comentaremos ahora cuál puede ser la forma de mantener una conversación encaminada a solucionar un conflicto.

ESTRATEGIA DE AUTOESTIMA:
CÓMO HABLAR EN CASO DE CONFLICTO

La conversación debe desarrollarse en un terreno «neutral», es decir, en un lugar en que ambas partes se encuentren cómodas o en que ninguna de ellas obtenga una ventaja por el mero hecho de «estar en casa propia». También debe prestarse atención a que nada ni nadie moleste a las partes mientras conversan.

• Presenta el conflicto tal como lo ves y describe los sentimientos que te embargan al respecto, sin reproches, amenazas o burlas.

• Habla sólo en tu nombre. No utilices la opinión de otras personas para reforzar tu posición.

• Concede a la parte oponente el mismo tiempo que tú has necesitado para exponer tu opinión. No interrumpas al otro cuando expone algo que consideras equivocado.

• Informa a la otra parte de cuáles son tus puntos débiles. Confiesa a quien tienes enfrente qué te provoca miedo y qué te ofende o hiere especialmente.

• Confiesa abiertamente los errores que puedas haber cometido.

• Renuncia a utilizar cualquier instrumento de poder que pudiera agudizar el conflicto. No amenaces al oponente ni le hagas chantaje. No se puede obtener a la fuerza una solución del conflicto que deje satisfechas a ambas partes.

• Si te sientes amenazada o crees que intentan someterte a un chantaje, exprésalo con claridad. No sigas hablando hasta que te vuelvas a sentir bastante segura de tu posición.

• Expresa tus deseos con claridad y contundencia. Describe los cambios que deseas y la solución que consideras más adecuada.

• Admite que tu oponente exprese sus deseos e ideas al respecto. Hay que llegar a una situación en que ambas partes reflexionen en común acerca de la mejor solución a corto plazo y acerca de cuál sería la solución ideal a largo plazo.

• Hazte a la idea de que puede ser necesario hablar varias veces antes de llegar a una solución del conflicto. Es frecuente que no pueda llegarse a un acuerdo en una sola conversación.

Si aportas estos principios al debate, ayudarás a aclarar tu posición. Esto no implica, ni mucho menos, que puedas solucionar el conflicto sin más. Una de las reglas reconocidas en estos casos dice que un conflicto no puede darse totalmente por solucionado hasta que se hayan puesto encima de la mesa todos y cada uno de los hechos que han conducido a esa situación conflictiva. Esto significa que no deben buscarse soluciones antes de que todos los participantes hayan expuesto con detalle lo que piensan al respecto. Sólo entonces podrán hallarse salidas y abrirse nuevas perspectivas.

Ejemplo de cómo desmontar un conflicto

Paso a explicar ahora brevemente cómo siguió la historia de Adela y Mariona. Yo acepté en su día actuar como moderadora y buscar una solución al conflicto, es decir, me declaré dispuesta a organizar unas conversaciones con ellas y acompañarlas en esas ocasiones para intentar llegar a un acuerdo. En total fueron necesarias tres conversaciones, cada una de hora y media o dos horas. A esos encuentros asistimos tres personas: Adela, Mariona y yo, y a continuación hubo una conversación final a la que se incorporó también el jefe. Cuando se organiza una reunión para solucionar un conflicto, la moderación se puede subdividir en cuatro etapas o fases: la fase inicial, la fase en la que se explica la opinión de cada una de las partes, la fase del diálogo en común y la fase final o de cierre del conflicto.*

En la fase inicial aún no se habla de soluciones al conflicto, sino del marco que condiciona una posible solución. Es muy importante que las conversaciones se desarrollen en

---

* En la obra *Klärungshilfe*, de Christoph Thomann y Friedemann Schulz von Thun, se describe con más detalle esta modalidad de ayuda para aclarar los conflictos.

una estancia tranquila y neutral, es decir, no en el despacho de Adela y Mariona, ni tampoco en el del jefe. Además, es importante que las personas interesadas sepan en qué condiciones se me ha contratado a mí y cuál es exactamente mi papel en esas conversaciones. Les explico a las dos que voy a defender la postura de ambas partes, es decir, que no soy la abogada de una de ellas ni tampoco del jefe. Si no puedo defender a ambas partes en un conflicto –por ejemplo, por tener una relación amistosa y estrecha con una de ellas o porque el jefe me exige un resultado determinado, ya que es él quien paga–, rechazo el encargo. Por esta razón, nunca acepto el encargo de solucionar un conflicto entre mis amigos o en una empresa donde me quieren imponer de antemano una solución determinada. Esto me permite mostrarme abierta con respecto al resultado de las conversaciones porque no tiendo a buscar una salida prefijada. Si la conversación conduce a una separación definitiva entre las partes, para mí esta solución es tan válida como la opuesta, en la que se consigue un acercamiento de posiciones.

En la fase inicial de las conversaciones debe hablarse también del tema de la voluntariedad. Yo sólo puedo ayudar a solucionar un conflicto si las partes interesadas participan voluntariamente en el intento. En mis seminarios me preguntan con frecuencia qué hay que hacer si alguien no está dispuesto a participar en una reunión encaminada a solucionar un conflicto. Mi respuesta siempre es la misma: «Nada». Si alguien no quiere sentarse a hablar de un conflicto, no hay nada que hacer. La dirección de la empresa o el jefe superior de una institución puede dar órdenes a un empleado o a un funcionario, pero no forzarle a participar en un acto de conciliación. Si alguno de los asistentes no quiere colaborar en la solución del conflicto, yo no puedo remediarlo. Sin embargo, en algunas ocasiones formulo la pregunta de por qué alguien no quiere participar en el proceso. Suelo plantear la cuestión en los términos siguientes: «¿En qué condiciones estaría usted dispuesto a colaborar en la búsqueda de una solución al conflicto?». Es frecuente que alguna persona rechace participar porque siente miedo: no quiere verse herida una vez más, ni ver barridas o despreciadas de nuevo sus convicciones. Algunas personas también sienten el temor de que perderán en todo caso porque no se expresan bien o con tanta habilidad como los demás. En algunas ocasiones he eliminado estas reservas, pero en otras no he tenido éxito. En principio, suelo rechazar las reuniones a las que alguien asiste por imposición de sus superiores.

Una vez aclarado el tema de la asistencia voluntaria y fijadas las condiciones restantes que enmarcan las conversaciones, pasamos a la siguiente fase, en la que los asistentes exponen su opinión con relación al conflicto. Se trata, antes que nada, de que las partes saquen a relucir lo que les preocupa o disgusta. En esta fase puedo hacerme una idea de cómo se ha llegado a una situación conflictiva. Adela y Mariona me explicaron su visión del problema. Ambas pudieron hablar a sus anchas y yo les formulé mis preguntas hasta tener claro qué sentimientos habían salido a flote mientras se gestaba la situación. Cada persona habla solamente conmigo, no entre sí, pues sólo si no caen en el error de pelearse puedo tener la oportunidad de entender qué está pasando. Procuro que ambas tengan más o menos el mismo tiempo para hablar y que no se interrumpan ni corrijan la una a la otra.

Lo primero que intento comprender es la visión que tiene cada una de ellas del conflicto. Al mismo tiempo, presto atención a los indicios que me puedan revelar la existencia de puntos débiles en las dos mujeres, es decir, los aspectos en que se han sentido especialmente heridas. Si estoy atenta al tono de voz, a las palabras elegidas y al lenguaje corporal de la persona que está hablando, puedo imaginarme cuál es su talón de Aquiles. Cuando nos acercamos a una herida abierta o a un tema especialmente sensible, la persona suele emocionarse, emplear palabras más duras, subir el tono de voz y hacer gestos más enérgicos y cortantes, aunque también puede frenarse o bloquearse por completo. A veces se observan reacciones abruptas de defensa, que se exteriorizan de un modo desagradable o agresivo. Surgen las ofensas, los reproches y las amenazas. También hay quien se siente triste, se le humedecen los ojos y rompe a llorar. Yo registro estas pistas y procuro recordar de qué estábamos hablando cuando aparecieron esas señales que me revelan que hemos tocado un tema sensible. Mientras las dos mujeres me van explicando su visión del problema, voy registrando sus puntos débiles. Si son varios, tomo nota para no olvidarme de ninguno. Una vez terminada esta fase, debo ser capaz de comprender el punto de vista de cada una de las partes, pues sólo si logro entender la postura de ambas mujeres puedo garantizar que no voy a caer en el error de posicionarme en uno u otro lado. Si no entiendo a una de las partes, aún me falta información de este lado y sigo preguntando hasta que comprendo perfectamente el punto de vista de la afectada.

La fase siguiente es el diálogo: tienen que hablar las dos partes contendientes entre sí; yo sólo procuro que la conversación no degenere en una pelea contraproducente. En esta fase tengo ya una idea bastante clara de las causas del conflicto, de cómo ha llegado a agudizarse y en qué se han sentido especialmente heridas las mujeres. Lo más importante es que, a partir de ese momento, las partes renuncien a acusarse mutuamente y hablen «con el corazón en la mano». Esto significa que se informen mutuamente de lo que las ha ofendido, herido o disgustado, y que ambas confiesen sus puntos débiles y sus temas sensibles. En esta fase de la conversación, sólo soy una especie de intérprete, que interviene cuando algo se ha expresado de una manera deficiente o queda poco claro, o cuando una de las partes vuelve a mostrarse agresiva y ataca a la otra. Si oigo palabras despectivas, actúo de filtro e intento expresar directamente los sentimientos que se ocultan tras semejante actitud.

Paso a reproducir un breve ejemplo de la conversación concreta, refiriéndome al instante en que Adela señaló a Mariona con el dedo índice extendido y dijo bastante excitada: «Cuando usted llegó a la oficina, metió enseguida las narices en todos los asuntos, sin preguntarme siquiera. No creo que sea un detalle de buena educación por parte de una empleada nueva». En ese instante tuve que intervenir, porque «meter las narices» y «no mostrar una buena educación» eran expresiones poco adecuadas y Mariona podía sentirse ofendida, con lo cual habríamos retornado al viejo combate en el que una ofende a la otra y se emprende un camino que no conduce a ninguna parte. Intenté retirar el «veneno» que contenían las palabras de Adela y reproducir la esencia de su discurso de una forma nada hiriente. La «traducción» me salió así: «Me da la impresión, señora Adela, de que usted deseaba que Mariona le hiciera preguntas antes de ocuparse de ciertos asuntos». Adela respondió: «¡Pues claro! Yo estaba allí mismo, estaba presente, y ella no tenía más que preguntarme. Se lo habría explicado todo perfectamente». Entonces pedí a Adela que le dijera a Mariona lo mismo que me acababa de decir a mí. Lo hizo así y dijo: «No tenía usted más que dirigirme la palabra y preguntarme. Yo me encontraba allí y no me gusta estar de adorno». Me dirigí a Mariona y le pregunté: «¿Qué tiene usted que decir al respecto?». Mariona respondió directamente a Adela: «¿Sabe usted? En realidad, yo no pretendo otra cosa que trabajar de una manera independiente. No soy una principiante que tiene que preguntarlo todo y que no sabe cómo hacer su trabajo. No tengo edad de aprendiza». Yo insistí: «Parece que es muy importante para usted trabajar con independencia y, por eso, deseaba comprobar si se las arreglaba sola, en lugar de ir preguntándole a cada paso a la señora Adela». Mariona respondió: «Sí, así es. No quería molestarla. Me creía capaz de arreglármelas sola». Adela observó al respecto: «Lo primero que me molestó fue que me impusieran a alguien de la noche a la mañana, sin avisarme. No podía evitar tener ciertas sospechas». Una vez más insistí en la cuestión: «¿Qué sospechaba usted?». Adela contestó, un tanto excitada: «¿Qué le parece a usted que debía sospechar? Pues que la empresa pretendía apartarme poco a poco de mi tarea. "La señora Adela es demasiado vieja para hacer todo ese trabajo sola. Le pondremos una ayudante joven, que se vaya haciendo cargo de él y que lo hará mejor." ¡Eso después de haberme sacrificado tantos años por la empresa!». Habíamos llegado a uno de los puntos débiles de Adela, en el que se sentía herida. Decidí puntualizar: «Tal como iban las cosas, parece que usted tenía la sensación de que querían apartarla de su puesto de trabajo». Los ojos de Adela se llenaron de lágrimas y respondió: «Así es. Pensé que me consideraban un trasto viejo que debía ir a la basura». Mariona se sintió muy afectada por estas palabras y le dijo a Adela: «A mí nadie me habló así de usted. Sólo me dijeron que debía aliviarle la carga de trabajo que llevaba».

Creo que mis intervenciones, en el sentido de detallar los aspectos emocionales del conflicto, sirvieron para sacar poco a poco a la luz los puntos débiles de las interesadas y los hechos clave que las habían hecho sentirse heridas.

En esta fase, lo más importante es que todos los temas conflictivos salgan a la luz para poder arrancar el conflicto junto con todas sus raíces. Al final de esta fase, las partes interesadas tendrán muchas veces la sensación de que por primera vez han sido comprendidas y que sus quejas han sido escuchadas.

Después de este diálogo, encaminado a aclarar el problema, las dos mujeres estaban aún muy lejos de ser amigas del alma, pero ninguna de ellas pensaba ya que la otra era la única culpable de la situación. Tanto Adela como Mariona estaban de acuerdo en que tenían un carácter muy diferente y se dieron cuenta de cuáles eran los puntos débiles de ambas. Las dos veían también muy claro qué era lo que había llevado el conflicto a su punto álgido.

Una vez que las dos mujeres hubieron repasado todos los aspectos del problema, se pasó a la última fase, la de la conversación final, en la que se trataba de definir las medidas que había que adoptar para que la labor cotidiana en el despacho compartido se desarrollara sin incidentes. Las soluciones adoptadas fueron las siguientes: ambas mujeres estaban de acuerdo en establecer una separación clara entre las áreas de responsabilidad de cada una de ellas. Mariona pidió a Adela que la ayudara a profundizar en su tarea. Adela se declaró dispuesta a hacerlo así. Sin embargo, confesó que a la larga preferiría volver a disponer de su despacho para ella sola, aunque a corto plazo estaba dispuesta a compartirlo con Mariona. Esta última no quería tener un despacho para ella sola, sino que prefería que hubiera gente alrededor, de modo que estaba dispuesta a compartir un despacho con otros compañeros. En el último encuentro se decidió plantear los respectivos deseos a la dirección de la empresa. Las dos mujeres se pusieron de acuerdo en que cada una de ellas cogiera el teléfono cuando la otra estaba ausente. Lo más importante de todo ello fue, sin duda, haber alcanzado un nivel de entendimiento en el cual las dos mujeres, aunque no llegaran jamás a tener un trato amistoso, al menos podían tratarse como compañeras.

Quiero añadir unas últimas observaciones acerca del aspecto práctico de esta solución. La experiencia me dice que sólo puede hablarse de medidas organizativas concretas cuando el conflicto ha sido previamente abordado a fondo y se han sacado a la luz todos sus aspectos. Una solución apresurada y puramente organizativa únicamente aplaza el conflicto. El simple intento de buscar una solución, sin explicar de una manera objetiva los sentimientos que intervienen en el conflicto, suele fracasar. Un conflicto llega a serlo precisamente porque intervienen emociones, porque se abren heridas al tocar los puntos débiles de los afectados. Si no se aclaran esas emociones y no se descubren esos puntos débiles, el intento de resolver el conflicto no conseguiría más que endulzarlo pasajeramente.

Cómo soportar las tensiones

En los seminarios que organizo y en mi consulta, me viene llamando la atención el hecho de que muchas mujeres sean incapaces de aguantar durante mucho tiempo un «mal ambiente». Les falta la necesaria resistencia mental si se ven enfrentadas a él. ¿En qué consiste la resistencia mental en caso de conflicto? Intentaré explicarlo. Por ejemplo, se puede llegar a él cuando te distancias de otra persona. Supongamos que le has negado a alguien un favor. Es posible que la persona que te había solicitado el favor se sienta desilusionada y acabe enfadándose contigo. Tener resistencia mental significa en este caso soportar la tensión que se ha producido. Esta tensión puede expresarse en el hecho de que ya no te hables con esa persona y la situación de distanciamiento te resulte difícil de soportar, o bien en que esa persona se excite cada vez más e intente hacerte cambiar de opinión. Las voces suben de tono y las aguas parecen cada vez más revueltas. Si no soportas este tipo de situaciones, es posible que acabes echando mano de soluciones «radicales», una de las cuales consiste en poner un fin inmediato a la situación cediendo a la petición del otro, es decir, rindiéndote. También puedes acabar rápidamente con esa situación enojosa alejándote del todo, o sea, poniendo fin a la relación o amenazando con terminarla.

Para desarrollar más capacidad de resistencia y mayor aguante y firmeza, debes adquirir la capacidad de proteger adecuadamente las facetas más sensibles de tu personalidad. Una de las posibilidades que tienes para conseguirlo, en caso de conflicto, consiste en esforzarte por dialogar con tu niña interior. Explícale a esa parte tan delicada de tu alma dónde reside exactamente tu problema y asegúrale que no le pasará nada, que no habrá castigo y que no tiene por qué esconderse.

También existe otra posibilidad de proteger activamente la parte más sensible del alma. Para este fin te ofrezco una estrategia de autoestima que he denominado escudo protector. Este escudo te permitirá mantener a otras personas a distancia, erigiendo en tu mente una especie de barrera invisible a tu alrededor. Gracias a esta barrera evitarás, por ejemplo, que las prisas o el nerviosismo de otra persona te afecten. La barrera también podría compararse con un grueso abrigo de piel, que te calentará cuando sopla un viento helado en torno a tu persona.

El escudo te permitirá estar un poco por encima de una situación momentánea dada y mantener la cabeza fría cuando hay tormenta. Por ejemplo, si tu jefe está furioso porque algo ha salido mal, puedes mantenerte tranquila e intentar descubrir qué es lo que ha fallado, sin caer en la tentación de mostrarte disgustada o sumisa. Tu escudo protector te ayudará a seguir hablando amablemente con tu madre (o con tu suegra), aunque te reproche una vez más que no te preocupas lo suficiente de tu familia o que malcrías a tus hijos. Incluso los compañeros o los niños malhumorados atacarán mucho menos tus nervios si te blindas interiormente de una manera adecuada.

Un escudo protector es aquel estado mental interior que te permite, por ejemplo, separar tu estado de ánimo del de otras personas. Esto tendrá sentido si deseas permanecer en un lugar cuyo ambiente podría resultar ofensivo o demasiado emotivo para ti. Ahora mismo me acuerdo de Vera.

Vera era una joven de unos veinte años, que deseaba visitar a sus padres. Acababa de renunciar a su carrera y había emprendido una formación profesional como fotógrafa. Era la primera visita que iba a hacer a sus padres después de tomar semejante decisión. Temía –probablemente con razón– que su padre, que era abogado, rebajara la fotografía al nivel de un capricho que jamás le permitiría ganarse la vida. Era de esperar que no aceptaría de buen grado su decisión. Vera sospechaba que, como consecuencia de ello, acabaría enfadándose con sus padres y que la visita sería desastrosa. Por esta causa, no tenía ganas de ver a su familia. Sin embargo, con ayuda de su escudo protector encontró la forma de visitar a sus padres y hablar con ellos sin dejarse provocar por su progenitor. Se propuso sentirse interiormente protegida y les explicó por qué prefería ser fotógrafa. Todo lo que su padre aducía en contra de su decisión quedaba más allá de la barrera y no la afectaba demasiado.

Tu escudo protector puede ayudarte a mantener el contacto con otras personas, aunque la situación represente una carga emocional. Pienso, por ejemplo, en esas personas que en su trabajo cotidiano tienen que vérselas con diferentes clientes. Tratar con clientes puede resultar difícil, sobre todo cuando se presenta alguien arrogante que pretende humillarte o cuando una persona acude a reclamar y se muestra agresiva. En estos casos, la dependienta o la encargada de atención al cliente no puede salir corriendo por desagradable que resulte la situación. Sin embargo, sin una buena resistencia mental existe el peligro de que cualquier queja por parte del cliente se convierta en una carga emocional. De ahí que las personas que mantienen contacto con clientes necesiten un buen escudo protector para hablar amablemente con toda clase de personas, incluidas las que tienen un carácter difícil o están enfadadas.

Un buen escudo protector también puede serte útil si tienes tendencia a padecer una sobrecarga porque asumes de inmediato las dificultades de los demás. Si es así, lo más probable es que reacciones con excesiva sensibilidad a las peticiones de ayuda de tus semejantes.

Es posible que seas una de esas mujeres que enseguida saltan del asiento cuando otra persona no encuentra algo, cuando necesita ayuda o sencillamente cuando está disgustada. Si actúas así y tratas de solucionar todos los problemas de los demás, acabarás teniendo mucho trabajo. Ya he descrito esta situación en el capítulo anterior. Un buen escudo protector puede ayudarte a mantener a la gente en su sitio.

Te conviene proteger tu interior

Antes de describir cómo puedes conseguir ese escudo protector, voy a comentar una cuestión que se suscita con frecuencia en los seminarios que organizo en torno a este tema. Recuerdo a una participante que no deseaba por nada del mundo ese escudo protector y que interrumpió mis explicaciones con el siguiente comentario: «No me interesa tener un escudo protector. Si lo tuviera, me volvería como mi marido, que, nada más llegar a casa, levanta un muro de silencio a su alrededor. Se sienta en un sillón a leer el periódico, y parece que nuestros hijos y yo no existimos para él. Es capaz de desconectar en cualquier situación y ambiente que en ese momento haya en casa. No quiero volverme como él».

No hay que confundir la acción de «protegerse» con la de «desconectar». No se trata de que te vuelvas insensible e indiferente frente a quienes te rodean. Un escudo protector no es un muro impenetrable que levantas a tu alrededor. Se trata únicamente de que no te dejes implicar en el estado emocional de otras personas. De hecho, si te sientes protegida y distanciada en tu interior, te resultará mucho más fácil escuchar y atender a los demás.

Yo suelo imaginar mi escudo protector como un biombo traslúcido que me separa y me protege de lo que en un momento dado me puede resultar perjudicial.

Pasemos ahora a hablar de cómo puedes construir un escudo protector en torno a tu persona.

ESTRATEGIA DE AUTOESTIMA: TU ESCUDO PROTECTOR

• Intenta recordar alguna situación en la que has reaccionado de una manera fría y serena en un ambiente agitado y emotivo. Intenta recuperarla y sumergirte totalmente en ella. Imagínate la sensación que te invade cuando los problemas más desagradables se estrellan contra tu serenidad, igual que una pelota de ping-pong es rechazada por el tablero de la mesa.

• Permite que en tu interior crezca la sensación de que puedes blindarte si construyes a tu alrededor una especie de escudo protector invisible.

- Imagínate ese escudo de modo que te permita seguir viendo y oyendo todo lo que sucede a tu alrededor, algo parecido al cristal blindado y grueso que te separa del cajero del banco. Este escudo protector puede instalarse en cualquier momento y lugar que desees.

- Busca una consigna que acompañe la instalación de tu escudo interior, a modo de música de acompañamiento. Puedes decirte a ti misma algo así como: «Eso le toca resolverlo a otro» o «Ahora no es el momento de ocuparme de este asunto».

Las mujeres que han montado un escudo protector en su interior se lo han imaginado de muy diversas maneras. Unas pensaban en un grueso cristal blindado, otras evocaban más bien un escudo metálico, otras creían que tenían que levantar un espacio protector a su alrededor. Sea cual fuere la idea que tengas del escudo que debe protegerte, lo más importante es que tenga una forma con la que te sientas cómoda. Si el escudo es eficaz, te mantendrás serena aunque el ambiente esté crispado o te acosen los disgustos.

Para que puedas encontrar rápidamente el escudo cuando lo necesites, entrénate en su colocación. Puedes hacer la prueba en alguna situación inofensiva, como cuando vas de compras y de paseo. Sólo tienes que distraer tu atención durante unos breves instantes de lo que sucede a tu alrededor y concentrarte en ti misma. En cuanto hayas realizado ese ejercicio un par de veces, serás capaz de fortalecer y proteger tu interior con la rapidez del rayo, casi con sólo mover un dedo.

Cómo encajar las agresiones verbales
En mis cursillos de entrenamiento de la autoestima suele surgir con frecuencia el tema de «cómo encajar las observacio-

nes improcedentes y las humillaciones». Las cuestiones que plantean las participantes suelen ser más o menos como éstas:

- «Cuando viene a vernos mi suegro, suele dirigirse a mí llamándome "feminista fanática". No sé cómo comportarme en esos casos.»
- «Cuando discuto con mi jefe y no se le ocurren otros argumentos, suele decirme: "No se emocione usted tanto". Eso me hace sentirme insegura y me deja desarmada.»
- «Uno de mis compañeros me aseguró que jamás soportaría a una ejecutiva ambiciosa como yo. Me dejó estupefacta. ¿Qué tenía que haberle contestado?»

Algunas de estas agresiones verbales exteriorizan claramente un conflicto latente. En otros casos puede tratarse de una lucha de poder, para dejar sentado quién es el más fuerte (verbalmente). Antes de proponer cómo defenderse en una situación como ésta, me gustaría comentar un poco más esta forma de medir las fuerzas del otro mediante una provocación verbal.

No pretendo causar la impresión de que las mujeres son siempre las inocentes, las agredidas. Una mujer también es capaz de rebajar y humillar a otras personas, pero los métodos que emplea suelen ser diferentes de los de los hombres. Con mayor frecuencia prefieren mostrar su desacuerdo «a la chita callando», resoplar y dejar de intervenir en la discusión, o difundir rumores maliciosos que pueden adquirir la envergadura de pequeñas o grandes intrigas. Muchas mujeres aprenden a defenderse así desde pequeñas. Dado que a las niñas se las suele educar para que cuiden la relación con otras personas, las rivalidades que surgen inevitablemente las inducen a luchar de una manera encubierta; no pasan fácilmente a la confrontación abierta. En los chicos no sorprende que usen los puños en una pelea directa cuando quieren sentirse superiores. En las niñas es menos frecuente ver que se pelean para dejar sentado quién es la más fuerte. Cuando las niñas se van haciendo mayores, ya no se trata en general de saber quién tiene más fuerza física, sino de averiguar cuál es la más guapa, la preferida de los chicos o la que tiene el amigo más fuerte y más guapo. Las luchas entre niñas rivales no suelen desarrollarse en el plano de «quién es la más fuerte», sino en el de «quién es la más guapa y la preferida de los demás». Este tipo de competividad, más bien indirecta y menos ruidosa que las peleas de los chicos, suele llamar mucho menos la atención, razón por la cual las mujeres se sienten inseguras cuando se exponen a una agresión verbal directa. La experiencia me dice también que las mujeres suelen aplicar en estos casos dos clases diferentes de medida. Si la agresión verbal sale de la boca de otra mujer, la agredida le dará un mayor peso y se lo tomará más a pecho que si proviene de un hombre. Por decirlo de otra manera: la mujer suele considerar más despiadada la agresión que le llega de otra mujer.

Personas con un carácter dominante
Muchos hombres consideran natural la lucha por el poder, por dominar a otros. Las peleas menores por conquistar una pequeña parcela de poder son, en muchos casos, la manera que tienen de establecer y hasta de mantener el contacto con otra persona. Son como niños pequeños que se dan empujones y pasan a las manos sin dejar de ser amigos, sólo que cada uno de ellos sabe cuál es el más fuerte en cada momento. En el mundo profesional y laboral actual puede suceder que el hombre provoque a la mujer para saber quién es el más fuerte, quién tiene más poder o categoría. En este caso soltará una observación mordaz o un comentario despectivo, ata-

cará de palabra a la mujer o la tarea que realiza con un tono irónico en la voz. En una sociedad de cultura más bien masculina, se trata de una invitación al baile en torno a la cuestión de quién domina a quién. Tras la provocación, el hombre se queda a la espera de los pasos de baile que dé la otra parte. La mujer, en cambio, debido a su cultura más bien femenina, busca mantener una buena relación con el otro y, desde su punto de vista, la lucha por el poder representa un peligro de que empeore esa relación. La mayoría de las mujeres se encogen ante esta amenaza, se retiran del campo de batalla, intentan restablecer el buen ambiente o bien reaccionan, a su vez, con agresividad. Según la cultura masculina, ese comportamiento es una prueba de sometimiento.

La manera diferente en que los hombres y las mujeres reaccionan ante las agresiones verbales y las humillaciones se expresa claramente en el ejemplo de una participante en uno de mis cursos.

Esa mujer era capataz y trabajaba casi exclusivamente con hombres. En cierta ocasión hubo fallos en una edificación, por lo que el hombre que representaba a la propiedad acudió personalmente, discutió con ella gritando a todo pulmón y cuestionó su actuación profesional. La mujer nos explicó durante la sesión que jamás se había sentido tan insultada y ofendida. Estuvo varias noches sin poder conciliar el sueño y a punto de renunciar a su profesión. Tenía la sensación de que había fracasado para siempre, pero un amigo, también capataz, le levantó el ánimo explicándole las reglas de juego que rigen en una obra. Le dijo que un propietario enfadado a más no poder es lo más normal del mundo cuando se construye un edificio, y que él, cuando le ocurre algo semejante, deja que el propietario de la obra grite todo lo que quiera. Pasadas una o dos horas,

cuando se supone que el temporal ha amainado, le llama
por teléfono, toman juntos una cerveza, aclaran lo sucedido
y deciden lo que cabe hacer para remediar el fallo.

La mujer nos explicó que se quedó perpleja cuando el
amigo le explicó esas «reglas del juego» en el ramo de la
construcción, y se dio cuenta de que había interpretado los
gritos y los insultos del propietario como un asunto que la
afectaba de un modo demasiado personal. La realidad es
que la reacción del hombre estaba destinada a dejar claro
cuál de las partes en la discusión tenía la última palabra.

En una sociedad y en una profesión en las que dominan los
hombres, la escena que acabo de describir sólo sirve para dejar bien claro quién manda y quién tiene que obedecer. Por
supuesto, estos gestos de poder serán diferentes, por ejemplo, en un banco y en un claustro de profesores, pero se manifiestan en casi todos los sectores, y en el sector público más
que en ningún otro. La razón última es que el agresor reclama su derecho a mandar y, para dejarlo bien claro, deja a su
oponente por los suelos, tachándole de tonto, inútil o incom-
petente. Las mujeres tienden a interpretar cualquier ataque
como una ofensa personal y a tomarse en serio las palabras
impertinentes. No comprenden que ese revuelo sólo está destinado a recalcar quién manda allí y a reforzar la posición
de poder. Esto no significa que los hombres no sufran ante
una agresión verbal o una humillación, pero saben que ese
juego de póquer por conquistar un área de poder forma parte de «los negocios».

Una oposición serena
Voy a mostrarte diferentes caminos para reaccionar ante este tipo de provocaciones.

Para dominar una situación así, no has de sentirte herida. ¿Cómo no sentirse herida? Una observación agresiva no es, de entrada, más que un intento de comunicarse contigo. Aunque constituye también un intento de atacarte, es asunto tuyo sentirte agredida o no. Es como si alguien arrojara a tus pies un zapato viejo: puedes ponértelo y echar a andar calzada de ese modo. En realidad, el que arroja a tus pies una observación impertinente no puede obligarte a recoger esas palabras, pero, si reaccionas con muestras de sentirte ofendida o indignada, demuestras que te has calzado el zapato que el otro ha arrojado a tus pies. Has entendido el intento de comunicarse contigo tal como tu oponente deseaba que lo hicieras. ¿Cuál sería una reacción demostrativa de que «no te has calzado ese zapato»? Te apunto una lista de tres posibles reacciones de rechazo.

• **Pasar por alto las palabras impertinentes.** Pasar por alto cualquier intento de humillarte o de herirte resulta muy útil, sobre todo en el ámbito laboral. En él es donde más domina cierto hábito de poner a prueba a la mujer arrojándole a la cara cualquier observación cargada de cinismo. En estas situaciones suele suceder que, en el transcurso de cualquier conversación objetiva, surge de repente una mención del «agresivo» carácter «feminista» o de la «exagerada» ambición de las «ejecutivas», y todos los asistentes quedan a la espera de la reacción de la única mujer presente.

Si la mujer reacciona con indignación a semejante provocación verbal, a los demás asistentes les parecerá muy interesante la conversación, pues es señal de que el agresor ha ganado la partida. Desde la altura de la superioridad conquistada, el agresor es capaz de proponer entonces a la indignada mujer que ya es hora de volver a la objetividad. Pasar por alto este tipo de observaciones constituye muchas veces un buen método para desbaratar ese intento de ponerte a prueba y una buena oportunidad para insistir en los propios objetivos.

• **Comentar sin rodeos esa mención impertinente.** Otra posible reacción consiste en centrar el foco de la conversación en esas palabras provocadoras, y comentar abiertamente la forma en que se está hablando allí de ti como mujer. Existen diferentes maneras de hacerlo. Una de ellas es plantear sin rodeos alguna pregunta aclaratoria:

> – «Con eso que acabas de mencionar cuando decías... (repite las palabras de tu interlocutor), ¿a qué te referías exactamente?»
> – «¿Cómo describirías a una "ejecutiva agresiva y ambiciosa"?»
> – «¿Por qué no defines con más detalle qué consideras una "feminista fanática" y por qué?»

También puedes preguntar por las motivaciones de tu interlocutor:

> – «¿Por qué me dices eso precisamente ahora?»
> – «¿Qué te hace pensar que soy como me acabas de definir?»
> – «Esa observación es interesante. ¿Qué pretendes conseguir con ella?»

También puedes insistir sin rodeos en lo que acaba de suceder o en lo que piensas que ha sucedido:

> – «Es posible que te haya entendido mal, pero me suena como un ataque a mi persona.»
> – «No estoy de acuerdo con lo que acabas de insinuar.»
> – «No quiero seguir la conversación por ese camino. Por tanto, propongo que... (expón tu deseo o tu propuesta).»

• **Interpreta de una manera puramente objetiva lo que acabas de oír.** Explicaré esta contraestrategia con un ejemplo.

La empleada de la sección comercial de una empresa industrial había demostrado una gran capacidad en el ejercicio de su labor. Cierto día acababa de salir de una reunión en la que había expuesto de una manera convincente sus ideas al respecto. Al parecer, un compañero se sintió lleno de envidia por el éxito obtenido. En la empresa reinaba un ambiente amable y cordial, aunque un tanto distante, así que la mujer se quedó muy sorprendida al ver que el compañero en cuestión la insultaba al verla en el pasillo. Sin que nadie más pudiera oírle, murmuró primero algo para sí y después le soltó en voz alta estas palabras inequívocas: «¡Cabra loca!». La mujer se quedó en un primer momento sin habla. ¿Qué podía responder al compañero? ¿Le arrojaría otro nombre de animal? ¿Le llamaría «gusano repugnante» o «gallito insolente»? ¿O no le diría nada, y se limitaría a tomar nota mentalmente del insulto y denunciarle ante la dirección? La solución de insultarle también le pareció inadecuada. Yo creo que hizo bien, pues se habría rebajado al nivel del compañero. Tampoco quería quejarse a la dirección de la empresa. Sin embargo, quería contestarle algo, aunque sin mostrarse tan maleducada como él.

Las palabras «cabra loca» fueron interpretadas por la empleada como una agresión personal y directa. Lo más probable es que ésa fuese la intención del compañero. Por otra parte, nadie puede decidir por nosotras cómo interpretamos una observación. Sólo uno mismo sabe interpretar y acusar unas determinadas palabras, y disponemos de toda la libertad del mundo para interpretarlas o entenderlas de una manera diferente.

Intentaremos ahora interpretar la expresión «cabra loca» no como un ataque a una persona, sino de una manera puramente objetiva. Una cabra es un animal, un cuadrúpedo, que nadie esperaría encontrar en la sección comercial de una empresa industrial. ¿Cómo podríamos interpretar el hecho de que una persona se dirija a una empleada de esa empresa, que camina por el pasillo de las oficinas, diciéndole «cabra loca»? ¿Habrá visto una cabra detrás de la empleada y le habrá sorprendido la visión, o tal vez el compañero padece alucinaciones? ¿Será necesario pedir a un pastor que se lleve la cabra o será más aconsejable acudir al médico de la empresa para que preste los primeros auxilios al visionario? Tal vez mis ideas te parezcan disparatadas, pero piensa en lo siguiente: ¿no es disparatado decir a una empleada que es una «cabra loca»? Si la mujer en cuestión no quiere sentirse herida por la impertinencia, puede decidir entenderla de una manera objetiva; así quedará claro que el compañero no dice más que tonterías.

La respuesta podría ser, más o menos, ésta: «Perdona, pero no veo ninguna cabra en el pasillo. Estamos en la tercera planta y, para serte sincera, no creo que a nadie se le ocurra meter una cabra en el ascensor. Tampoco creo que el animal haya subido por las escaleras. De cualquier modo, no te preocupes: todos nos podemos equivocar». Con una respuesta de este tipo, la empleada se habría centrado en el término «cabra». Claro que también le podría decir al compañero que tiene problemas si ve una cabra en la tercera planta de una empresa industrial. En este caso interpretaría la observación como una valoración del estado mental del hombre, dándole una respuesta como la siguiente: «Dios mío, ¿has visto una cabra en el pasillo? ¿Te encuentras bien? ¿Puedo ayudarte en algo?». Todas estas respuestas se apartan del tono que ha empleado el agresor, aunque distan mucho de ser inocentes. Al contrario, exponen con claridad la falta de educación que se oculta tras la agresión verbal. Una reacción así te permite defenderte sin apretar más todavía el tornillo del conflicto. No respondemos con otra observación impertinente, sino que discutimos el insulto desde un punto de vista puramente objetivo u ofrecemos nuestra ayuda para quitar hierro al asunto. La condición indispensable para reaccionar de este modo es no acusar recibo del insulto como lo que es, sino tomarlo como algo que no se refiere a ti: como un dato revelador del estado mental de nuestro interlocutor. El acusador ha revelado con sus palabras una intención que, si dejamos que intervenga la faceta más objetiva de nuestra personalidad, apreciaremos como una necedad suprema. Esta parte de nuestra mente nos puede ser muy útil a las mujeres para no acoger cualquier observación desagradable como un ataque personal, sino para valorarla literalmente e intentar reaccionar de una manera serena y objetiva.

También es posible que no quieras tomarte tantas molestias. He intentado imaginarme otras posibles reacciones para que puedas oponerte de una manera serena a cualquier agresión verbal. He desarrollado unas cuantas respuestas estándar y las he puesto en boca de un judoka de ataque.

Siempre me han fascinado las formas y las técnicas asiáticas de autodefensa, como el judo y el aikido. Es posible que te parezca paradójica la esencia de estas modalidades del arte de la lucha cuerpo a cuerpo, puesto que hacen referencia, antes que a otra cosa, a la manera de evitar la lucha y a la necesidad de defenderse. No se trata de oponer directamente tus propias fuerzas a la energía del atacante, sino de desviar el sentido de la agresión. Esa misma postura se puede expresar de una forma verbal, es decir, mediante la palabra. El judo de ataque es una posibilidad de defenderse sin devolver el golpe. Se trata de conseguir que la agresión (verbal) se pierda en el vacío. Esto constituirá una sorpresa para tu oponente, pues cuenta con una forma determinada de reacción de tu parte: espera dejarte estupefacta, sin respuesta, ofendida o, cuando menos, insegura. Si inicias una discusión y te defiendes con palabras fuertes, te conviertes para tu oponente en un enemigo de reacciones previsibles: le ofreces la posibilidad de calcular de antemano tu reacción ante una agresión verbal o un insulto y proceder de una manera determinada. El judo de ataque, en cambio, te permite reaccionar de una manera imprevisible.

¿Te parecen absurdas las respuestas que aparecen en la estrategia de autoestima de las páginas siguientes? Pues es verdad: lo son. Son reacciones absurdas a agresiones absurdas. Si aplicas una maniobra de judo verbal, resaltas el aspecto grotesco de la agresión. Tal vez te resulte un poco difícil al principio, porque preferirías mostrarte enfadada y devolver el golpe con todas tus fuerzas. Muchas mujeres albergan la esperanza de conseguir algo con una respuesta de este tipo. Pretenden educar al agresor, hacer que entre en razón para que no vuelva a repetir su ataque. Si éste es tu caso, reflexiona a fondo y considera quién es en realidad esa persona en la que quieres malgastar tus aptitudes pedagógicas. ¿Vale la pena portarse tan benévolamente con una persona que ha tenido un comportamiento tan agresivo contigo? Es probable que con una maniobra de judo verbal no consigas transformar al agresor en una persona más educada o en una buena persona, pero lo sumirás en una profunda confusión. Cuando se haya repuesto de esa confusión, podrás iniciar una conversación tranquila acerca de lo sucedido. Y si tu oponente prosigue sus ataques, tendrás ocasión de reaccionar de una u otra manera: puedes explicarle con sinceridad lo que piensas de su manera de hablarte, exponer tus críticas bien razonadas o intentar otras maniobras de judo.

Intenta recordar algún insulto al que te gustaría responder y elige después la maniobra de judo más adecuada entre las siguientes:

• **El truco del buen samaritano.** Muestra una expresión preocupada. Dile al otro que estás dispuesta a darle la razón si eso le sirve de ayuda.

> – «¿Te va bien que te dé la razón?»
> – «Te daré la razón con mucho gusto si eso te ayuda a sentirte mejor.»
> – «Pues claro; tienes toda la razón. ¿Te sientes mejor ahora?»

• **Desviar la conversación.** No acuses la agresión: no te des por aludida. Habla de cualquier cosa que se te ocurra, por ejemplo del tiempo, de la situación económica en general, del último fin de semana. «Se me acaba de ocurrir algo que me gustaría comentarte...», o bien: «Aprovechando esta charla tan simpática, me acuerdo de una cosa que me llamó la atención el pasado domingo mientras paseaba por...».

• **Un refrán imprevisible.** Consigue que tu interlocutor tenga que romperse la cabeza respondiéndole con un refrán que no tiene nada que ver con su agresión verbal. Por ejemplo, ante la agresión «¡No me digas que eres una de esas insoportables feministas fanáticas!», puedes contestar: «Es verdad. Una sola golondrina no hace verano». También sumirías a tu atacante en una confusión total con esta respuesta: «Es lo que digo siempre: zapatero a tus zapatos», o bien: «Justamente lo que solía decir mi abuela: en boca cerrada no entran moscas». A continuación no digas nada más; limítate a mirar a tu interlocutor con expresión preocupada.

• **El malentendido intencionado.** ¿No te ocurre a veces que no has oído bien o no entiendes lo que otra persona te ha querido decir? Esto te puede resultar muy útil cuando alguien te agrede verbalmente. Ante la agresión «No te pongas así; no seas tan sensible», el malentendido podría construirse así: «¿Cómo que no sea tan insensible? ¿Qué te ocurre? ¡Pero si yo siempre intento mostrar abiertamente mis emociones!».

• **El piropo sorpresa.** Tu respuesta puede consistir en mirar a tu oponente con expresión amable y decirle algo simpático, como, por ejemplo: «Te expresas con un talento admirable», o bien: «Me gusta tu buen humor», o también: «Eres un compañero admirable y me gusta charlar contigo. Sigue así».

Cuando te hayas acostumbrado a aplicar estas maniobras de judo verbal con soltura y tengas un buen dominio de la situación, es posible que reacciones con menos temor o enfado a cualquier intento de rebajarte o provocarte. El judo de ataque te puede ayudar a sentirte cómoda, y a que el enfado y la confusión marchen al lugar que les corresponde: la mente de tu interlocutor.

Lo molesto de la rabia

Sé que no todas las contrariedades de la vida cotidiana pueden soportarse con una serenidad absoluta y con ánimo festivo. No siempre un comentario irónico es la respuesta más adecuada a las zancadillas que nos ponen. Se nos pueden quitar las ganas de querer solventar con buen humor los problemas que se presentan, sobre todo cuando no respetan el trazado de nuestras fronteras o pisotean nuestra dignidad personal. ¿Qué pasa si pierdes la paciencia? ¿Intentas reprimirte para que nadie se dé cuenta de que estás furiosa? ¿Tienes ganas de romper unos cuantos platos o de estrellar los archivadores contra la pared? ¿Te entran ganas de salir corriendo y abandonarlo todo? ¿Qué haces con tu rabia?

A muchas mujeres les resulta muy difícil controlar este tipo de situaciones, lo que nos lleva a estudiar con más detalle las dificultades que existen. A muchas les cuesta incluso reconocer que están enfadadas y ni siquiera son capaces de sentir rabia. Están tristes, tienen miedo o se sienten culpables, pero no saben lo que es una buena ira.

Otras mujeres confiesan, en cambio, que se pasan mucho tiempo tragándose los disgustos, hasta que llega un momento en que la rabia contenida hace explosión, aprovechando con frecuencia la menor excusa.

Esa explosión aparece entonces como un dique que se quiebra y la reacción airada no parece guardar una relación lógica con el hecho desencadenante.

Para muchas mujeres representa un gran descubrimiento darse cuenta de la rabia que han ido acumulando en su interior. Una de las cursillistas declaró al respecto: «En la apreciación de mis amigos y compañeros, siempre he sido "la dulce Elena". Siempre me mostraba amable, simpática y dispuesta a sonreír y ayudar a los demás. Sin embargo, detrás de este exterior afable, he sentido muchas veces la necesidad de apretar los puños y los dientes, aunque solía esforzarme para que nadie se diera cuenta de ello. En el fondo sentía un odio profundo, pero no deseaba mostrarlo en público».

¿Por qué tienen algunas mujeres tantos problemas con su rabia?

El enfado, la rabia y la ira forman parte de los sentimientos que suelen considerarse poco apropiados para la mujer, pero que se admiten en los hombres. Se acepta fácilmente que un hombre dé un puñetazo en la mesa y se ponga a gritar. Incluso se considera un signo de su capacidad de imponerse el que un hombre se salga de sus casillas y pronuncie alguna palabra fuerte que sirva «para imponer el orden».

Las mujeres que exteriorizan su rabia merecen por parte de los demás, tanto mujeres como hombres, una valoración más bien negativa: se considera que tienen un carácter duro, que no se saben dominar y que son unas histéricas. Las estrategias clásicas que se atribuyen a la mujer que desea alcanzar un objetivo se traducen en el halago, la seducción, el ruego (si puede ser, acompañado de lágrimas) y la súplica. A las niñas pequeñas se les suele decir que no deben mostrarse furiosas. La mayoría hemos crecido con esta prohibición de exteriorizar la rabia. De ahí que muchas mujeres se muestren incapaces de ser conscientes de su enfado y mucho menos de expresarlo adecuadamente. Creen que ocurriría algo terrible si se pusieran furiosas. Algunas de estas fantasías catastróficas pueden tomar el cariz siguiente:

- «Las personas de mi entorno me abandonarán si ven que estoy enfadada con ellas.»
- «Si me muestro enfadada con alguien, parecerá que ya no le quiero.»
- «Si fuese una persona normal, no sentiría esta rabia.»
- «Tengo que controlar mi ira porque puedo perder el control y la compostura.»

Detrás de este tipo de reflexiones se esconde la opinión de que la rabia y el enfado son sentimientos «malos». Sin embargo, ya he dicho que no existen sentimientos malos o erróneos, sino que cada sentimiento tiene su sentido. La rabia es un sentimiento que, como pocos, te dice claramente que algo no funciona.

Consecuencias de la rabia reprimida
Examinemos con más detalle lo que sucede cuando un sentimiento de rabia no se exterioriza conscientemente, sino que

es reprimido y «se guarda en conserva». La rabia contenida conduce a una especie de acumulación interna, a un «coleccionismo de fichas secretas».*

Esas fichas no se van amontonando de una manera tranquila en nuestra mente, sino que permanecen activas y provocan una sensación de estrés permanente, que a su vez se manifiesta mediante reacciones físicas perceptibles. La medicina psicosomática suele atribuir a una rabia reprimida, que guarda el recuerdo de ocasiones irritantes, algunos cuadros patológicos como la migraña, la irritación de las mucosas gástricas o la hipertensión. También puede dar lugar a ciertas adicciones, pues, para mantener a raya esa acumulación interna de rabia en constante ebullición, muchas mujeres (y muchos hombres también) echan mano de sustancias inhibidoras, como el alcohol, los medicamentos o la ingesta de un exceso de alimentos. Esto les sirve para ir tapando la rabia y sentirse libres, al menos durante un tiempo, del tormento que les ocasiona.

Otras personas buscan diferentes vías para dominar el estrés que les provoca la rabia acumulada: le ofrecen una vía indirecta de escape. Por ejemplo, en vez de mostrar su enfado o su disgusto, reaccionan distanciándose de los demás. Al impedir acercarse a otras personas, les administran una ración de venganza o castigo indirecto. Otra vía de escape puede consistir en cometer pequeños actos de sabotaje: olvidan «por despiste» o «por casualidad» determinados compromisos. No obstante, las personas que expresan por estas vías su disgusto y su enfado ni siquiera se sienten contentas de ello; más bien parecen incomodadas, aunque no pueden remediarlo, porque sienten la incapacidad de expresar clara

---

* Por ejemplo, en psicología, en el análisis transaccional.

y directamente que están disgustadas y qué es lo que deseaban cambiar.

Pongamos esa rabia debajo de una lupa. Como sucede con cualquier otro sentimiento, la rabia contiene un mensaje para ti. Te comunica que algo no cuadra con tu persona; hay una negativa expresa, algo que te indica que «eso no puede seguir así». En primer lugar, la rabia es una resistencia que va dirigida contra algo: contra determinado comportamiento, contra una persona o contra una situación. Tus deseos pueden arrastrarte en otra dirección, pero, si tienes miedo de emprender ese camino, tendrás la sensación de que no avanzas. Tal vez sigas agarrándote a una relación que hace tiempo ha dejado de ser lo que te habías imaginado y habrías deseado, o sigues en un puesto de trabajo que no te ofrece nuevas oportunidades. Te aferras a una convivencia que ha ido revelándose desagradable. Tu rabia podría darte la energía indispensable para romper esas ataduras tan poco satisfactorias. Además de esa energía, sólo necesitas una idea de la meta que quieres alcanzar, es decir, tu rabia te separará de aquello que no te produce ningún bien, pero ¿adónde pretendes ir? ¿Qué situación sería mejor para ti?

Mientras escribo estas consideraciones me acuerdo de Erica, una mujer que acudió a mi consulta.

Hacía mucho tiempo que Erica no mantenía una buena relación con su marido. Llevaba meses pensando en separarse, pero no se atrevía a poner en práctica esta solución. Tenía miedo de vivir sola, aunque hacía años que su marido y ella no tenían nada en común; se limitaban a hablar de lo estrictamente necesario y sus vidas se desarrollaban por separado. Erica ansiaba encontrar un compañero con el que poder hablar, pero la insatisfacción que le provocaba su vida matrimonial y su deseo de vivir en mejor compañía no eran suficientes para moverla a tomar una decisión. Tan sólo cuando sintió rabia lo consiguió. Murió su padre y durante semanas se sintió triste y deprimida. Necesitaba un apoyo moral, pero, cuando intentaba hablar de ello con su marido, éste la rechazaba y se limitaba a aconsejarle que acudiera a la consulta de un psiquiatra. Esta actitud la molestó profundamente. La rabia que sentía no sólo la sacó del pozo depresivo en el que se encontraba, sino que le sirvió para romper su matrimonio. Erica, que tenía tanto miedo de vivir sola, comprobó que hacía años que vivía sola al lado de su marido. Su rabia le demostró qué era lo que no iba bien en su vida y le proporcionó el impulso necesario para liberarse de esa situación.

Una rabia que se expresa de un modo adecuado y constructivo se transforma en ejemplo para los demás. Si llevas años esperando que alguien haga caso de alguna leve insinuación tuya, tu rabia te ayudará a expresarte con una claridad tal que nadie podrá decir que no has tenido motivos para sentirte agredida.

El trato consciente con la ira

¿Cómo expresar la ira que sientes? ¿Sacándola fuera, gritando, dando portazos, apretando el puño y propinando golpes? No. Aquí no te aconsejamos que derrames tu furia sobre otra persona, sino que aprendas a tratar de una manera consciente lo que sientes. Pero ¿qué significa exactamente «un trato consciente»?

En primer lugar, tenemos el plano físico. La ira hace que se contraigan determinados músculos de tu cuerpo. Cuando sentimos rabia, el cuerpo adopta una actitud de preparación para el combate. La contracción muscular afecta sobre todo al cuello, los hombros y los brazos. Muchas veces se refleja también en las mandíbulas, y entonces aprietas los dientes. Si mantienes esa tensión mucho tiempo, se puede originar una distorsión muscular permanente que puede dar lugar a molestias crónicas, sobre todo dolores de cabeza y tensiones en los hombros. En el plano puramente corporal, te conviene rebajar esas tensiones mediante alguna actividad deportiva, como correr, nadar o practicar ejercicios de yoga.

Sin embargo, esa distensión física sólo es una parte del trato consciente que debes aplicar a tu ira o a tu enfado. También es necesario que descubras el mensaje que te envía ese sentimiento. ¿Qué deseas o necesitas que cambie? ¿Cómo demostrar a los demás de una manera clara que estás disgustada, sin que nadie se sienta herido o tu ira resulte destructiva?

Las mujeres que tienen dificultades con la ira suelen disponer de un único modelo de comportamiento cuando se sienten disgustadas. Te voy a poner un ejemplo.

Una de las mujeres que acudían a mi consulta me explicó lo siguiente: «Como quiero tener paz en casa, muchas veces no digo nada, aunque esté disgustada con mi marido o con mis hijos. Me trago mi enfado en demasiadas ocasiones.
Después llega un momento en que ya no puedo más, en que reviento si no exteriorizo mi rabia. Hace poco se produjo una situación de este tipo: un sábado mi marido se había comprometido a hacer la compra para toda la semana, pero se le olvidó llevarse la lista y compró sólo las cosas de las que se acordaba. El resultado fue que teníamos en casa un montón de cebollas y de patatas, pero no había pan ni leche. Ese mismo sábado, antes de que cerraran las tiendas, salí a comprar lo que faltaba. Mientras estaba fuera, los niños aprovecharon para poner la casa patas arriba. Entre tanto, mi marido estaba sentado

tranquilamente en la cocina leyendo el periódico. Cuando regresé de hacer las últimas compras y vi el desorden que había en casa, me puse furiosa, pero no dije nada. A la hora de comer, el más pequeño de mis hijos se echó encima un plato con sopa de tomate y entonces estallé. Me puse a gritar, estrellé el plato contra el suelo y me refugié en la cocina dando un portazo. Tenía los nervios destrozados».

Esta mujer se dio cuenta de su rabia, pero le faltó la capacidad de expresarla de una forma adecuada. Intentaré explicarlo.

Supongamos que, al sentirse furiosa, la mujer se calla y sólo expresa su malhumor frunciendo el entrecejo. En su entorno, nadie se da cuenta y todos siguen actuando como si nada hubiese sucedido. La mujer se siente entonces cada vez más furiosa, pero no modifica su actitud. Sigue callando y sólo su mirada expresa el malhumor que siente, y así sigue hasta que, en un momento dado, estalla la rabia y entonces se retira. El estallido coge por sorpresa a quienes la rodean; al fin y al cabo, hasta entonces sólo se la veía un poco malhumorada. Habría sido mejor que la mujer expresara en cada momento los sentimientos que la embargaban y siempre en su justa medida, es decir, si está un poco enfadada debe expresar abiertamente ese pequeño enfado; si se siente desilusionada, es mejor que los demás se den cuenta de ello; si está indignada, debe expresar su indignación con las palabras adecuadas y con la postura correspondiente de su cuerpo.

Está claro que la forma en que expresas tu rabia o tu disgusto depende también del ambiente y las circunstancias de tu entorno: por ejemplo, es diferente encontrarse en el comedor de casa que en una reunión de directivos. También depende de lo estrecha que sea la relación con quienes te rodean. Una buena relación amorosa nos permitirá expresar nuestros sentimientos con mayor facilidad que una relación profesional, como la que se tiene con un superior.

Detengámonos unos instantes en el momento de la explosión, cuando nos inunda un sentimiento de rabia que suele ser mucho más amplio e intenso de lo que corresponde a la ocasión desencadenante. ¿Cómo se llega a esa reacción tan excesiva? La realidad es que la psique busca en este caso una salida para evacuar algunas emociones antiguas, acumuladas en el interior. Si coleccionamos en nuestra mente fichas correspondientes a viejos disgustos, la ira acumulada quizá se derrame en cuanto se le ofrezca una ocasión. Esto significa que los disgustos antiguos se cuelgan de algún enfado reciente y salen a flote. Por tanto, nos mostramos mucho más enfadadas de lo que merecería la circunstancia concreta.

Un trato consciente con la ira exige que entendamos cuándo una explosión saca a la luz una parte de la historia de nuestra vida pasada y si ese estallido expresa también desengaños antiguos y heridas íntimas que no se han curado. Si pierdes de vez en cuando el control cuando sufres un acceso de rabia, te recomiendo leer el apartado «Ofenderse o perder los nervios: el terrorista interior». Encontrarás en él consejos para reconocer este tipo de reacciones automáticas y poder cortar a tiempo por lo sano.

En la estrategia de autoestima que expongo a continuación, te ofrezco pistas para reconocer tu ira y saber expresarla y aprovecharla como fuerza impulsora para conseguir un cambio.

• **Admite tu enfado como algo que te corresponde.** Es justo tener sentimientos de enfado. Debes admitir conscientemente que en un momento dado puedas sentir rabia. No empieces a querer analizarlo todo enseguida, ni a querer justificarlo, ni a sentirte culpable sin más. No tomes drogas (pastillas, alcohol, etc.) para librarte de ese sentimiento. Permítete a ti misma sentirte furiosa.

• **Presta atención a tu sentimiento de rabia.** Escucha ese sentimiento tuyo, igual que escucharías lo que te dice un buen amigo. ¿Qué o quién te ha provocado el enfado? ¿Crees que te han violado alguna frontera? ¿Te han marginado o te has sentido despreciada? ¿Qué ha sucedido exactamente?

• **Muestra tu disgusto.** Si no tienes claro qué comportamiento podría servirte para expresar tu ira, tu rabia o tu disgusto, presta atención a los siguientes consejos:

– Cambia de postura corporal, de expresión del rostro y de tono de voz, aunque es posible que esto ya se haya producido automáticamente.

– Tanto si estás de pie como si estás sentada, adopta una postura que exprese con la máxima claridad posible la convicción de que no te dejarás pisar por nadie.

– Ocupa el máximo espacio posible: imagínate que eres muy alta y corpulenta.

– Sostén fijamente la mirada de tu oponente y no sonrías. No es el momento de mostrarse amable.

– Expresa claramente con el tono de voz que no estás para bromas. Cambia incluso la intensidad de tu voz: aumenta el tono para que se te oiga bien o baja la voz, procurando expresarte con una pronunciación clara y que no admita dudas.

– Evita (incluso por razones jurídicas) pronunciar palabras insultantes u ofensivas y no eches mano de ningún tipo de arma (cuchillo, etc.), a menos que veas amenazada tu integridad física. Reflexiona sobre si es adecuado agredir verbalmente a una persona ante los ojos y los oídos de los demás.

• **Plantea tus condiciones.** Detrás de tu ira suele ocultarse alguna exigencia concreta: quieres que algo cambie. Comunica a la otra persona de forma clara y directa qué esperas de ella y qué le exiges. No pienses que tu oponente debería haberse dado cuenta hace tiempo de lo que te falta o de cuál es tu deseo. La mayoría de las personas no saben leer tus pensamientos y dependen de que te expreses con claridad y declares lo que tanto te importa.

• **Transforma tu disgusto en energía.** La rabia es energía pura. Aprovecha el enfado como un empujón que te ayude a modificar, con tranquilidad y previsión, tu situación privada o profesional. Convierte tu ira en el producto energético que te proporciona el impulso necesario para salir de una situación que se está convirtiendo para ti en una pesadilla.

Muchas mujeres que entablan amistad con ese sentimiento de ira necesitan algún tiempo para aceptar que el enfado no lo destroza todo. Es posible purificar el ambiente, una relación de amistad o la convivencia entre compañeros si alguien expresa con sus palabras un sentimiento de rabia y exclama: «¡Ya está bien. No quiero seguir así. Estoy harto!». En cualquier caso, será mucho más útil que acumular disgustos, pues al final éstos acaban envenenando, de una forma sigilosa e insidiosa, cualquier relación entre las personas afectadas.

Por otra parte, debes intentar descubrir si tus sentimientos de rabia y disgusto no se basan en normas que tienes muy interiorizadas. La persona que cercena su libertad imponiéndose un exceso de normas alberga con frecuencia la idea fija de que los demás están obligados a ser tan razonables, honrados y decentes como le gustaría que fueran. Sin embargo, los hechos nos demuestran que los demás son de otra manera. No siempre se orientan por las ideas que tenemos de lo que sería razonable, conveniente o justo. Si estamos convencidas de que nuestras opiniones son las únicas correctas, tendremos muchas ocasiones para enfadarnos. Cuanto más restringidas y estrechas sean nuestras ideas acerca de «lo que está bien» y «lo que está mal», tantos más disgustos tendremos que afrontar. Te conviene ser generosa contigo misma y con los demás. Muchas veces será la mejor solución para no ponerse furiosa por cualquier tontería.

Cómo controlar el enfado de los demás

Pasemos ahora a comentar cómo enfrentarnos a la rabia que exterioriza otra persona. ¿Cómo tratar a alguien que está furioso y se pone a gritar y a chillar en tu presencia? En primer lugar, no te dejes manipular ni permitas que el miedo te invada. Algunas personas poseen una capacidad limitada para comunicarse con los demás y creen que, si se enfadan, expresan una crítica. En una situación así es importante hacer primero algo por una misma, antes de hacer algo con la otra persona.

• Prepara tu escudo de protección interior.
• Mantén una zona de distancia personal.
• Retrocede unos pasos o empuja la silla hacia atrás.
• Si el otro no respeta tu zona de distancia personal, márchate. Hazlo sobre todo si el otro te amenaza o es conocido como persona violenta.
• Espera a que se calme la ira de la otra persona.

Si tu oponente está furioso, no puedes hacer nada para reducir su ira o para conseguir que vuelva a tener una visión objetiva. La ira es una emoción que, como todos los sentimientos, tiene una fase de crecimiento, alcanza su clímax y después se reduce. No puedes predecir el tiempo que tardará, si serán diez minutos o una hora. Algunas personas se enfadan y se emocionan sólo con pensar en una cuestión determinada, con lo cual consiguen que su ira siga en ebullición mucho tiempo. Debes ser consciente de que los disgustos provocan un estrés en tu cuerpo y que, cuando tenemos estrés, no pensamos con claridad. Si intentas hablar de una forma objetiva y razonable con una persona que está furiosa, es como si intentaras hablar con alguien que está luchando contra un tigre. Esa persona no te escuchará con toda su atención ni se mostrará abierta a lo que le estés diciendo. Casi nunca conseguirás que se calme dirigiéndote a ella con palabras como, por ejemplo: «Siéntate y tranquilízate un poco». Tal vez se siente y te parezca que se tranquiliza un poco, pero, si la rabia no ha recorrido toda su fase hasta el final, bastará cualquier pequeña excusa o una palabra equivocada para que la rabia vuelva a encenderse. Cuando tengas que tratar con una persona que está furiosa, te aconsejo que esperes a que recorra todo el ciclo, a que se le acabe el enfado; después intenta entablar una conversación. Por lo demás, te resultará mucho más fácil resistir la rabia de otras personas y no tomártelo como algo personal si controlas tus propios accesos de ira.

Unas palabras para finalizar

Al final de este libro quiero animarte a ensayar las estrategias de autoestima que te he apuntado, adaptándolas a tu situación cotidiana personal, hasta que te resulten útiles. Durante un tiempo te representarán una buena ayuda. Después, llegará un día en que ya no las necesites. Para entonces habrás desarrollado y afinado tu propio estilo de autoafirmación.

Cuando decidas poner en marcha tus estrategias de autoestima para llevar a buen fin una conversación o unas negociaciones, no te impongas desde el primer día querer hacerlo todo a la perfección y «salir ganando» a la fuerza. En lugar de someterte a una ambición forzada y a la tensión que eso implica, intenta entregarte a cierto espíritu de alegre experimentación. Si te entrenas en la tarea de reforzar tu autoestima con una postura de curiosidad interior, nunca perderás ni te darás por vencida. Siempre ganarás en experiencia y sacarás alguna conclusión interesante acerca de ti misma y de los demás. No te olvides de felicitarte cuando consigas una victoria. Si cosechas algún fracaso, debes felicitarte por duplicado. Por haberlo intentado.

Te deseo mucha suerte y, sobre todo, que lo pases bien.